有IQ沒EQ
小孩遇事只會哭

—— 認知自我 × 同理他人 × 自我激勵 ——

教導孩子掌握情緒，體諒他人，別讓他們成為低情商討厭鬼！

洪春瑜，蕭晨 編著

自我察覺×自我規範×自我激勵×同理心×現實檢驗能力

注意！全世界的家長注意看這裡！高智商不一定能帶給孩子成功，
高EQ才是邁向致勝人生的重要關鍵！

目 錄

目錄 ────────────────

目錄

第十四章　嫉妒容易讓孩子深陷苦悶

目錄

前言

常常聽到有些家長憂心忡忡地說 ——

為什麼我的孩子害羞、沉默、沒自信？為什麼孩子對一切都沒有興趣，缺乏責任感和競爭力？為什麼孩子總是那麼急躁、愛發脾氣、攻擊力強？為什麼孩子的抗挫折力這麼差，無法接受批評和失敗……

其實，這些「毛病」，根源都在於孩子EQ（Emotional Quotient）不高。什麼是EQ呢？

EQ，心理學上指人的情緒素養和對社會的適應能力。它包含著豐富的內容，可概括為五個方面：一是認知自身的情緒；二是管理自我，調整控制自己的情緒；三是自我激勵；四是認知他人的情緒；五是人際關係的管理。孩子的創造力，覺察、掌控自己情緒的能力，與周圍人相處的能力，都與之相關。可以說，EQ是一種洞察人生價值的悟性；是一種克服內心矛盾衝突、協調人際關係的技巧；是一種生活智慧。通俗而言，EQ就是指心態，指一個人運用理智控制情感和操縱行為的能力。EQ的高低，決定著孩子包括智商在內的其他能力能否發揮到極致，從而決定了孩子的一生會有多大的成就。

如今，人與人之間的競爭，不再僅僅是智商的競爭，更重要的是EQ的競爭。EQ高，則意味著善於調節自己的情感，善於保持良好的人際關係，善於敏銳地察覺內外環境的變化……這樣的人，更容易得到周圍人的幫助，也更容易獲得成功。

家庭是培養孩子EQ的第一所學校，21世紀呼喚高EQ的孩子，更呼喚高EQ的家長，因為家長的處世方式和教育方法都會對孩子的成長造成巨大的影響。只有家長成為高EQ的人，才能懂得如何去開啟孩子自信、

前言

成功、幸福的人生之門，才能培養出高 EQ 的孩子。

　　當然，孩子 EQ 的培養畢竟不是一朝一夕的事，也沒有任何捷徑可走。這就要求家長平時要多注重細節教育，日常生活中要善於抓住點點滴滴的教育時機，對孩子進行循序漸進的引導，讓孩子每天進步一點點。讓孩子們逐漸學會妥善管理自己的情緒，培養自信、自立、自強和積極、樂觀、向上的健康心態，從而為今後的學習和生活打下扎實的基礎。

　　本書從當今大多數孩子的實際情況出發，用通俗易懂的語言，全面、系統地介紹了孩子 EQ 培養的基本知識、方法以及技巧等，還列舉了豐富的教育實例，多角度、全方位地告訴家長，如何才能走進孩子的世界，看到他們的所需；如何才能讓孩子更好地管理自己的人生資源，最大限度地提升成功的概率。

　　願本書成為孩子成長路上的良師益友，家長育子路上的指路明燈，讓每一個接受過本書指導的家庭，尤其是孩子們，都能擁有高 EQ 帶來的優質人生！

第一章　高 EQ 成就孩子的好命運

生活中，你可能會注意到這樣的現象：有的人看起來腦袋很聰明，但是生活卻不盡如人意；而有的人看起來智力平平，卻過著幸福的生活。這是為什麼呢？這是因為，智力在贏得成功與幸福上沒有絕對的優勢，決定一個人能否獲得成功與幸福的，恰恰在於這個人的 EQ 如何。

第一章　高 EQ 成就孩子的好命運

什麼是 EQ

　　1990 年代中期，美國心理學家丹尼爾·戈爾曼（Daniel Goleman）在以往眾多理論的基礎上，經過一段時間的研究和分析，發表了一個理論。這個理論認為，素養和個人的智商基本沒有什麼關係，但是，素養如果得到很好的培養，可以對個人的幸福和事業的成功產生驚人的效果。他把這要的素養叫做「EQ」。從此，越來越多的人開始關心起「EQ」來！

　　那麼，什麼是 EQ 呢？

　　EQ，又稱情感智力商數，它是衡量一個人情感、情緒和自我激勵水準高低的一項指標。心理學家認為，EQ 包括以下幾方面的內容：

✧ **認知、察覺自身的情緒**：一個人應該時時刻刻都要非常清楚地覺察自己的情緒狀態，認知自身的情緒，因為只有認知自己的情緒，才能更好地調節自己的狀態，成為生活的主宰。

✧ **能妥善管理自我，即能調整控制自己的情緒**：在對自我情緒覺察的基礎上，一個人還要善於克服自己的情緒衝動，擺脫憂鬱、焦慮、沮喪和消極，把情緒控制在適度、適時、適所的狀態。

✧ **自我激勵**：它是一個人無論受到多大的委屈，遇到怎樣的艱難，陷入怎樣的困境，總能鼓勵自己振作精神、不怕挫折、奮發向上，始終保持高度的熱忱、樂觀的驅動力。自我激勵能夠使人走出生命中的低潮，重新出發。凡是能夠進行自我激勵的孩子，做任何事情的成功率都比較高。

✧ **認知他人的情緒**：善於了解他人情緒的人會從細微處覺察、辨別他人的情緒，並能夠真誠地去理解他人、幫助他人。它是一個人與他人正常交際、實現順利溝通的基礎。

◇ **人際關係的管理，即領導和管理能力**：一個人如果能夠掌握這項能力，那麼將會獲得很好的人緣，能夠在複雜的群體中與人和諧相處，被人推崇，常常可以成為領導者。

　　EQ 是相對於智商而言的，智商是一種綜合性的認知能力，其基本構成要素為注意力、觀察力、記憶力、想像力和思維能力，其中思維能力是智力的核心，智商就是對一個人的智力因素的測定。EQ 用以描述一個人對自己和對他人的情緒的認知和控制，被譽為除了智商以外，人的另一個生命科學的參照元素。如果說智商分數更多地被用來預測一個人的認知能力和學業成就，那麼 EQ 分數就是指一個人的感受、理解、自制、運用和表達自己以及他人情感能力的總和。智商代表了人的一般智力水準，智商的高低反映著智力水準的高低；EQ 則代表了人的情感智力水準，EQ 的高低反映著情感素養的差異，它對於人的成功有著比智商更加重要的作用。如果一個人性格孤僻、怪異、不易合作；自卑、脆弱，不能面對挫折；急躁、固執、自負，情緒不穩定，他智商再高也很難有成就。可以說，EQ 是衡量一個人特質的關鍵因素。

　　因此，對於孩子的評價，家長不能僅僅以他的學業成績的好壞來評定，來預計這個孩子以後的發展情況。心理學的研究表示，孩子未來是否成功 20% 取決於孩子的智商的高低，80% 取決於他的 EQ 的高低。又如，小學生在課堂上積極要求發言和回答問題，他們都認為自己可以。這種孩子表現出來的自信、主動性、樂觀就是 EQ 的一部分。所以，要想孩子取得成功，父母需要關心孩子的 EQ，培養孩子的 EQ。

　　當然，EQ 和智商並不對立，它們是人生的雙輪。如智商低而 EQ 高，則 EQ 可以挖掘智商的最大潛力和發揮智商的最大效應，促進人的發展和成功；如智商和 EQ 偏低，那麼這個人會很平庸；如智商高而 EQ 低，這

個人在學校成績優異，但走向社會可能未必會有成就；如智商和 EQ 都高，其勢必能創造出色的業績，獲得巨大成功。

　　不過，EQ 的水準不像智力水準那樣，可用測驗分數較準確地表示出來，它只能根據個人的綜合表現進行判斷。心理學家還認為，EQ 水準高的人具有如下的特點：社交能力強，外向而愉快，不易陷入恐懼或傷感，對事業較投入，為人正直，富有同情心，情感生活較豐富但不踰矩，無論是獨處還是與許多人在一起時都能怡然自得。他們還認為，一個人是否具有較高的 EQ，和童年時期的教育、培養有著密切的關係。因此，培養 EQ 應從小開始。

EQ 決定孩子的成功與幸福

　　近年來，經過科學家的研究發現，一個孩子在成長的道路上，最終能不能成為一個出色的人、有成就的人、幸福的人，EQ 往往有著非常重要的作用。有人因此斷言，高智商並不一定能給孩子帶來成功，而高 EQ 才是孩子成功的關鍵。

　　為了證實 EQ 對孩子學習的影響，外國的一位心理學家澤爾勒做了這樣的一個實驗：

　　他讓甲、乙兩組學習能力相同的學生都學習無意義音節，同時讓他們做排列方塊實驗，然後測驗他們對所排列圖形的記憶效果。

　　當甲組做排列方塊實驗時，他給予讚賞與鼓勵，接著再讓他們繼續學習無意義音節；而對乙組的學生卻給予非常嚴厲的批評和指責，隨後讓他們再次學習無意義音節。

　　結果發現，乙組學生受到批評後，心情沮喪、緊張，方塊實驗成績越

來越差，無意義音節的學習效果也大大降低；而甲組學生卻積極性高漲，學習效率大大提升。

實驗證明，良好的情緒和情感狀態與學業成功之間存在著一種必然的關係。對於孩子的成功來說，EQ 有著非常重要的作用。

據雜誌報導，美國對 733 位擁有數百萬美元的富翁所做的調查顯示，對他們的成功起作用的前幾位因素均為「誠實地對待所有的人」、「嚴格地遵守紀律」以及「與人友好相處」等被稱為 EQ 的因素。香港富商李嘉誠在歸納自己的人生之路時也曾講到，在他經商的道路上，有助於他面對現實生活中各種錯綜複雜的問題、對他的成功有著很大作用的也是 EQ……

那麼，EQ 對於人的作用具展現在哪些方面呢？

EQ 能有力地補充一個人智商的不足

卡爾·威特（Karl Witte）是 19 世紀德國的一個著名的天才。他八九歲時就能自由運用德語、法語、義大利語、拉丁語、英語和希臘語等六國語言；並且通曉動物學、植物學、物理學、化學，尤其擅長數學；9 歲時他進入了哥廷根大學；年僅 14 歲就被授予哲學博士學位；16 歲獲得法學博士學位，並被任命為柏林洪堡大學的法學教授；23 歲他發表《但丁的誤解》一書，成為研究但丁的權威。與那些過早失去後勁的神童們不同，卡爾·威特一生都在德國的著名大學裡授課，在有口皆碑的讚揚聲中一直講課到西元 1883 年逝世為止。

卡爾·威特能取得這番驚人的成就，並不是由於他的天賦 —— 恰恰相反，他出生後被認為是個有些痴呆的嬰兒。但他的父親相信透過適合的教育能夠使孩子成才，當然卡爾·威特本人也擁有常人所不具備的良好的

情緒、勤奮和堅忍不拔的毅力，即很高的 EQ，正因如此，他才取得了非凡成就。

這個例子說明，在一個人成功的因素中，其智商高低固然重要，但更為重要的是 EQ。這也從另一方面說明了，要想培養出高 EQ 的孩子，父母本身也應具有高 EQ。比如：有的時候孩子犯了錯誤，家長不分青紅皂白就開始打罵，控制不住自己的情緒就是低 EQ 的表現。再如，大家都知道一個道理，好孩子是誇出來的。但很多家長專找孩子的問題進行批評，這就難以控制孩子的情緒，所以孩子逐漸就會背離父母的要求。

EQ 可以促進一個人的全面發展

EQ 和智商雖然都與遺傳因素、環境因素有關，但是，它們與遺傳、環境因素的關係是有所區別的。智商與遺傳因素的關係遠大於社會環境因素。EQ 主要是靠後天培養的。但是在一個人 EQ 培養的過程中，智商及其他能力也會自然而然地得到發展，這是不容置疑的。

一個具有積極進取、良好品德、頑強意志、勇於克服困難、情緒穩定、樂觀向上、積極探索等情緒智力特徵的人，可以促進其全面的發展。

EQ 能有效地提升一個人的生活素養

EQ 實際上是一種生存技巧，自知、自制、熱情、堅持、社交技巧等素養，構成了我們通常所說的生活智慧，它反映了一個人的社會適應性。

大家都熟悉美國發明家愛迪生。他在尋找適合做燈絲材料的試驗過程中，做了 1,200 次試驗，全都失敗了。他總是找不到一種能耐高溫又經久耐用的好材料。這時，有人關心他，也有人嘲諷他。但他說「我並沒有失敗，我已經發現有 1,200 種材料不適合做燈絲。」

愛迪生的精彩回答中透露出一種百折不撓的意志和樂觀進取的精神，

他從失敗中看到發現，從挫折中受到鼓舞，並面對現實，從正面思考問題悅納自己、相信自己，這就是一個高 EQ 的人所具備的素養。有研究表示，高 EQ 的人通常對生活比較滿意，並能以積極的態度看待人生。

在現實生活中，我們常常可以看到這樣的情形，有的孩子被公認為是很聰明的，但這個孩子最後卻沒有獲得應有的成功。反之，一些人的智商並不怎麼高，由於在社會交際中，他們表現出極強的親和力，擁有良好的人際關係，所以常常如魚得水，左右逢源，逢凶化吉。儘管他們在專業上沒有優勢，但具有良好的環境和廣闊的舞臺，也就比那些雖有專業技術知識卻不善於與人交際、不能恰當地處理問題和人際關係的人能取得更輝煌的成果。久而久之，兩者的差別就越來越大，命運也就大不相同了。

培根（Francis Bacon）曾經說：「讀書的目的不在它本身，而在於一種超乎書本之外的，只有透過細心觀察才能夠獲得的處世智慧。」所謂「紙上得來終覺淺，絕知此事要躬行」，就是這個道理。可見，決定一個人能力高低的，不僅僅是智商，還有 EQ。在日常生活中，社交能力、應變能力和解決問題的能力等都顯然比一個人的智商更能達到決定性的作用。

達爾文在他的日記中說：「老師、家長都認為我是平庸無奇的兒童，智力也比一般人低下。」但他成了偉大的科學家；愛因斯坦在 1955 年的一封信中寫道：「我的弱點是智力不行，特別苦於記單字和課文。」但他卻成了世界級的科學家。

顯然，在孩子的成長過程中，EQ 比智商更為重要。正如心理學博士張女士說的那樣：「任何一個父母可以給孩子最好的禮物就是一份超高的EQ。」心理學研究發現，孩子在 3 歲之前，有很多基本的人格形成，EQ都起了很大的影響，而 6 歲以前的情感經驗對人的一生具有恆久的影響。如果一個兒童此時無法學會集中注意力，且性格急躁、易怒、愛發脾氣，

具有破壞性，並時常感到孤獨、焦慮等，那麼在以後的成長過程中，他將很難把握機會，發揮潛力，迎接挑戰，克服困難。所以，在幼兒階段進行正規、系統的 EQ 教育十分必要，這是奠定人生成敗的基礎。

孩子的 EQ 現狀令人擔憂

根據報載，某一成績優異的高中生在一次比賽失利後一蹶不振，一年內自殘多次次。

這個學生進高中後，他用絕大部分時間和精力主攻數學，希望獲得保送上國立大學。

據父親介紹，幾個月前兒子代表參加全國中學生數學競賽，只獲得第三名。兒子無法接受未拿第一名的現實，一次次向自己舉起了利刃自殘。

父親說，兒子會走到這一步，主要跟家庭教育有關。兒子從小智商就很不錯，有些自視過高，比較怕吃苦，我們對他也比較溺愛，兒子的要求從來都是盡力滿足，這種以兒子為中心的教育方法也使得兒子很少顧及其他人的感受，「沒有重視孩子的 EQ 培養，是我教育兒子中最大的盲點」。

回望這個讓人痛心的事實，帶給我們沉重的思索與無奈，我們不禁要問：為什麼如今「問題孩子」越來越多，問題也越來越突出呢？為什麼這些生長在和平、繁榮時代的孩子如此脆弱甚至不堪一擊呢？

據教育界資深人士和心理學專家分析，孩子出現這些問題的一個重要原因在於教育的缺失，長期以來，許多學校關心的是孩子的成績，我們的家長關心的同樣是孩子智力方面的教育，不少的家長本著「望子成才」的心態，在孩子智力發展方面，沒少下工夫，沒少投資！許多孩子從小上繪畫班、英語班、鋼琴班、舞蹈班等，家長們還費心教他們讀書識字……家

長的苦心可見一斑。然而,在他們重視孩子智力培養的同時,獨獨就忽略了孩子素養、道德和情感的發展,也就是忽略了 EQ 的塑造及如何處世的教育。其結果是,不少孩子雖智力發達、學業成績優異,卻素養低下,情感殘缺。他們有的自私自利,唯我獨尊,不懂得關心他人、幫助他人,不懂得尊敬老人、孝敬父母、愛護親人;有的不辨是非,隨波逐流,不知道社會上什麼是對的、什麼是錯的、什麼應該支持、什麼應該反對,不懂得真、善、美和愛;有的素養雖不壞,但情感低能,無法理解別人正常的感情,因而與別人交際、溝通和合作都十分困難;還有的意志薄弱,感情脆弱,經不起困難和挫折的打擊。

這樣的孩子能否適應社會生存的需求,在激烈的社會競爭中獲得成功,並為自己贏得幸福、快樂的生活呢?答案自然是「否」!

造成孩子 EQ 低下的原因歸納起來有以下幾方面:

溺愛與專制的家庭教育

父母應培養孩子堅強自主的性格素養,可是,目前溺愛孩子、包辦式的家庭教育仍然非常普遍。一方面,父母對孩子照顧得無微不至。另一方面,父母缺乏民主意識。他們特別細緻敏感、膽戰心驚、生怕孩子出事,這些都是溺愛孩子的表現。如孩子摔了一跤,膝蓋碰了一下,這本是平常小事,可是母親趕緊上去,又吹又拍又按摩,而且淚水盈眶。這種態度恰恰給了孩子弱 EQ 的教育,給了他們脆弱的生理和心理反應。對孩子專制的表現就更多了,如告訴孩子應該這樣、應該那樣、這個不許、那個不要……同時,還有很多具體的規定。這樣,孩子的思想、活動都受到了嚴格的限制。家庭裡的「小皇帝」實質上是受父母禁錮的「小奴隸」,孩子的性格也就因此被扭曲。

第一章　高 EQ 成就孩子的好命運

重視智商教育，輕視 EQ 教育

　　父母都非常重視對孩子的智商教育，甚至過度地重視，讓孩子躲也躲不掉。但是對孩子的 EQ 教育，卻沒有多少人懂。父母一般只是想著孩子怎樣才能聰明，怎樣考高分，考上理想的學校，而不注重對孩子心智的培養。如果父母只重視對孩子進行文化薰陶，而忽視孩子接受自己，被別人接受，友愛，正確的人生觀、價值觀的培養，那麼，孩子不會感到快樂和幸福，相反，會漸漸變得冷漠、自私、焦慮、任性……因此，父母應在重視孩子的生活是否優越、是不是很聰明、學業好不好的同時，也要高度重視對他們的責任感、合作意識、選擇能力、承受能力、競爭、社交等能力的培養。只有對孩子的智商和 EQ 同樣重視，才能使之齊頭並進，全面發展。

沒有對孩子進行「情緒」能力的培養

　　主要展現在：

✧ **不重視孩子認知自我情緒能力的培養**：生活中，由於家長不重視對孩子認知情緒能力的培養，造成孩子對自己情緒的識別、評價和表達能力不足，不能對自己的情緒及時地識別，不知道自己情緒產生的原因，不能很好地透過言語和非言語（如臉部表情或手勢）的手段將自己的情緒準確地表達出來。

　　正因為如此，很多孩子情緒管理能力低下，他們不能透過一些策略來有效地調整自己的情緒，使自己擺脫焦慮、憂鬱、煩躁等不良情緒。控制情緒的能力低下將使其陷於不良情緒的漩渦中。

✧ **忽略了孩子認知他人情緒能力的培養**：認知他人情緒的能力是在情感的自我知覺基礎上發展起來的一種能力。這種能力使孩子與他人之間能相互理解、和諧相處，有助於孩子與他人建立良好的人際關係。這

一能力的缺乏將使孩子不能覺察他人的情緒，對他人的情緒不能做出準確的識別和評價。

家長忽視了孩子的自我激勵訓練

自我激勵的能力是為了某種目標而調動、指揮情緒的能力。情緒狀態對特定的問題解決具有不同的促進作用，情緒能影響認知操作的效果。如果家長不能有效地培養孩子自我激勵的能力，孩子就難以充分發揮情緒在解決問題中的積極作用。不具備這種能力的孩子，無論將來從事什麼行業，都不會有很高的效率。

家長忽視了教孩子學會管理人際關係

家長不重視孩子人際關係的管理能力，造成孩子無法理解他人的情感和想法，將來也欠缺熟練的社交技巧，不能很好地和他人溝通和互動，無法與他人建立穩定的關係。而擅長處理人際關係的孩子，將來卻可憑藉與他人的和諧關係使事事順利。

總之，造成孩子 EQ 低下的源頭在於教育，忽視 EQ 教育最直接的結果就是讓孩子成為一個缺乏「成功感」、「幸福感」的人，身為家長，若想讓你的孩子遠離「成長問題」，變得樂觀、豁達、善於調節自身的情緒，就必須徹底改變教育觀念，從小重視對孩子進行 EQ 教育。

你的孩子 EQ 如何

美國耶魯大學心理學教授彼得・塞拉維提出：「現代社會，凡期盼在人生道路上獲得成功者，不但要有高智商，而且要有高 EQ。」如何評價自己孩子的 EQ 呢？以下是客觀評估 EQ 高低的一個標準：

第一章　高 EQ 成就孩子的好命運

科學家發現，大腦控制情緒的部分（邊緣系統）受損的人，可以很清晰和符合邏輯地推理和思維，但所做出的決定都非常低級。科學家因此斷定，當大腦的思維部分與情感到分相分離時，大腦不能正常工作。人類在做出正常舉動時，是綜合運用了大腦的兩個部分，即情感部分和邏輯部分。一個高 EQ 的人是會綜合利用大腦中的各個部位的，並在大多數情況下運用其大腦皮質（cerebral cortex）部分。

心理學家把 EQ 劃分為四個等級：EQ 高，EQ 較高，EQ 較低，EQ 低。一般來說，不同 EQ 層次的人，有不同的表現。

1.　EQ 高的表現

　　(1)　尊重所有人的人權和人格尊嚴。

　　(2)　不將自己的價值觀強加於他人。

　　(3)　對自己有清醒的了解，能承受壓力。

　　(4)　自信而不自滿。

　　(5)　人際關係良好，和朋友或同事能友好相處。

　　(6)　善於處理生活中遇到的各方面的問題。

　　(7)　認真對待每一件事情。

2.　EQ 較高的表現

　　(1)　是負責任的「好」公民。

　　(2)　自尊。

　　(3)　有獨立人格，但在一些情況下易受別人焦慮情緒的感染。

　　(4)　比較自信而不自滿。

　　(5)　較好的人際關係。

　　(6)　能應對大多數的問題，不會有太大的心理壓力。

3. 較低 EQ 的表現

    (1) 易受他人影響，自己的目標不明確。

    (2) 比低 EQ 者善於原諒，能控制大腦。

    (3) 能應付較輕的焦慮情緒。

    (4) 把自尊建立在他人認同的基礎上。

    (5) 缺乏堅定的自我意識。

    (6) 人際關係較差。

4. 低 EQ 的表現

    (1) 自我意識差。

    (2) 無確定的目標，也不打算付諸實踐。

    (3) 嚴重依賴他人。

    (4) 處理人際關係能力差。

    (5) 應對焦慮能力差。

    (6) 生活無秩序。

    (7) 無責任感，愛抱怨。

以上劃分標準能幫助家長更好地了解自己孩子的 EQ 水準。當然，以下的測試題，同樣能幫助家長更進一步地了解自己的孩子。

問題：

    (1) 每次學校或班上有群體活動，孩子寧願一個人悶在家裡也不願參加嗎？

    (2) 有了一件新玩具，孩子喜歡一個人獨自玩而不願與其他孩子一起玩嗎？

    (3) 換了一個新環境，孩子是否感到煩躁不安或心神不寧？

（4）在家或在外，當孩子的意見被否定時，他的反應是否總是憤憤不平？

（5）與家人一起玩遊戲時，如果孩子輸了，他是否沮喪不堪不想再玩下去了？

（6）去客人家吃飯時，孩子是否像在家裡一樣，不徵求大人的同意，菜一端上來自己夾了就吃？

（7）孩子晚上獨自在家時突然停電，他通常的反應是否會打電話找父母或跑出去找其他大人來解決？

（8）當身邊的親人生病時，孩子是否會表現出關心、焦急、難過的情緒？

（9）放學回家後，孩子會不會和您分享他在學校中經歷的快樂的事而不是不高興的事？

（10）您買了一大盒巧克力準備送禮，恰好您的孩子非常喜歡這種巧克力，但您警告他不准偷吃。當他獨自面對那盒巧克力時，他是否會謹記著你的話而對誘惑無動於衷呢？

評分：

如果您對（1）、（2）、（3）、（4）、（5）、（6）的答案為「否」，（7）、（8）、（9）、（10）的答案為「是」，說明你的孩子的 EQ 發展良好。如果有兩項以內（包括兩項）問題的結果與給出的答案不一致，則說明孩子的 EQ 尚在發展中，需要家長的進一步引導。如果兩項以上結果與答案不一致，說明孩子 EQ 發展的某一方面有所不足，您就要注意多加培養對孩子的 EQ 了。

分析：

這 10 道測試題的目的，在於測試孩子對自身情緒的認知以及調節能力。具體涉及孩子的性格傾向、人格特質、心理適應性及自我控制力等幾個方面的內容。

問題（1）、（2）：考察孩子的合群能力。

問題（3）：考察孩子對陌生事物或者環境的適應能力。

問題（4）、（5）：考察孩子克服挫折與困難的心理承受力。

問題（6）：考察孩子的個性成熟度，即孩子是否已具備基本的大局意識，懂得做事的計畫與條理，知曉基本的禮節。

問題（7）：考察孩子對意外事故的反應能力。

問題（8）：考察孩子的品德特性，即孩子是否懂得寬容、關心、愛護他人。

問題（9）：考察孩子的性格傾向性，即孩子的個性外向還是內向、樂觀還是悲觀。

問題（10）：考察孩子的情緒、意志控制能力。

孩子的 EQ 應從小培養

一個人 EQ 的高低不是與生俱來的，而是經過後天的培養與訓練來完善的，是在後天的環境與教育中逐步得到發展和提升的。幼兒時期是孩子各種能力得到培養的關鍵時期，對於孩子來說，EQ 教育的最佳時期，是從零歲開始的。正如兒童教育學家丹尼爾‧戈爾曼（Daniel Goleman）強調的，「人的 EQ 的形成開始得極早，零歲時嬰兒已經開始感受和學習，進而在整個童年期逐漸形成。」孩子腦部的發育在 0~6 歲之間發育最快，在

這一時期，孩子的各種能力，特別是在情感方面的學習能力最強，孩子在 6 歲以前的情感體驗對人的一生具有恆久的影響。

只要從小注意培養孩子的 EQ，家長就不會為孩子不善與人相處、不懂得處理自己的情緒等成長問題大傷腦筋。那麼，在日常生活中，家長應如何培養孩子的 EQ 呢？

✧ **家長應充分了解高 EQ 孩子具備的特點**：正所謂「知己知彼，百戰不殆」，要培養一個高 EQ 的孩子，家長首先要做的就是了解高 EQ 孩子的特點，只有了解了高 EQ 孩子所具備的特點，才能針對孩子的不足，更好地對症下藥，以恰當的教育方式來培養孩子的 EQ。一般來說，EQ 高的孩子都具有以下的特點：

· **自信心強**：自信心是孩子成功的必要條件，也是 EQ 的重要內容。自信就是不論在什麼時候、目標為何，都相信透過自己的努力有能力和決心去達成自己的理想。

· **自制力強**：EQ 高的孩子一般自制力都比較強。所謂自制力就是孩子善於控制和支配自己行動的能力，有時是善於迫使自己去完成應該完成的任務，有時是善於抑制自己不當行為的發生。

· **具有良好的情緒**：高 EQ 的孩子活潑開朗，對人熱情、誠懇，經常保持愉快的心情。許多研究與事實也顯示，良好的情緒是影響人生成就的一大原因。

· **人際關係良好**：EQ 高的孩子一般都具有較好的人際關係。良好的人際關係是孩子與別人友好相處的前提，也表示著孩子在與其他孩子相處時，積極的態度和體驗（如關心、喜悅、愛護等）占主導地位，而消極的態度和體驗（如厭惡、破壞等）則比較少。

- **同情心強**：同情心是指能與別人在情感上發生共鳴，有同情心是孩子學會愛人、愛物的基礎。EQ 高的孩子不冷漠，他們善於理解和體諒別人，富有同情心。

◇ **家長應該為孩子營造良好的家庭氛圍**：人的 EQ 離不開後天環境的影響，尤其是家長所營造的家庭生活氛圍。如果一個家庭的家庭氛圍和諧、民主，孩子較容易自我認知和表達自己的情緒，也更容易形成控制情緒的能力；相反，如果一個家庭充滿了壓抑、猜疑、緊張或者冷漠的氣氛，孩子也往往容易形成怯懦、孤僻或者具有攻擊性的人格特徵，在生活中容易陷入不良情緒而難以自拔，也很難和別人建立起和諧穩定的人際關係。

◇ **家長自身要用良好的個性影響孩子**：每個孩子對情緒的認知和處理情感的能力都有所不同，而這種能力大部分都是從家長那裡學來的，可以說，家長的一言一行、一舉一動，都對孩子有著潛移默化的影響和作用。如孩子的家長內向寡言、憂鬱怯懦，或者脾氣暴躁，不善於控制自己，孩子很可能也是一樣；相反，如果家長個性豁達開朗，心態樂觀積極，孩子很可能也活潑友善，積極上進。

◇ **培養孩子的自我認知能力與自立意識**：自我認知是孩子認知自己的關鍵，對於孩子來說，只有從真正意義上認識了自己，才能自尊、自強、自信、自愛，並且做到自立。一個缺乏自我認知能力的孩子，是很難培養出自信心與責任感的，更難做到自立自強，努力去獲取成功。

◇ **讓孩子學會處理、控制自身的情緒**：情緒是 EQ 培養的關鍵。一個人擁有良好的情緒控制力，就可以應對生活中出現的無數挫折、困難以及種種變數，保持平和心態，塑造健康心理。在生活中，父母要告訴

孩子生活是充滿挫折的，要理智地對待各種使人興奮、激動、氣憤、懊惱的情況，要學會克制，能夠有節制和適度地表露自己的情緒，要善於從情感的漩渦中擺脫出來，不要長時間處於大喜大悲和憂傷之中，不要憑一時的情緒和衝動做事，更不要動輒遷怒於人。

✧ **從小訓練孩子堅強的意志力**：當今社會競爭的激烈程度使得人的生存壓力越來越大，從小培養孩子應對挫折和困難的意志力是一項必須實施的內容。孩子只有做好應對壓力和失敗的準備，才能戰勝自我，走出困境。

✧ **培養孩子的社交能力**：社交能力是 EQ 的一個重要方面，培養孩子的社交能力是孩子獲取幸福和成功的助推器。然而，目前孩子的社交能力欠缺是一個普遍存在的現象。家長一定要從小引導孩子學習社交技能，幫助他們建立健康的交際心理和人脈資源，教給孩子基本的社交禮儀，讓孩子和不同性格的孩子打交道。同時還要加強孩子的防範意識，教給他們識別好人、壞人的能力。

此外，家長還應該注意從小培養孩子的仁愛、感恩之心，培養其風趣、幽默、開朗的良好個性，糾正其愛嫉妒、虛榮、撒謊等毛病，只有如此，孩子才能為自己贏得幸福、成功的人生。

第二章　自尊、自信，孩子成才的關鍵

一個人在人生的道路上能走多遠，在人生的階梯上能爬多高，在人生的戰場上能夠取得多大成就，最關鍵的因素就是他的自尊、自信。自尊、自信是 EQ 的基石，是情緒智慧的重要組成部分，它對一個人一生的發展有著重要的作用。

別讓「自卑」成為孩子成功的阻力

自卑是一種因過多地自我否定而產生的自慚形穢的情緒體驗。自卑的感受人人都有，只是程度不同而已。輕度的自卑能讓一個人看到自身的不足，從而更加奮發圖強；但如果過於自卑，就有可能影響到學習和工作，阻礙其獲得成功。

一般來說，自卑感主要表現為對自己的能力、資質等自身素養評價過低；心理承受力脆弱；經不起較強的刺激；謹小慎微、多愁善感，常產生疑忌心理。行為畏縮、瞻前顧後等。孩子的自卑心理一般是由以下幾個原因造成的：

✧ **沒有形成成熟的自我概念**：學齡前兒童不知道什麼是自卑，因為還沒有產生自我意識，不知道評價自我。到了青春期，自我意識迅速形成，然而自我意識的成熟有一個過程，不成熟的表現就是過高或過低地要求自我。過高地要求自己，但在現實中又達不到要求的標準，就會產生自卑心理。自卑的人之所以瞧不起自己，是主觀評價標準太高的緣故。

✧ **生活中的挫折**：自卑感強的人往往是有過某一特別的經歷，有過心理創傷。在人生的旅途中，人會經歷各種挫折，如遭受打擊，學習、工作屢遭失敗等。挫折會使孩子有各種反應，有的孩子從挫折中經受鍛鍊，增強了對環境的適應能力；有的孩子則會變得消沉、冷漠；有的孩子對微小的挫折也難以忍受，這就很容易產生自卑。需要指出的是，現代社會充滿了競爭，造成自卑的因素越來越多，孩子必將面對的考試、面試、比賽都是自信與自卑較量的場合。

✧ **對自己智力估計過低**：有些孩子因自己學習、能力沒有什麼出色之

處，因而過低地估計自己的智力水準，甚至認為自己一無是處。在交際中過於拘謹，放不開手腳，總擔心自己成為他人的笑話。

✧ **生理上的某些不足引起消極的自我暗示**：由於先天或後天的原因，有些人因個子矮小、過胖，五官顏值普通，身體有殘疾、缺陷等原因，懷疑或擔心自己被他人恥笑而引起自卑，表現為離群索居、不敢主動交際或不肯接受他人的友誼。

✧ **對自身心理的不當評價帶來的消極自我暗示**：自卑者大多數對自己的性格、氣質等心理特點有一些了解。但對自身存在的不足往往過度誇大，表現出對這些弱點無能為力。

總之，自卑是一種消極的自我評價，一個過於自卑的孩子總喜歡拿自己的弱點和別人的優點比，覺得自己事事不如別人，在人前自慚形穢，從而喪失自信，悲觀失望，甚至沉淪。在我們的身邊，就有這麼一些性格自卑的孩子，葉婷婷就是其中一個 ——

葉婷婷對自己的長相很不滿意。因為，她長得又黑又瘦，還長著兩顆大虎牙，為此，班上的同學經常笑話她，叫她：「大暴牙」。

為了隱藏自己的不足，葉婷婷在人前總是一副刻板、拘謹、不苟言笑的模樣，即便其他同學圍在一起講笑話，她也總是一個人默默無語地躲在角落裡看自己的書。

有一次，縣裡舉行「作文競賽」，葉婷婷因為文筆出眾被老師選上了，可是，葉婷婷卻說什麼也不願去比賽。老師動員婷婷的媽媽溝通。然而婷婷卻告訴媽媽：「我怕比賽沒得名，同學們會笑我！」為此，媽媽頗傷腦筋。

葉婷婷的這種表現，就屬於因生理上的不足而自卑，從而導致其消極地逃避競爭的一個範例。這種自卑心理和逃避的行為都是不可取的。輕

則，它讓孩子失去這麼一次成功的機會；重則，它會埋沒孩子一生的才能，導致其自暴自棄，不思進取，更有甚者，還會給孩子心靈留下陰影。

與葉婷婷不同的是，王芊芊是因為成長受挫而導致自卑的 ——

王芊芊是高一學生，國中時行為習慣極差，升高中時，原學校拒絕收她讀高中。之後，她只能到另一所分數較低的學校讀高中。

上高中以後，王芊芊整天有愁容，無笑臉，精神壓力很大。原來，王芊芊認為自己成績差，「名聲」又不好，因此，她擔心在班上受到孤立，擔心將來別人都考上前段大學而自己只能考到後段大學。為此，她抬不起頭，挺不起腰，上課聽講不專心，發言不積極，整天沉默寡言，和同學相處也很被動。甚至想輟學，乾脆放棄高中階段的學習。為此，她多次和爸爸媽媽提出「不讀了，讀書很沒動力。」「做人有什麼意義呢？」

芊芊的爸爸媽媽也不知道為什麼芊芊變得如此悲觀。

實際上，王芊芊是一個因為缺乏自信而變得悲觀、失望的孩子。因為缺乏自信、過於自卑，她不敢面對新的事物，不敢主動與人交際，心情苦悶不堪。在這種心態的影響下，王芊芊如何能做到心無旁騖地學習呢？當然，王芊芊的這種自卑尚處於初級階段，只要正確引導，孩子就能慢慢地走出自卑的陷阱。反之，如果家長沒有意識到自卑的危害性，任其發展下去，就有可能會影響孩子的正常生活和發展，甚至抱憾終生。

因此，家長應關心自己的孩子是否正陷入自卑的陷阱裡，一旦發現，須盡早幫助克服和糾正，以避免影響孩子的身心健康與今後的發展。一般來說，缺乏自信，自卑的孩子會表現出以下徵兆：

✧ **做事沒主見，不敢自己執行**：自卑的孩子總是喜歡說「我不懂」、「我不會」、「我不行」，面對選擇的時候更是不知如何是好。

✧ **膽怯怕羞**：兒童略有怕羞純屬正常，但是過度膽怯、害羞，如不願拋

　　頭露面、不敢接觸陌生人，則可能內心深處隱藏著強烈的自卑情結，因為自卑、害羞、膽怯，這些孩子對交朋友缺乏興趣，經常獨來獨往。

✧ **猜疑心重**：自卑的孩子對家長、老師、朋友對自己的評論十分敏感，特別是對小朋友的批評，更是感到難以接受，有時甚至無中生有地懷疑別人討厭自己，且表現出憤憤不平。

✧ **羨慕他人**：自卑的孩子總羨慕別人擁有的好東西，即使自己同樣也擁有這些東西，他們也覺得自己的不如別人。

✧ **缺乏勇氣與鬥志**：自卑的孩子總在別人面前感到自己很無能，覺得自己比不上他人。因此，他們會迴避競賽、競爭，更不敢在別人面前表現自己，以免他們自身所認為的短處被別人發現。

✧ **表述困難**：據統計，8成以上自卑兒童的語言表達能力較差。或表現為口吃，或表述不連貫，或表達時缺乏情感，或詞彙貧乏等。專家們認為，這是因為強烈的自卑感阻礙了大腦中負責語言學習系統的正常工作之故。

✧ **承受能力差**：自卑兒童大多不能像正常兒童那樣承受挫折、疾病等消極因素帶來的壓力，即使遇到小小失敗或小小疾病，便「痛不欲生」，有的甚至對諸如搬遷、父母生病等意外都感到難以適應。

✧ **有自虐傾向**：占相當比例的自卑兒童往往會表現為自暴自棄。更有甚者，還可能表現出自虐行為，如故意在大街上亂竄、深夜獨自外出、生病拒絕求醫服藥等，似乎刻意讓自己處在險境或困境之中。

　　身為孩子的家長，我們一定要正確對待和解決孩子的自卑心理，千萬別讓「自卑」成為孩子成功的阻力，一旦發現孩子有以上種種的自卑表現，就應該給予高度的重視，用科學的方法引導孩子，幫助孩子走出自卑的泥淖，變得自信、豁達起來。

第二章　自尊、自信，孩子成才的關鍵

自尊心的培養從尊重開始

在我們的生活中，往往看到這樣的現象：成年人之間的交際常常強調彼此的尊重，以尊重對方為交際的前提，當缺乏尊重時，也就沒有了交際。但成人與孩子之間，卻很難有這種雙向的「尊重」。這是為什麼呢？這是因為，很多家長受「尊長」觀念的影響，以為只有孩子有尊重大人的必要，而大人沒有尊重孩子的義務。這就造成了「尊重」之上下失衡、長幼失調。

事實上，家長的這種觀念是錯誤的，因為，每個人都有自尊和被人尊重的需求，而自尊、被人尊重，是產生自信心的第一心理動力。孩子的自信首先來自自尊，一個沒有自尊的孩子是不可能有自信的。一個孩子要想成為一個傑出的人，他就必須先接納自己、喜歡自己、尊重自己、認為自己值得他人愛和喜歡，這樣，他的內心裡就會產生一種自我價值，有了自我價值，孩子的生命之火就被點燃了，而他的精神生命也因此向外擴張。可以說，自我價值是孩子熱愛生活並為之奮鬥的理由，是孩子獲得成功的前提。而自我價值的核心就是自尊。

自尊心的下面有兩條深層的根：羞恥心和上進心。

羞恥心，使人在做了壞事時因產生羞恥感而痛苦，因而遠離這些壞事。人如果沒有羞恥心，那麼他就會按動物的生存方式來行為而不會按人的方式來行為。對於一個沒有羞恥心的人來說，他的行為在別人眼中是什麼樣子，根本就無關緊要。這樣對他的行為就失去了社會制約，那麼動物的本性使他怎麼舒服、怎麼方便就怎麼做。

上進心，使人不甘心在人群中居於落後的地位而奮起努力。人作為一種社會生物，他最重要的心理需求，就是獲得他的同類的認同和羨慕，因

而在他的同類中找到優越感。當一個人有了上進心，他就會去追求社會的承認和人的羨慕的眼神。這樣他就會研究人類社會的法則，並自覺按社會法則所設定的正面方向去規範自己的行為，因為只有這樣他才能獲得社會的承認。與此同時，他必須努力去獲得別人也想要的東西，比如地位、權力、金錢、學問、美感以及健康等。因為只有得到了別人也想要卻沒有得到的東西，那別人才會羨慕他。

可以說，自尊是孩子成長的精神支柱，是孩子向上的基石，也是自我發展的內在動力。身為家長，如果真的愛孩子，就應該從維護、培養孩子的自尊意識開始。

那麼，在日常生活中，家長應如何維護孩子的自尊心，培養孩子健康、適度的自尊意識呢？

尊重和信任孩子

尊重孩子，使他切實地體會到自己是一個有獨立人格的人。信任孩子，調動孩子做事的積極性，並給予積極關心和表揚，切忌包辦代替，更不可打擊、諷刺。這樣既可培養孩子對自己行為負責的素養，又培養了孩子的自信心。

田田的父母知道優秀的孩子首先必須具有自尊心，但自尊的形成由最初父母對孩子的態度決定。因此，田田雖然小時候十分頑皮、調皮，他的父母也從來不用惡劣的語言去批評孩子，只是引導孩子應該如何去做。

家裡有什麼事情，父母也都會與田田商量，徵求他的意見。雖然因為孩子小，看事情不全面，多數情況下父母還是按照自己的決定做事，但在做之前，會給孩子講明沒有按照他的意見去做的原因。父母對自己的尊重使田田很高興，他的自尊也在不知不覺中形成了。

父母都愛孩子，但不一定都會教育孩子。很多父母因為孩子的貪玩、好動、調皮而去大聲斥責孩子，嚴厲批評孩子甚至粗暴地打孩子，時間一長，孩子的自尊心就會受到嚴重打擊，自信更無從談起。因此，父母不要說有辱孩子自尊、人格的話，要學會與孩子平等交流，徵求孩子的意見，鼓勵孩子勇敢表達自己的想法。

給孩子平等的發言權

✧ 耐心傾聽孩子的想法，觀點，不管這個想法和觀點在你看來是多麼的可笑和不實際，都一定要很耐心、認真地聽完，一定要尊重孩子的人格。

✧ 不要隨意指責孩子，不要草率地對孩子的觀點給予否認和評論。

✧ 要對孩子的想法和觀點做積極反應，讓孩子充分地表達完自己的想法，做出積極的姿態：「你這個想法不錯，要是再加一點或改變一點就更完善了。」家長的積極反應可以讓孩子心情愉快，充滿成就感。

尊重孩子的隱私

　　家長們不要總希望控制孩子們的一舉一動，要真正了解孩子，必須首先尊重孩子們，孩子們應該有自己的祕密。

　　所以，家長進入孩子房間應該先敲門，移動或用孩子的東西應該得到他的允許，任何牽涉孩子的決定應該先和他商談，不要隨意翻看孩子的日記，應該尊重孩子的所有權，把他當一個成人一樣尊重。這種尊重應從給孩子換尿布時就開始：換尿布前，先和顏悅色地告訴他要換尿布了，請他忍耐一下。家長不尊重孩子，將導致社會缺乏服務和尊重的觀念，因為不被尊重的人也不知道尊重別人。

不要武斷地否定他，嘲笑他

例如：當孩子對父母暢談理想、未來時，家長不要因為覺得孩子「異想天開」就武斷地打斷孩子的話，嘲笑他的幼稚無知。這對孩子的自尊是一種很大的傷害。家長應該認真地傾聽孩子的「理想」，必要的時候，家長可以提出自己的意見供孩子參考，鼓勵孩子為理想而奮鬥。

要「平視」孩子，不要「俯視」孩子

很多家長因為孩子「說不出」，就以為孩子也「聽不懂」，因此常常採取「俯視」的姿態和孩子講話。而恰當的說話方式應該是一種「平視」的姿態 —— 從孩子可以理解成人的話語意圖開始，就把孩子當成和自己一樣有語言理解能力的人和他們交談；當孩子處於旁聽者的角色時，也要像尊重和自己有同等認知能力的成人那樣，顧及孩子的感受和想法。

平視的視角和語言更有利於塑造孩子良好的個性品格。只有平視才能比較清晰而準確地洞察孩子的語言發展、語言風格、個性氣質，而在平視的基礎上的恰當評價則對孩子的心志成長有積極的影響。

放下家長的架子，接受孩子的批評

要建立一個民主的家庭，不能因孩子小就忽視她的家庭地位，與孩子有關的事要與她商量，使她感到自己是家裡的小主人。每天盡量抽出一點時間跟她聊聊在學校裡發生的事，這樣不僅加深了和孩子的感情，而且還可以發現孩子的長處和不足。另外，孩子犯錯誤時要允許她申辯。

例如：張媽媽這人脾氣不太好，多數時間又是一個人帶孩子，所以碰到女兒做的什麼事跟自己的要求不一樣，就要發火，有一次女兒哭著說：「我沒辦法活了，哪有你這樣當媽的，我做錯事你就不能好好地跟我說

嗎？」張媽媽聽後震動很大，當時眼淚就流出來了。說心裡話，張媽媽以前很少考慮孩子的感受和承受能力，但從那以後，她就很注意批評方式，孩子做錯事時也不再一味地打罵孩子了。

喚醒孩子的權利意識

家長應喚醒孩子們的權利意識，而不是將它扼殺在萌芽的狀態。一個明確自己的權利的孩子才會懂得捍衛自己的權益。

在他人面前維護孩子的尊嚴

有一對夫婦以及 7 歲的女兒外出到朋友家吃晚餐時，孩子不小心打翻了水杯。當他們責備女兒時，主人也故意弄翻自己的杯子。並且解釋說：「瞧，我還這麼不小心呢，40 多歲還會弄翻東西，哎，真的還需要學習學習。」孩子原本很擔心，聽了主人的話就開心地笑了，而孩子的雙親似乎也明白了主人的意思，不再生氣。他們平心靜氣地幫女兒擦拭，讓女兒要小心，並告訴她怎麼做才能做到不打翻杯子。

顯然，主人的幽默化解既維護了孩子的自尊，又讓孩子的父母知道寬容和理解對教育孩子的重要性。也促使他們意識到，在今後的生活中，一定要注意在人前維護孩子的尊嚴。

可以說，家長是孩子良好自尊心的重要培育者。家長的接納、尊重、關懷、無條件的愛以及真誠的讚美與肯定，對孩子來說都是很重要的。對孩子來說，只有得到了尊重，才能學會自尊與尊重他人，並且將之實踐到自己的生活中，成為一個受人歡迎的人。

幫孩子樹立自信

　　一個人在人生的道路上能走多遠，在人生的階梯上能爬多高，在人生的戰場上能夠取得多大成就，最關鍵的因素還有他的自信心。

　　自信心是 EQ 的基石，是情緒智慧的重要組成部分，它對一個人一生的發展有著重要的作用。自信的孩子，在面對別人的惡意攻擊時能沉穩以對，並擁有良好的抗挫及抗壓能力，在人際關係上也會得心應手。自信心也是打開一個人生命潛能大門的鑰匙。沒有自信心，就無法開發人的潛能，因而也不能使其成為人才。

　　日本一個教育專家曾做過這樣一個試驗：

　　他們將一個學業成績較後段的班級的學生，當做學習前段班的學生來對待；而將一個前段班的學生，當做後段班級來教。

　　一段時間下來，發現原來成績距離相差很遠的兩班學生，在試驗結束後的總結測驗中平均成績相差無幾。

　　原因就是後段班的學生受到不明真相的老師對他們信心的鼓勵（老師以為他所教的是一個前段班），學習積極性大增；而原來的前段班學生受到老師對他們懷疑態度的影響，自信心受到傷害，致使學習態度轉變，影響了學業成績。

　　自信對孩子的發展有著巨大的作用。一個自信的孩子，在被失敗或者挫折擊倒以後，依然能夠高舉自信之劍，繼續為成功打拚。在自信的驅使下，這些孩子勇於對自己提出更高的要求，並在失敗中看到成功的希望，鼓勵自己不斷努力，從而獲得最終的成功。

　　自信的孩子，處世樂觀進取，做事主動積極，勇於嘗試，樂於接受挑戰；缺乏自信的孩子，會在任何事面前表現出柔弱、害羞、恐懼的心理，

不敢面對新的事物，不敢主動與人交際，從而會失去很多學習和鍛鍊的機會，極大地影響著自身的發展。而且，長期缺乏自信會讓孩子產生「無能」的感覺，產生自卑等不良心理，甚至可能自暴自棄、自甘墮落，那將是很可怕的。

幫助孩子樹立信心，是每一位家長的責任。要幫助孩子樹立信心，家長可以從以下幾方面來努力：

把讚揚和鼓勵身為教育孩子的主導方法

在兒童時代，孩子是透過自己身邊的人，特別是父母對自己的評價來認識自己的。因此，每個家長應注意，你的孩子是否自信，與你對他的評價有直接關係。

幾乎每個家長都有這樣的觀念，教育孩子，就是不斷地指出孩子的缺點和不足，對孩子的不正確行為提出批評，以為這樣孩子就會逐漸變好。事實上，這種做法是極端錯誤的。人是不會因為批評而變好的。家長平時對孩子只有批評，沒有表揚，就會在孩子心目中不知不覺塑造出不佳的自我形象。所以，家長們如果希望自己的孩子有自信，不妨平心靜氣地坐下來，寫下孩子值得欣賞的優點。比如：「很有愛心，對小動物很好，」「很有禮貌，會主動和朋友打招呼，」等人格特質。如果要稱讚孩子的學習表現，「學習很認真、負責」、「會自我督促念書」等就是很好的理由。多鼓勵和肯定孩子，會讓他對自己有適度的自信，這樣才會讓他的 EQ 大幅度提升。

幫助孩子體驗成功

家長對孩子的要求如果太高，孩子就很難實現目標，很難建立起信心。如果家長針對孩子的實際水準適當地降低標準，孩子就很容易取得成

功。成功對於孩子來說，往往會產生意想不到的效果，孩子會從不難獲得的成功體驗中獲得充分的自信，從而取得更大的進步。

適當誇大孩子的進步

孩子即使沒有進步，家長也應該尋找機會進行鼓勵。如果孩子確實有了進步，家長就應該及時誇獎他們。這樣就可以觸動孩子心中的積極因素，促使孩子期望自己取得更大的進步，也許孩子有朝一日真能取得「事半功倍」的奇效。

幫助信心不足的孩子樹立自信心

俗話說「笨鳥先飛」，「勤能補拙」。家長提前讓孩子掌握一些必要的知識和技能，等到與同伴一起學習的時候，他就會感到「這很好學」，他可能比別的孩子還學得快，自然就會信心百倍了。

避免拿別人的孩子和自己的孩子比較

很多家長為了教育孩子，總是拿班上功課好的同學來和自己的孩子比較，或拿自己公司同事的孩子和自己的孩子比較，試圖讓自己的孩子能夠學習別人的孩子的優點或激發孩子的上進心。這種做法對孩子的成長是極為有害的。

✧ 家長經常以自己的孩子與別人進行比較，會讓孩子產生「我」不如他人的感覺，這種感覺會讓孩子看不起自己，感到洩氣。

✧ 家長經常以自己的孩子與別人進行比較，還會讓孩子產生嫉妒的情緒，當一個人把精力用在嫉妒別人時，他就沒有足夠的精力把自己的事情做好。

✧ 家長的比較即使激發起孩子向別的孩子學習的欲望，可是，盲目地學

習別的孩子，會使你的孩子失去自己的特點與個性，成為別的孩子的複製品。這樣的孩子永遠都難以趕上或超過別的孩子，從而產生挫敗感，最終喪失自信心。

每個家長都應該了解到，每個孩子都有他自己的獨特長處和與眾不同的個性，每個孩子只有從他自己實際的基礎上發展，才能成才。家長的首要任務是幫助孩子找出他的長處，發展他的特性，而不是盲目地讓他和別的孩子比較。

正確對待孩子的失敗與挫折

當孩子考試失敗或遇到其他挫折時，他們需要的絕對不是家長劈頭劈臉的一頓訓斥或者陰陽怪氣的嘲諷。他們也不需要家長無原則的安慰與同情。他們最需要的是他們生活中最重要的人的理解、支持與鼓勵。

很多家長，在遇到孩子考試失敗時，會因為「孩子讓自己丟臉」而生氣。在這種情緒的作用下，家長往往會失去理智地做出一些傷害孩子自尊心的行為，這對正承受失敗打擊的孩子來說，無疑是雪上加霜。因此，家長一定要正確、理智地對待孩子的失敗與挫折，具體做法是：

✧ 冷靜地對待孩子的挫折與失敗，心平氣和地和孩子談心，找出孩子失敗的原因。

✧ 理解孩子的心情與苦惱，讓孩子知道，失敗與挫折是人生經營會遇到的內容，是一個人成功之前必不可少的經歷，並且要讓孩子知道，家長不會因為此事就減少對他的愛。

✧ 鼓勵孩子繼續努力。父母首先必須對孩子有信心，孩子才能對自己產生信心。當父母滿懷信心和熱情鼓勵孩子時，會極大地激發孩子克服困難的勇氣，恢復孩子的自信心。

注意掌握培養孩子自信心的技巧

✧ 告訴孩子：「你可以」。許多家長容易犯的錯誤是：事先假定孩子什麼也不會做，什麼也做不好，所以事事都會阻止他們自己做，都要替他們做好。殊不知，這麼做的結果會使孩子慢慢地對自己失去信心，失去自己努力去探索、去追求、去鍛鍊的自覺性。這樣，大人們也忘記了只有透過各種鍛鍊和磨練才能使孩子成為一個有用之人的道理。所以，要盡量避免這樣一種先入為主的錯誤，用激勵的辦法去促使孩子主動做事情，而不是以年齡為由去阻止孩子做某些事情。

「你能做好」，這是家長大腦中首先要設定的一個前提。應該相信，孩子和大人一樣也能把事情做好，孩子隨時隨地都應該學習生活的本領。雖然有成功也有失敗，但不能因為失敗而影響孩子自身的價值，關鍵在於孩子是否勇於嘗試，勇於面對失敗，同時他們的自尊心和自信心是否會受到影響。所以，應該鼓勵孩子主動做事情，既不能打擊孩子，也不要過度表揚，因為過度的表揚容易使孩子產生驕傲的情緒。總之，適當地對孩子進行鼓勵和表揚，讓孩子得到一種自我滿足，增強自尊和成就感，就能不斷增強他的自信心。

✧ **給孩子表現的機會**。一個人只要體驗一次成功的歡樂，便會激起追求更多成功的力量和信心。因此，要給孩子做事的機會、表現的機會，在做事的過程中引導孩子了解自己的長處和短處，使孩子揚長避短，增強信心。

如果家長能掌握每個孩子的特質，點燃他的自尊心，打消他的自卑感，並以此激發孩子鼓足勇氣，樹立信心，就能促進孩子的全面發展。

教孩子學會自我激勵

美國哈佛大學的威廉·詹姆斯（William James）研究發現，一個不懂得自我激勵的人，僅能發揮其能力的 20 ～ 30%，而當他得到他人或者自己的激勵之後，其能力可發揮至 80 ～ 90%，也就是說，一個人如果經常受到他人的鼓勵，且善於自我激勵的話，就可以發揮出自身最大的潛能，把一些看似不可能完成的事情變成現實。反之，一個人如果得不到鼓勵，更不懂得自我激勵的話，即使各方面條件比別人優越，但遇到困難就容易打退堂鼓，其注定不會有大的作為。

自我激勵是孩子成長過程中不可缺少的環節。自我激勵能提升孩子的自我形象，同時，這些好形象、好表現，又會成為他自我激勵的理由。如此形成一個良性循環後，就能從根本上推動孩子取得更大的進步。因此，家長應從小讓孩子學會自我喝采、自我鼓勵，這是幫助孩子更好地認知自我、發揮自我潛能的關鍵，更是孩子征服困難的巨大動力。可以說，懂得自我激勵的孩子，必將獲得輝煌的人生。當然，教會孩子自我激勵是一個長期、細緻的過程，需要家長堅持不懈的努力。

那麼，家長應如何讓孩子學會自我激勵呢？以下是幫助孩子學會如何激勵自己行動的幾個簡單辦法：

改變表揚用語的代詞

戒掉孩子依賴外部賞識的一個最方便的方法是在你對孩子的表揚中改變代詞：只要把「我」改成「你」，把「我」（父母）對「你」（孩子）的表揚改造成「你」（孩子）對自己的表揚。這種簡單的變化去除了讚許聲中的強調色彩，而是更多地讓孩子了解到自己的行為是正確的。如：

「你今天這麼用功，我真為你感到驕傲。」改為：「你今天這麼用功，你一定為自己感到驕傲。」

鼓勵孩子自己表揚自己

我們可以從早到晚告訴孩子我們是多麼為他們驕傲，但孩子們遲早總要依靠自己內心的動力前進。有些孩子完全依賴成年人的讚許，連怎樣認可自己都不知道。幫助他們的一個簡單辦法是指出他們做得正確的事，然後提醒他們從內心承認自己。

比如：你的孩子在做了一件錯事後主動承認錯誤，這時，你可以告訴他：「你這樣做需要非常大的勇氣，你應該對自己說：『我做了一件正確的事，一件了不起的事』。」

你可以教孩子玩一個自己跟自己談心的遊戲：讓孩子自己幫自己取一個名字，一個暱稱，並且在心裡這麼稱呼自己。這可以是一個顯赫的頭銜，比如「白馬王子」，也可以是一個甜蜜的暱稱。

告訴孩子，當他們感覺疲倦、煩躁、懶惰的時候，就和自己對話：「來吧，只剩最後一題了，我們一起把它做完吧，我知道你一定辦得到！」

告訴孩子，當他們已經盡了自己的努力，不管最後的結果怎樣，他們都應該在心裡讚賞自己：「哦，小明，我知道你已經做了你應該做的，而且做得不錯。我知道你下次會做得更好。」

幫助孩子制訂激勵目標

要讓孩子明白，如果沒有明確的奮鬥目標，一句空泛的「我要成功」是毫無意義的。比如：孩子英語發音有問題，就可讓他為自己設置一個目標 —— 把每個音標都讀準。孩子能自覺地為讀準每個音標而努力，那麼

他就邁出了自我激勵的第一步。不過，制訂這個目標，要注意目標的可執行性。如果給孩子制訂一個不切實際的目標，目標不但會成為「空想」，還容易挫傷孩子的積極性和自信心。如讓這次考試不及格的孩子，下次考試考 100 分。顯而易見，這個目標脫離了孩子的實際，即使他再努力也不一定能馬上達到目標，久而久之，他就可能自暴自棄。所以，在制訂目標時，應從孩子的情況出發，目標不可過大、過高，最好先制訂那些容易達到的目標，然後再逐漸增加目標的難度。

強化孩子的自我激勵

把孩子對自我的肯定穩定下來，並且加以強化，這非常重要。孩子們可以從中領會到：自己的努力和良好的行為是一種很好的獎賞。

強化孩子的自我激勵，有多種辦法，列舉如下：

✧ **記一本成功日記**：給孩子一本日記簿，讓孩子至少每週一次花幾分鐘時間寫出或畫出自己獲得成功的事例。告訴孩子，成功的定義是：自己對自己做出的任何改進以及為這種改進付出的努力。

✧ **讓孩子給自己寫信**：鼓勵孩子在自己行為良好或盡了自己努力追求成功的時候，寫一封信給自己。在寫信的時候，他可以隨意使用一個他喜歡的身分，比如自己的父母、班導和校長，也可以是某個電影中的英雄。在信裡，他應該描述自己認為好的行為，並且對此提出讚賞和鼓勵。

✧ **讓孩子自己給自己設計一份獎品**：在家裡準備一些彩色紙、畫筆、顏料、碎布等物品，告訴孩子，他只要做了一件令自己驕傲的事，並且對父母描述自己所做的事，就可以為自己設計製作一份獎品：圖畫、賀卡等。

讓孩子對目標產生緊迫感

　　光有目標沒有努力，目標只是空頭支票。自我激勵是讓孩子確定目標後，產生向目標靠近的動力。有時孩子的自我約束能力很差，可能剛剛確定目標的時候鬥志昂揚，沒過三分鐘，熱情就不在了。家長在教孩子自我激勵時，一定要讓他有緊迫感。不妨建議孩子每天大聲朗讀自己的目標計畫，在朗讀的過程中，無形加強了他對目標的認知。光有認知還是不行，還要讓他知道世上沒有不勞而獲得事情，付出和回報是成正比的，有多少付出才會有多少回報。例如：孩子想組裝一個模型，你需要告訴他，成型之前的模型是什麼樣子的，經過什麼樣的努力，才能達到現在的樣子。最後，還要對孩子的目標給予適時的時間限制。如果沒有時間限制，孩子會覺得這個目標太過遙遠，從而自我放鬆。因此，孩子的每一個目標都要規定一個固定的時間，並要求孩子在規定的時間之前達到目標。有了時間約束，孩子的行動才會有緊迫感。

讓孩子經常告訴自己「我可以！」

　　有老師 20 多年來上課時，為了讓自己和上課的學生放鬆，他總是帶著學生大聲說，「我可以，我一定做得到！」結果每堂課學生都精神飽滿，課堂效果也非常好。所以平時家長要隨時暗示孩子，「我可以，我有能力完成這件事。」要讓孩子隨時學會自我激勵，讓孩子把即將去實踐的事情化成一種成功的動力，不斷進步。

讓孩子每天為自己設計一幅美好的藍圖

　　讓孩子為自己每天設計一幅美好的藍圖，是一種有效、積極的心理暗示。這種設計最好具體一些，比如當孩子每天晚上睡覺前或者每天早上睡

醒後，讓孩子自覺地躺在床上，放鬆自己，然後想像一下自己今天、明天以及以後的目標和成功之後的美好前景，最後用積極的心理暗示不斷對自己進行鼓勵。這樣的心理暗示是發自潛意識的，是真實的，也是最有效的。

　　一個人是否能給自己喝采，會不會自我激勵，影響著他未來的發展高度和空間。為自己喝采的人，即便天賦平平，也能夠在挫折面前不低頭，遇到困難就把它踩在腳下當臺階，這樣的人注定會走向成功。不會為自己喝采的人，因不了解到自己的能力，看不清楚自己的優勢，不會自我激勵，行為上也會表現出懦弱的特點，這樣的人沒有困難時不前進，遇到挫折時容易逃避，缺乏自信，將來可能會一事無成。

　　總之，外界的鼓勵再強大，也需要內心的自我激勵，如此，才能產生真正的力量。所以，父母對孩子的鼓勵再多，孩子自己沒有在內心形成一種強大的激勵機制，也終是無濟於事。

　　因此，讓孩子從小學會自我激勵，就是為孩子打了一針預防針 —— 預防他在未來的路上碰到困難時，沒有勇氣面對。這針預防針可以讓他增強對困難的抵抗力，越早注入效果越好。有了這一預防針，等於給孩子提供了充沛的原動力，使他可以衝破重重障礙，成為一個自尊、自信、自強的人生鬥士。

自負不等於自信

　　培養一個充滿自信的孩子是家長的共同心願，因為，擁有自信的孩子才能創造精彩的人生。但孩子如果自信得過了頭，變得自負、狂傲不羈，這就背離了家長的原意，有點令人擔憂了！

　　自負是一種過於自信、過高估計自己的能力，不切實際、自大的心

態。孩子自以為了不起的自大心理，是自我認知存在缺陷的一種表現。處處瞧不起別人、對大人也常常傲慢無禮，是一種缺乏自知之明的心理缺陷。

孩子自負的表現也是多方面的。有的孩子因自負而不能和同伴友好地相處，常常有高高在上、盛氣凌人之感；有的孩子對大人傲慢無禮，不尊敬長輩，瞧不起成年人在某些知識方面的缺陷；也有的孩子因自負而不愛與人說話，不愛回答別人的提問，甚至變得愛挖苦人、諷刺人……自負可以說是一種比較普遍存在的不健康心理，許多有專長或智力超群的孩子都易染上這種心理疾病。

此外，自負的孩子往往比較容易產生自滿心，喪失進取心，成長虛榮心；自負的孩子意志薄弱，經不起挫折與打擊。以下是一則國外考大學的狀元，因為自負、承受不了挫折而自殺的故事：

「輸不起的『狀元』某某跳樓自殺了」的消息傳遍了整個大學校園。人們不禁為之驚呆了，尤其是熟悉他的同學、老師以及家鄉，更為他的輕率而倍感痛心。誰能想到四年前他曾經無限風光呢？跳樓自殺的男同學四年前是以第一名學霸的成績考入這所大學的。

進校後，校長、教授對他備加重視，僅他個人的宣傳就做了半學期，他成了全校的熱門人物，簡直是無人不知、無人不曉。可是教授的溺愛、同學的羨慕以及一些人的吹捧，讓他有了飄飄然的感覺。他想當然地認為自己是最棒的，從此，他變得極其高傲。

他經常因為覺得教授講得不好而不去上課，也從不參加群體活動，而是時常沉迷於武俠小說、言情小說、手機遊戲的世界裡混沌度日。教授為他的崩壞而擔憂，經常勸導他要戒驕戒躁，可是他總是把教授的話當做耳邊風，他認為自己這麼聰明，所有考試都是小菜一碟，就這樣，雖然他從未在期末考試中不及格，但卻成績平平。

轉眼到了大四，保送研究所名單上自然沒有他。於是他終於不甘示弱起來，向全班同學宣稱他要考上最著名大學的碩士研究生。

　　從此，他也晚睡早起地學習了。無奈由於之前專業功底不扎實，他學習起來總是力不從心。公布成績時，他的專業科目成績沒有達標，這對於驕傲的他而言無疑是當頭棒喝。拿到成績單時，他呆呆地佇立了良久，整個人呆滯了。

　　第二天早上，人們在 14 層高的大樓前發現了他的屍體，他的口袋裡裝著一份浸透了鮮血的成績通知單和一封遺書。他說：「因為我知道自己再也驕傲不起來了，所以我選擇了死亡。對我而言，沒有了驕傲就如同剝奪了我的生命。」

　　自負，正是「自負」這可怕的心理殺死了這位「狀元」。自負讓這位「狀元」沉浸於自我陶醉中，一旦所幻之夢變得支離破碎，他那自負的心理便難以負荷，以至於精神崩潰。

　　自負是一種自欺欺人的表現，是一個人心理不成熟造成的。因為自我感覺過於優越，便難免「勢在必得」，以為沒有自己辦不到的事情。這種人在遭受挫折的時候，往往沒有辦法原諒自己，做出讓父母、社會痛心的事情。

　　那麼，造成孩子盲目自大、自負卻又容易悲觀、失望的原因是什麼呢？

孩子產生以上症狀的原因

　◇　**過度溺愛的家庭教育**：家庭教育是一個人自負心理產生的第一根源。對於孩子來說，他們的自我評價首先取決於周圍的人對他們的看法。父母過度的溺愛、誇讚，會使他們覺得自己「相當了不起」。

✧ **生活過於順利**：人的認知來源於經驗，生活中遭受過許多挫折和打擊的人，很少有自負的心理，而生活中的一帆風順，則很容易養成自負的性格。有的孩子是獨生子女，是父母的掌上明珠，如果他們在學校表現又比較突出，老師的溺愛、同學的羨慕也會讓他們養成「自負」的個性。

✧ **片面的自我認知**：自負的孩子總喜歡縮小自己的短處，誇大自己的長處。當然，他們也同樣缺乏自知之明，總把自己的長處看得十分突出，對自己的能力評價過高，對別人的能力評價過低，自然產生自負心理。當一個人只看到自己的優點，看不到自己的缺點時，往往會形成自負的個性。這種人往往好大喜功，取得一點小小的成績就認為自己了不起，成功時完全歸因於自己的主觀努力，失敗時則完全歸咎於客觀條件的時機。他們總是過度的自戀，以自我為中心，把自己的舉手投足都看得與眾不同。

✧ **情感上的原因**：一些孩子的自尊心特別強，為了保護自尊心，在交際挫折面前，常常會產生兩種既相反又相通的自我保護心理。一種是自卑心理，透過自我隔絕，避免自尊心的進一步受損；另一種就是自負心理，透過自我放大，獲得自卑不足的補償。例如：一些家庭經濟條件不是很好的學生，生怕被經濟條件優越的同學看不起，就裝清高，在表面上擺出看不起這些同學的樣子。這種自負心理是自尊心過度敏感的表現。

自負導致孩子誇大自己的優點，看不到自己的缺點；他們聽不進別人的善意批評，總是處於盲目的優越感之中，並因此影響到他們的生活、學習、工作和人際社交，嚴重的還會影響心理健康。對這樣的孩子，家長應該及時予以糾正，讓他們正確了解問題。

家長可以透過以下方法糾正孩子自負的心理

（1）逐漸改變對孩子的評價方式，對孩子的評價應客觀實際

孩子總有不足的地方，家長不要因為溺愛孩子就不切實際地吹捧孩子，尤其不要在客人面前沒完沒了地讚美孩子。

孩子產生驕傲往往源於自己的某方面特長和優勢，父母應該先分析這種驕傲的基礎：是學業成績比較好、有某方面的藝術潛力，還是有運動天賦等。然後應讓孩子認知到，他身上的這種優勢只不過限定在一個很小的範圍內，放在一個更大範圍就會失去這種優勢；正確的態度應該是積極進取，而不是驕傲懈怠；並且優勢往往是和不足並存的，同時應該努力彌補自己的不足。

父母要讓孩子明白，取得一定的成績，確實是自己努力的結果，但是不要忘記這裡也包含著家長的培養、老師的教誨和同學的幫助。

另外，不正確的比較往往也容易滋長驕傲情緒。在班級團體中，若以己之長與別人之短相比較，這樣比較的結果，自然容易讓孩子沾沾自喜，自以為什麼地方都比別人強，因而看不起別人。父母應該引導孩子走出自我的狹隘，帶他們到更廣闊的地方走走，陶冶他們的情操；讓他們了解更多的歷史名人的才能和成就，以豐富的知識充實自己，使之變驕傲為動力。

（2）給孩子創造一些遭遇挫折的機會

經歷適當的挫折可使孩子心理機制更健全，不至於過度自負，經受不住任何打擊。要教育孩子生活本來就不是一帆風順的，生活中要遭受許多挫折、失敗和打擊，要正確對待。

（3）給孩子多一些接觸社會的機會

當他們看到外面紛繁複雜的世界，接觸到比自己更優秀、更具專長的人，了解到「強中還有強中手」，就不會為自己的一點點小成績而自負了。因此，家長要為孩子創造接觸社會的機會，看看外面精彩的世界，而不要坐井觀天，夜郎自大。

（4）不要過度地讚美孩子

老威特非常注意培養孩子卡爾·威特謙虛的習慣，他禁止任何人讚美他的兒子，生怕孩子滋長驕傲自滿的情緒，從而毀了他的一生。

有一次，有個地方的督學官到哥廷根的親戚家串門。他在來哥廷根之前，就已經從報上和人們的傳說中知道了小威特的事，就想具體了解一下小威特。於是，他託人邀請了威特父子。

老威特接受了邀請，帶著孩子一起去了，按照慣例，老威特提出條件，即不管孩子考得怎樣，絕不要讚美孩子。

那個督學官聽說孩子比較擅長數學，就準備考考數學。考著考著，督學驚訝地叫了起來：「哎呀！真是超過了我的學者！」

老威特連忙潑冷水：「哪裡，哪裡，由於這半年兒子在學校裡聽數學課，所以還記得。」督學官還不死心，又對小威特：「你再考慮這道題，這道題學者先生考慮了三天才好不容易做出來。如果你能做出來，那就更了不起了。」

說完，那位督學就拉著老威特的手退到房間的裡面，對老威特說：「你兒子再聰明，那道題也很難做出來，我是為讓你兒子知道世界上還有這樣的難題才出的。」

可是，督學官的話音剛落，就聽小威特喊道：「做出來了。」事實上，

孩子真的做出了那道題。這讓那位督學官佩服不已。但他記住了老威特的話，不再讚美孩子了。

　　正因為老威特了解孩子的心理，知道優秀的孩子往往經不起讚美，讚美過多往往會導致孩子自滿、自負、不思進取。因此，他在生活中有意地避免讚美孩子，給了孩子更大的求知空間。

（5）適當的批評能幫助孩子克服自負的心理

　　正確面對批評和建議是終身的學問。自負的孩子往往不能很好地處理別人的批評和建議。所以，家長對孩子的表揚要適度，對孩子的批評也要恰如其分，既不能以偏概全，也不能掩耳盜鈴、視而不見，而要客觀地指出孩子的不足。這樣可以幫助孩子正確地認識自己。

　　批評往往直指一個人的缺點，如果一個人能夠接受批評，他就能夠比較清楚地看到自己的缺點。對於孩子來說，他在評論自己時常會出現偏差，原因是「不識廬山真面目，只緣身在此山中」，若能經常聽取別人的意見或建議，就能幫助孩子不斷地充實和完善自己。

第三章　懂得自省才能客觀了解自己

　　對於孩子來說，除了應懂得自尊、自信以外，還應該學會反思自己、調整自己，也就是說，應具備自省的能力。

　　現在的孩子，大多數都是獨生子女，都喜歡以自我為中心，因此，家長在對待孩子時，除了需要適當的鼓勵之外，還應該讓孩子學會檢討、自省。孩子只有學會了調整與反省自己，才能更好地融入外部的社會中，以獲得更大的生存空間。

第三章　懂得自省才能客觀了解自己

內省，認知自我的魔鏡

內省，簡單地講，就是「認知自我」的能力，即一個人了解自我，善於對自我進行分析、反思的能力。蘇格拉底（Socrates）曾說：「未經自省的生命不值得存在。」也就是說，但凡為人，都必須學會自我反省，只有懂得自我反省，才能認知自我、完善自我、不斷取得進步。

自省是自我動機與行為的審視與反思，用以清理和克服自身缺陷，以達到心理上的健康完善。它是自我淨化心靈的一種手段，EQ 高的人最善於透過自省來了解自我。自省是現實的，是積極有為的心理，是人格上的自我認知、調節和完善。自省和自滿、自傲、自負相對立，也根本不同於自悔、自卑這種消極病態的心理。從心理上看，自省所尋求的是健康積極的情感、堅強的意志和成熟的個性。它要求消除自卑、自滿、自私和自棄，消除憤怒等消極情緒，增強自尊、自信、自主和自強，培養良好的心理素養。

強者在自省中認知自我，在自省中超越自我。自省是促使強者塑造良好心理素養的內在動力。自我省察對每一個人來說都是非常重要的。要做到真正認知自己，客觀而中肯地評價自己，常常比正確地了解和評價別人要困難得多。能夠自省、自察的人，是有大智大勇的人。在人生道路上，成功者無不經歷過幾番蛻變。蛻變的過程，也就是自我意識提升、自我覺醒和自我完善的過程。人的成長就是不斷地蛻變，不斷地進行自我認知和自我改造。對自己認知得越準確、越深刻，人取得成功的可能性越大。

當然，自我省察不僅僅是對自己的缺點勇於正視，它還包括對自己的優點和潛能的重新發現。每個人都有巨大的潛能，每個人都有自己獨特的個性和長處，每個人都可以透過自省發揮自己的優點，透過不懈的努力去爭取成功。

內省，認知自我的魔鏡

對成人而言，具備自我反省的能力，就能正確認知自己的優缺點，自尊、自律，有計畫地規劃自己的人生。遇到困難和挫折時，能夠及時調整自己的情緒，積極進取，度過一次次難關，一步步走向成功。對於孩子來說，學會自我反省，更是關係著他們當前的良好發展和日後的成才。一個不懂得自我反省的孩子，永遠不會了解到自己的過錯與不足，這只能為他們的成長平添許多障礙與煩惱，反之，當孩子學會了內省，便能做到「揚長避短」，獲得良好的進步和發展，從而成為一個自信、自立、自律的人。只有這樣的人，才能順利地越過成長過程中的障礙，到達成功的彼岸。

每一個孩子都是父母的未來，父母的希望。身為父母，我們總是試圖包容孩子的一切，善的、惡的、好的、壞的。但這樣無原則的包容只會讓孩子身陷愛的泥淖，唯有讓孩子學會內省，孩子才能真正成長起來。

透過內省，孩子才能及時修正錯誤，不斷地調整精神資訊系統接受訊號的靈敏度和準確度，以確保資訊系統不出現紊亂。所以說，學會自我反省的孩子，就等於掌握了自我完善和健康成長的祕方。

一個具備內省能力的孩子一定能夠對自己提出嚴格要求。他們總是尋找自己的不足，力求改進這些不足；他們總是能夠虛心聽取別人的意見，從別人的建議中汲取營養，使自己變得更加完善；他們不會害怕自我批判和自我否定，因為他們知道自我否定的目的是為了使自己達到一個更高的層次。

自省是認知自我、發展自我、完善自我和實現自我價值的最佳方法。心平氣和地正視自己，客觀地反省自己，既是一個人修身養德必備的基本功之一，又是增強人之生存實力的一條重要途徑。因此，在自我否定的背後，他們實際上有著充分的自信，在不斷的反省中獲取前進的力量，讓自己變得更優秀。

經常反省自己，可以去除雜念，對事物有清晰、準確的判斷，理性地認知自己，並提醒自己改正過失。只有全面地反省，才能真正認知自己，才能不斷完善自己。因此，每日反省自己是不可或缺的功課。透過經常反省自己的思想和行為，無情地自我解剖，嚴格地自我批評，可及時地改正自己的過錯，把過失和錯誤消滅於萌芽狀態。

勇於面對自己，正視自己，對自己的一言一行進行反省，反省不理智之思、不和諧之音、不練達之舉、不完美之事，並且要及時進行，反覆進行，才能夠得到真切、深入而細緻的收穫；疏忽了、怠惰了，就有可能放過一些本該及時反省的事情，進而導致自己的一再犯錯。所以，培養孩子反省的習慣非常重要！

培養孩子良好的自我意識

對於家長或者老師來說，教育的使命是教會孩子懂得人類的多樣性、相似性和依存性，而認識他人必須首先認識自己；無論是在家庭、社會還是在學校進行的教育，都應首先讓孩子學會認識自己，形成良好的自我意識，只有這樣，孩子才能真正設身處地去理解他人的反應；培養孩子情感同化的態度，對其一生的社會行為都將產生積極的影響。

那麼，什麼是自我意識呢？所謂自我意識就是指一個人對自己的了解，包括對自己和周圍人的關係的了解。自我意識在人的心理活動和行為中有著調節作用，是行為的強烈動機，它對孩子的心理發展意義重大。孩子怎樣認識自己，怎樣安排和處理自己和周圍世界以及別人的關係，怎樣評價自己的能力，具有什麼樣的自我價值觀，樹立什麼樣的自我形象，直接地影響他們能否積極地適應社會、能否保持心理健康、能否在學習和生

活中順利地前進和發展。

如何才能判斷你的孩子是否具備了正確的自我意識呢？請看下面這個例子：

小學一年級的小池提起學校的事情就興高采烈、得意洋洋，因為，他的成績非常優秀，經常考 100 分，所以，老師很喜歡他，同學也很羨慕他。

有一天，媽媽在輔導他做功課的時候，小池開始煞有介事地介紹起自己同桌的情況：「媽媽，我的同桌好胖呀，他功課非常不好，跑步也跑不快，是我們班上什麼都很糟糕的同學呢！」

「那你呢？」媽媽微笑著反問。

「我？」孩子提升了聲音：「這還用問嘛，我當然是班上的優等生了！老師經常誇我很認真呢！」說完，孩子表現出很自信的樣子！

故事中的小池已經表現出了強烈的自我意識，而這種自我意識的來源恰恰是他人對自己的評價。比如：小池就是因為老師的誇獎而有這種充分的「優越感」的，在這個時候，家長若能適當地有意加強這方面的控制引導，讓孩子充分地認識自己，了解自己，對孩子的成長將十分有益。

因為，培養與利用孩子的自我意識，可以有效地促進其學習與心理健康水準。一個具有良好自我意識的孩子，會在各方面表現出優秀的才能，更容易取得成功。反之，如果孩子在自我意識的發展中出現了不良傾向，又沒有及時調整，會使孩子的個性和行為發生偏異，以後矯正就困難了。所以家長應該注意培養孩子良好的自我意識。

要培養孩子正確的自我意識，家長應該做到以下幾方面：

引導孩子的自我認識

通常來講，兒童要清楚、準確地認識自我是比較困難的。儘管如此，也要逐漸引導孩子認識自己，因為童年時期的自我認識是成年後自我認識的雛形。家長引導孩子進行正確的自我認識，主要是要引導孩子解決兩個矛盾：孩子自己心目中的「我」與實際的「我」的矛盾；自己心目中的「我」與他人心目中的「我」的矛盾。

引導孩子了解實際的「我」，可以透過一些比較，使孩子逐漸對自己有準確的了解。家長可以讓孩子與過去的「我」比較，用筆記、攝影、錄音記下孩子的成長過程，過一段時間拿出來讓孩子看看、聽聽，讓孩子由此知道「我」的進步、退步或停滯。讓孩子與同齡的孩子比較，認知自己的發展狀況和能力水準，了解自己的長處和短處。讓孩子與成人和優秀人物比較，認知自己的差距，提升孩子努力和進取的意識。讓孩子和進行活動前後的「我」比較，給孩子布置一些他做起來吃力，但經過努力可以完成的任務，使孩子了解自己潛在的能力。

引導孩子了解他人心目中的「我」，主要靠家長及時把聽到、看到的別人對自己孩子的評價和印象，以適當的方式告訴孩子，讓孩子知道他人對自己的看法。這些看法，孩子一般不易了解到，家長要做有心人，當好孩子的「耳目」。

培養孩子的自我評價能力

實驗研究顯示：兒童形成自我評價能力的年齡為 3~4 歲。三四歲的孩子開始有一定的自我評價能力，能夠根據一定的行為規則來評價自己。五六歲的兒童絕大多數已經能夠進行自我評價。自我評價是自我意識的核心，它對於兒童道德素養的形成、道德行為的培養是極為重要的。家長應

該為孩子創設自我評價的情境,促進孩子自我評價能力的發展。孩子的自我評價能力最初是根據成人對他的評價而形成的。

因此,家長對孩子的評價應該比孩子的實際情況略高一點,使孩子經過努力可以達到,這樣有利於培養孩子的自尊心和自信心,使孩子能夠用積極、向上的心態來評價自己。另外,家長要努力安排一些孩子經過努力能夠取得成功的活動。成功的次數越多,孩子對自己成功方面的評價越高;成功的範圍越廣,孩子對自己的全面評價也就越高。這樣有利於培養孩子自信、自我接受、勤奮、樂觀的個性,使自我意識中積極的成分占主導地位,從而促使孩子獲得更多、更大的成功。

教育孩子積極地自我悅納

自我悅納是發展健全的自我意識的核心和關鍵。一個人首先應該自我接納,才能被別人所接納。只有在自我悅納的基礎上,培養孩子自信、自立、自強、自主的心理素養,才能促進其發展自我和更新自我。

人無完人,金無足赤,無論是家長還是老師都可以透過古今的偉大人物在對待不足與缺陷時的事例,啟發孩子思考如何對待自己的不足與缺陷。應該讓孩子懂得:積極自我悅納就是要無條件地接受自己的一切,無論是好的或壞的,成功的或失敗的,有價值的或無價值的,凡是自身現實的一切都應該積極地悅納,並且平靜而理智地對待自己的長短優劣和得失成敗,做到樂觀開朗,以發展的眼光看待自己。

創造條件、培養孩子強烈的自信心

自信心是對自己積極、肯定又切合實際的自我評價與自我體驗,它在兒童日常生活中的重要性是不言而喻的。自信與自卑都存在著一種累加效

應,越自信的孩子,越容易成功,越成功就會越自信。反之越自卑的孩子則越會導致更大的自卑。

✧ **透過群體活動逐漸培養**:任何人都有被激勵的願望,這願望像一扇門,是從裡面反鎖的,鑰匙在每個孩子的心中,而教育者只有採用一定的措施讓孩子主動參與,才能使孩子打開心門,這些措施之一就是群體活動。例如:可利用週末讓孩子多參加群體性的活動,這些活動可大可小,因地制宜,能做到「讓每個孩子都抬起頭來走路」,那當然是對群體活動的最好獎賞。

✧ **讓孩子體驗成功**:從個人發展的角度來說,要創造一些可以達到成功的機會,使孩子相信自己的能力。這要從孩子的實際出發,用「低起點、小步子」的方法逐步實施。所謂「低起點」就是根據孩子的相關準備知識基礎和學習能力的水準,把孩子努力點一點就可以達到的水準,確定為起點,如一些實驗小學的期中、期末考試出題的難易度掌握就很好地展現了這一點,它使絕大多數學生在考完後都產生了一種積極的、成功的體驗。「小步子」就是把事情要求按由易到難、由簡到繁的原則,分解成循序漸進的層次系列,把產生挫折事件的頻率減少到最低程度,從而使孩子層層有進步,處處有成功,不斷提升孩子的自信心和學習的效率。

5. 引導孩子有效地控制自我

自我控制是人主動、定向地改變自我的心理素養、特徵和行為的心理過程。有效地控制自我是健全自我意識、完善自我的根本途徑。因此,應該從小就發展孩子的自我調節與自我控制能力,使他們盡早實現自我教育的功能。培養孩子自我控制的能力應該做到兩點:

✧ **幫助孩子合理地定位理想自我**：理想自我是個人將來要實現的目標，在確立其內容時，要立足現實，從孩子自身實際出發，既不好高騖遠，也不將目標定得唾手可得，而應該是透過一定的努力可以實現的適宜的目標。

✧ **培養孩子健全的意志心態**：意志健全的人，在行動的自覺性、果斷性、自制力和頑強性等方面均會表現出較高的水準。而對自我的有效監督和控制，離不開意志的力量。只有意志健全的孩子才能真正做到自我的有效控制，從而最終實現理想的自我。因此，自我意識的完善應該從培養孩子的意志心態做起，這需要更多採用鼓勵的辦法，以增強他們承受挫折的能力，提升自制自制力。

6. 教孩子定位自己的優缺點

每個孩子都有自己的優點和缺點，光知道自己的優點，不知道自己的不足，只會讓孩子變得狂妄；而只知道自己的缺點，看不到自己的優點，只會導致孩子自卑、怯懦，缺乏自我。因此，教孩子定位自己的優缺點非常重要。因為，孩子只有了解到自己的優缺點，才能有「自知之明」，才能做到揚長避短，更好地發揮自己的才能。

總之，自我意識在每個孩子的成長和發展中有著十分重要的作用。採取行之有效的方法培養和提升孩子的自我意識，能讓孩子終身受益。

糾正孩子以自我為中心的毛病

孩子如果過於自我，難免會落入「以自我為中心」的陷阱裡，變得任性、刁蠻，甚至冷酷無情！

「以自我為中心」是孩子對自己過於重視的表現，他們自以為自己是

主導者、控制者，誰都必須聽自己的，如果有誰不順從自己的意願，就覺得自己的「權利」受到了侵犯，變得鬱鬱寡歡。為了保住「中心」這一位置，許多孩子不惜用哭鬧、糾纏等方式來維護自己的「權益」。這不但會影響孩子與人的正常交際，還影響孩子的身心健康，對其今後的發展很不利！身為家長，既要注意培養孩子良好的自我意識，也要防止孩子變得過於自我，凡事「以自我為中心」！要掌握好教育的「度」。

　　對於「以自我為中心」的孩子，家長需要學習並採取科學的教育方式，在確認兒童自我意識發展規律的基礎上，做以下努力：

✧ **讓孩子學會分享**：要改變孩子的以自我為中心的壞習慣，家長應該取消孩子在家中的「特殊」地位，合理滿足孩子的需求，讓孩子知道自己在家庭中與其他成員是平等的，家長應該透過各種方式使孩子懂得世界上的一切事物都需要分擔共用，並使其懂得應該經常關心他人，而不能放任孩子以自我為中心的心理。同時應幫助孩子建立群體思想，這樣可以使孩子以自我為中心的行為逐漸減少。

✧ **客觀地了解自己的孩子**：觀察孩子時，不能只看孩子是否精神飽滿、是否能融入社會，一定要和別人家的孩子相比較來觀察。如有可能，可以多帶孩子參加一些公益性的活動，如捐款、幫助鄰居倒垃圾等，從中了解孩子是否具有社會意識。

✧ **千萬不要以孩子為「中心」**：家裡人不要整天圍繞著孩子轉，也不要萬事都順從孩子的心意，當孩子習慣了以「我」為中心的性格，那麼他是不知道該如何去關心別人的。

✧ **給予孩子充分的關心**：有時候，孩子無理取鬧僅僅是想要父母多陪陪他，如果是這種情況，父母可以盡量滿足孩子的需求，給孩子足夠的

愛、關心。當然，在關心孩子的同時，家長還應該讓孩子了解到，父母因為愛他，所以關心他，但他並不是這個世界的中心，其他人的需求也同樣需要得到尊重。當孩子逐漸形成這一意識以後，他們「以自我為中心」的毛病就能慢慢得以克服。

✧ **制訂規矩，拒絕孩子不合理的要求**：家長可以制訂一些規矩，並耐心、詳細地向孩子講解這些規矩，讓孩子在遵守這些規矩的過程中明白，他是家庭與社會的一員，遵守一定的規矩是必須的。需要特別提醒的是，不管孩子如何哭鬧，一旦規矩設立，家長就一定要堅持原則，對於孩子的不合理要求，應堅決拒絕。只有這樣，才能讓孩子明白無論如何，他必須遵守這些規矩。如果家長輕易地因為孩子的哭鬧而將規矩拋到一邊，那麼，這些規矩就會形同虛設，同時家長的威信也會在孩子的眼裡大打折扣。

✧ **教孩子運用「角色互換」，弱化「以自我中心」心理**：「角色互換」就是轉換與他人的位置，實際體會別人的需求、感受與悲歡離愁。如孩子做了對不住別人的事，家長應要求孩子站在別人的角度想一想：如果另一方是自己會是什麼感受，這樣就會使孩子為自己的行為不安、羞愧。「角色互換」能很好地達到弱化「以自我中心」的作用，幫助孩子從自己的角度出發轉為能考慮別人的感受和需求。

家長要讓孩子知道，當他為別人著想的時候，你會感到很欣慰，並表揚他，告訴他：「你學會關心別人了，我感到很高興。」有時，還可適當的獎勵，久而久之，孩子的行為就會得到穩固和持續。

✧ **讓孩子多參加群體活動**：如附近的露營、廣播體操、放露天電影等群體活動都應該讓孩子參加，以增長孩子的社會知識。當然，孩子在活動的過程中難免會感到不如意，身為家長，不要想著讓孩子事事都不

吃虧，其實讓孩子經受些挫折會更加有利於孩子的成長，生活中的挫折會讓孩子更加成熟與堅強，沒有經過挫折的孩子永遠長不大。孩子與人交際時出現問題，在與人交際中受了委屈倒未必是壞事，否則，只能使孩子「以自我為中心」的問題越來越嚴重。對於孩子來說，多參加社會活動，可開闊眼界，意義重大。

✧ **讓孩子學會尊重他人意見**：家長要教育孩子虛心學習夥伴的長處，尊重別人的意見，珍惜與朋友之間的友誼，不把自己的想法強加於人，可以制止他的某些「以自我中心」的行為。家長應幫助孩子從狹隘的圈子中跳出來，引導孩子設身處地地替他人著想，理解他人，尊重、關心、幫助他人。

✧ **讓孩子自己去處理人際關係**：孩子和小朋友一起玩，家長不要摻和進去，即使小朋友之間發生問題，也要叫他們自己去解決。讓孩子學會理性地處理和夥伴之間的矛盾 ── 哭是不能解決夥伴之間的問題的，只有充分對話才能成為朋友；在與小朋友交際的社會生活中，孩子會逐步了解到，凡事都不是自己所想像的那樣，而是與自己「對立」存在的。在「對立」存在的了解過程中，孩子才能逐漸改變「以自我為中心」的毛病。

教孩子學會自省

內省智慧在孩童時期往往被忽視，一些家長認為孩子小，不懂什麼，培養內省智慧是年齡稍大之後的事，這其實是家庭教育的失誤。有研究表示，孩子從呱呱墜地那一刻起，就已經開始建構其最初的內省智慧了，這是在與父母及其他人的相互作用中進行的。小孩子的自我意識很薄弱，他

們的自我認知主要來自於他人對自己的看法與評價。可見，良好的人際環境是培養內省智慧的第一要素。為此，我們提供以下建議：

家長應給孩子自我發展的空間

要想給孩子自我發展的空間，家長應該有意識地創設條件，促使孩子獨立、自主。例如：給孩子一個空間，讓他自己去做主；給他一個時間，讓他自己去安排；給他一個條件，讓他自己去利用；給他一個問題，讓他自己去找答案；給他一個困難，讓他自己去解決；給他一個機遇，讓他自己去把握；給他一個衝突，讓他自己去應對；給他一個對手，讓他自己去競爭；給他一個任務，讓他自己去發揮。

家長應學會尊重孩子，維護孩子的自尊心

孩子在受到尊重時會產生良好的自我感覺，形成積極的心態，這能促進孩子進行自我反省。家長要正確看待孩子，才能由衷地尊重孩子。而要做到尊重孩子，維護孩子的自尊心，家長應注意做到以下幾點：

◇ **尊重而不支配孩子**：家長要了解到孩子是有價值的人，他們天真率直，勇於幻想，樂於探索，值得家長學習和尊重；不要把孩子看作是無知的人或是嬰兒。

◇ **接納而不拒絕孩子**：在家庭生活中，家長要學會蹲下身來，從孩子的視角看問題，承認、認可、接受孩子的各種嘗試和創造，使孩子覺得自己是一個有能力的人，以提升孩子自尊的程度，而不應用成人的觀點去看待孩子、對待孩子，拒絕孩子的合理需求。比如：家裡栽了幾盆花，孩子想幫花澆水，父母可滿足孩子的這一心願，並加以趣味化的指導：「一天要幫花澆兩次水：早上澆澆水，小花高興了；晚上澆澆水，小花睡覺了。」以強化孩子參與家事勞動的主動性。

✧ **維護而不挫傷孩子**：家長要時時處處維護孩子的自尊，讓孩子「抬起頭來走路」，而不要在親朋好友或孩子的同伴面前大揭孩子的短處，張揚孩子的弱點和過失，以免挫傷孩子做人的尊嚴，形成孩子的反向心理和對立情緒。

此外，家長還應從細節處尊重孩子，如和孩子說話時要看著孩子的眼睛；要傾聽孩子說話，不要隨意打斷或制止孩子說話；不隨意代替孩子回答問題；批評孩子時，要允許孩子申辯，不說損傷自尊心的話；要重視和愛護孩子的作品；要尊重孩子的隱私；對孩子許下的諾言要認真對待；必要時，也應該真誠地對孩子說「謝謝」、「對不起」，給孩子以平等、被尊重的感覺。

讓孩子學會接受批評

要教會孩子反省，就得讓孩子學會接受批評。如果一個人能坦然接受批評，這對於他的成長將是有很大好處的。因此，父母應該讓孩子在幼兒時期就學會接受批評，這不僅能夠塑造孩子完整的人格，而且可以幫助孩子在其他方面取得成功。

不直接對孩子的錯誤橫加指責

當孩子做錯事時，家長不要一味給予斥責，這樣易引起孩子的反感，對家長產生排斥感，使孩子內省智力的發展受到限制。這時，家長可採用冷靜的態度，從側面引導孩子進行自我反省，明辨自己的過失。

讓孩子自己承擔犯錯的後果

孩子做錯了事，許多家長常常替孩子去承擔犯錯的後果，使孩子覺得做錯了也沒關係，喪失責任感，這不利於培養其自我反省的能力，使他以

後容易再犯類似的錯誤。所以，家長應該讓孩子自己去承擔犯錯的後果，讓孩子明白：一旦犯錯，就要勇於承擔責任。

重視負面道德情感的積極效應

給孩子灌輸正直、善良、勇敢等正面道德情感，可塑造其美好的心靈，而讓孩子體驗羞愧、內疚等負面道德情感也會使其受益匪淺，而且羞愧、內疚等負面道德情感與正面情感相比，更能在孩子的心中留下深刻的記憶，促使他不斷自我反省，區分好壞、是非、對錯和美醜，改正錯誤。

因此，當孩子犯錯時，應讓他懂得羞愧和內疚。如孩子做錯事，家長可直接、平靜地指出錯誤所在，促使孩子自我反省，激發他的羞愧感和內疚感，使他以後不再犯此類錯誤。值得注意的是，在培養孩子自我反省的能力時，家長應避免犯以下的錯誤：

- ❖ **驚慌失措，嘮嘮叨叨**：當孩子做錯事之後，很多父母會以吃驚、慌亂或是終日嘮嘮叨叨的方式來責備他們。一般的孩子在這種情況下，常以反抗、頂嘴甚至更強烈的態度去面對，幾乎不會有改正的意願。

- ❖ **不給孩子解釋的機會**：允許孩子做解釋，不僅可以更全面地了解事情的真相，而且可以引導孩子進行自我反省。如果不給孩子解釋的機會，孩子只會覺得你武斷，沒有根據，從而不服你的管教。

- ❖ **總拿自己的孩子與別的孩子進行比較**：生活中，很多家長常犯這樣的毛病，總喜歡拿自己的孩子與其他孩子進行比較，如「你看你的某某哥哥現在過得多好，你就不能像他一樣嗎？」為此，孩子為了表現自己的不滿，可能會頂嘴「那你去生他好了，生我做什麼呢？」這樣的情況，不但家長下不了臺，還讓孩子的自尊長期處於被傷害的狀態中！這對孩子自省能力的培養也是不好的。

鼓勵孩子挖掘自己的潛能

每個孩子都與生俱來擁有一個神祕的寶藏，那就是他們的天賦才能，即「潛能」。如果這個寶藏從未被開採，一直處於休眠狀態，那是非常可惜的一件事情。

心理學家認為，激發潛能的黃金時間就是孩童時代，在孩子 6 歲以前，如果孩子的潛能被發現並得到培養，那麼，孩子的未來就更容易突破平庸，也能產生更多的自我滿足感，增強對自我的肯定與認知。

能否充分激發孩子的潛能，對孩子的一生有關鍵的影響。那麼，家長應如何去幫助孩子挖掘孩子的潛能呢？

家長應具有一雙「火眼金睛」，善於找出孩子的潛能

只有獨具慧眼的人才能發現那些具有「千里馬」潛能的人。身為家長，要善於從小事中看到孩子的優點，用細微的眼光發現孩子的天賦，並且加以培養和引導，使其成為有用之才。這就要求家長做到：

✧ 在日常生活中，家長要注意觀察孩子的言行舉止，喜好憎惡，發現其最感興趣、最願意參與、最積極從事的事情，並進行必要的誘導與測試。

✧ 了解孩子的性格傾向、喜好及優勢所在之後，家長應該為孩子提供必要的環境和條件，同時，在生活中為他多創造練習的機會。

✧ 家長要鼓勵孩子去發揮自己的潛力，當孩子沒有達到預期的目標，為了不扼殺他的才華，家長也應該給他肯定的讚美，鼓勵的掌聲。一句話，孩子的優勢得不到發揮，是父母的失誤；不能發現孩子的優勢，則是父母的失敗。

家長要多豎大拇指，透過讚美激發孩子的潛能

賞識可以導致成功，抱怨只會導致失敗。明智的父母，在孩子完成一件事情後，不論結果如何，都會說上一句：「孩子，你好棒！」然後再善意地指出孩子的不足，指導幫助孩子去進一步完善自己。所以，家長應做到：

✧ 多對孩子用大拇指，少用食指，及時地為孩子鼓勵叫好。

✧ 教孩子為自己豎起大拇指。想要挖掘孩子的天賦與潛能，除了家長要堅定不移地相信孩子，更要讓孩子相信自己、認識自己、肯定自己。讓孩子帶著自信踏上征程，才能離成功越來越近。

✧ 讓大家一起豎起大拇指。父母應盡可能地為孩子創設群體賞識的氛圍。雖然創設群體賞識情景不太容易，但父母可以發動全家人甚至親戚朋友一起來努力，讓孩子在群體賞識的氛圍中找到自信，從而更加努力地發展自己的潛能。

當然，值得注意的是，凡事要講求一個「度」，家長也不能為了讚美而讚美，盲目亂豎大拇指。父母賞識孩子要有節制，要有原則，要有具體目標，要實事求是，不能過度誇大。否則孩子可能會形成一種「賞識依賴症」，最後演變成一種「精神鴉片」，而現實世界是不可能永遠提供給孩子這種精神鴉片的。

家長可以透過適度的批評，激發孩子的潛能

聰明的家長，總是懂得「包裝」批評，在批評的外邊穿上一件表揚的外套，讓孩子在輕鬆愉悅的氣氛中反思自己的不足，然後盡力去改正。只有這樣，才能讓孩子不斷進步，不斷地發展自己的潛能。在批評孩子的時候，家長要掌握一定的技巧：

✧ 輕言細語往往比聲色俱厲更有效。聲音的分貝高不代表話語的力度大，嚴厲斥責未見得比溫柔說教更有效。哪一種方法更容易讓孩子了解錯誤，改正錯誤，從而不斷進步，發展潛能，它就是好方法。

✧ 運用幽默的力量，讓孩子在笑聲中了解自己的錯誤，在寬闊的空間中明白改正錯誤的必要性。這也能讓孩子鼓起改過自新的勇氣，因為他知道，家長會給他機會的。

✧ 沉默教育亦是金。批評孩子，家長不要一味地逞「口舌之能」，適當的時候，不妨採用「沉默」的方法。家長只有把「說」和「沉默」完美地結合起來，對孩子的成長才能達到更大的作用。

培養孩子的競爭精神，發揮孩子的潛能

有遠見的父母，會及早地引導孩子學會競爭，勇於競爭，善於競爭，正確競爭，用競爭激發孩子的潛能。這些父母盡可能做到如下幾點：

✧ 為孩子找一個合適的競爭對手，讓孩子在與「對手」賽跑的過程中，逐漸地提升自己，迸發出更多的潛能。

✧ 承認人的多樣性，不對孩子進行籠統的整體排序，不只看孩子成績是第幾名，還要看到他的長處。

✧ 客觀地評價孩子，不會不顧孩子的實力，盲目鼓動孩子與同伴比較。

此外，家長還要幫助孩子克服嫉妒心理，教育孩子競爭並不排斥適度謙讓和相互合作。

幫孩子建立合乎孩子能力的目標，這同樣能激發孩子的潛能

父母應懷著一顆期待的心，幫助孩子建立每一階段的適合孩子的目標。父母期望過高，目標定得太高，超過了孩子能達到的限度，就容易使

孩子產生失敗感，喪失信心；也不能把目標定得太低，孩子完成得輕而易舉，就會變得輕率和驕傲。

讓孩子迎接困難，激發自身潛能

對困難的成功跨越，都是對自己的一次肯定，都會增加一分自信。因此，家長應多鼓勵孩子學習勇敢行事，不斷戰勝自己，如洗衣服、倒垃圾、下棋、打球等。當孩子戰勝了困難，實現了自己的願望時，自信心就會提升，就會更堅信自己具有某種潛能，這能激發孩子更大程度地發揮自己的能力。當然，家長還應該格外留意孩子的第一次嘗試，因為，這將是他們人生道路上的良好起步。

總之，幫助孩子激發潛能的重大責任主要在於家長。身為家長，我們要發現孩子潛藏在身體裡的偉大潛能，運用正確的方法加以輔導，讓孩子盡快踏上屬於自己的那輛快車，自信地奔向成功的康莊大道。

第三章　懂得自省才能客觀了解自己

第四章　孩子的獨立能力應從小培養

美國著名教育專家羅伯特・加涅（Robert M.Gagnè）博士曾說過：「獨立性是現代孩子教育的十大目標之一，培養孩子的獨立性很重要！」獨立自主能力可激發孩子的內在力量，使孩子變得更積極、更有責任感。一個缺乏獨立性的孩子，注定一事無成。因此，要培養孩子的獨立性，家長們應放開緊握的手，讓孩子自己行走！

第四章　孩子的獨立能力應從小培養

溫室裡的花朵經不起風雨

　　在西方國家，孩子玩樂時，母親一般都不緊盯著。一旦孩子摔倒了，她們往往只在遠處注視，叫孩子自己爬起來繼續玩，孩子也很少哭。而我們在常見的情況是，孩子玩時，父母親常常是死盯在孩子後面，大聲地喊叫：「別跑！小心跌倒！」「別摸！那裡很髒，有細菌！」「不要走太遠了，會被壞人抓走！」等。當孩子不小心被絆倒時，做家長的，趕快上去抱起來，又拍又哄。孩子本來並沒有哭，反倒大哭起來……

　　許多情況下，父母的過度照顧、擔心和保護，非但沒有達到保護的作用，還成了孩子沉重的負擔，對孩子的成長非常不利。以下的故事揭示的就是這個道理。

　　故事一：

　　惠施和莊子都受到魏王的賞識。一次，魏王把葫蘆種子給兩人，要他們比比日後誰種的葫蘆大。惠施為了勝過莊子，就非常用心地管理，每天堅持施肥、除草。而莊子則比較懶，很少去施肥、除草，有時間來望兩眼就走了。一段時間過去了，惠施的「寶貝」竟然一株也沒活，莊子種的葫蘆長得倒很「風光」，不久就豐收了，葫蘆個頭還不小呢！

　　於是，惠施就很疑惑了，他就向莊子請教：「這是什麼道理啊？」莊子說：「我不是沒管理，我是在用心管理，我每次去望那兩眼，就是看它們快不快樂，如果生長很好，為什麼還不停地施肥、施愛呢？如果一味地像你那樣愛，還不早給『愛』死了？」惠施恍然大悟：「是我的溺愛害了它們啊！」

　　故事二：

　　有個獵人在一次打獵時無意中碰到了幾隻剛出生不久的小老虎，獵人

覺得牠們很可憐，就把牠們帶回家中精心餵養。在獵人精心照料下，這幾隻小老虎慢慢長大了，牠們無憂無慮地生活，不愁吃，不愁喝，自在幸福。當然，牠們都被關在籠子裡，獵人為牠們設計的籠子溫暖而舒適。儘管剛開始牠們還很嚮往大自然，但是，時間長了，也就樂不思蜀了。

可是，後來還是有一隻小老虎從籠子裡跑了出去，獵人到處尋找也沒有找到。而其他幾隻呢？還在受著獵人精心的保護。

有一天，那個獵人外出打獵後再也沒有回來。結果，這幾隻習慣了被餵養和保護的小老虎們被活活餓死了。

而那隻當年跑出去的小老虎呢？牠已經變成了一隻野老虎。嚴酷的大自然鍛鍊了牠獨立生存的本領，牠獨自在野外時，餓了自己找食物吃；渴了自己找水喝；有了傷，牠學會了用舌頭舔傷口；遇到敵人，牠知道怎樣保護自己。正是這種獨立的、不依靠別人的習慣，使牠在大自然的環境裡順利地活了下來。

這兩則故事不正說明了，溫室裡的花朵經不起風雨，有些時候，過多的「溺愛」，過度的保護只會阻礙孩子身心的健康發展，使其各方面的能力，不能隨著年齡長大而得到相應提升，從而使他們產生自卑、憂鬱的感覺。具體表現在：

✧ **過度的愛讓孩子性情軟弱**：專家認為，父母溺愛孩子，事事都幫孩子做，會讓孩子軟弱無能。父母在幫助孩子時，往往無形中向孩子傳達這樣一個資訊：我做是為你好，你做我不放心。長期這樣，孩子的自我價值觀削弱，遇事不敢放手去做，不能在實踐中獲得應有的解決問題的能力，面對挫折常常無計可施。

✧ **過度的愛使孩子不善交際**：處於溺愛中的孩子，對自我的期望值過高，會在與其他孩子交際中遭遇不順。在學校，由於沒有得到「應

有」的重視，就沒有了「小公主」、「小王子」高高在上的待遇，心靈的落差使孩子與現實格格不入，不能很好地融入群體中。同時，因為享受著過多的「愛」，孩子在與人交際中也只索取、不給予，或者很少給予，這很難讓人喜歡。

✧ **過度的愛使孩子不懂感恩**：獨生子女一誕生就成了全家的焦點，大量無私的愛洶湧而來，孩子只是接受愛，不懂付出愛，久而久之就把別人的愛當成一種理所當然。這種沒有心靈回饋的愛直接導致孩子對社會、對家庭、對這個世界缺少應有的責任感，更不懂感恩。

✧ **過度的愛使孩子喪失價值觀**：在溺愛中長大的孩子，頭腦中沒有形成一系列正確的價值取向。因為他們成長的環境都由家長撐著，他們很少有機會「深思」，這種「深思」在其看來也是多餘的，因為家長一直都在身邊。但當孩子踏入社會後，各種問題紛至沓來，孩子面對這些無所適從，往往會價值觀混亂，拿不定主意，找不準方向，甚至走向墮落乃至犯罪。

總之，愛的無度，最終只能造成「無能」。一個無能的孩子又怎麼能夠幸福、快樂地成長起來呢？

我們知道，大自然中，剽悍的雄鷹總是顯得非常狠心，雄鷹媽媽在雛鷹出生後不久就狠下心來，把雛鷹趕出家門，讓牠們到大自然中去磨練，這就是為什麼鷹家族能日益壯大的原因！

鷹媽媽的這種教育方式無疑是明智的，牠告訴我們不吃苦難成才，溫室的花朵沒出息。因此，家長應用全新的教育理念加強自己，用實際行動改變愛的方式，鬆開緊箍的雙手，把獨立成長的機會還給孩子！只有這樣，孩子才能夠健康、茁壯地成長起來。

幫助孩子克服依賴的惡習

有這樣一個故事：

東海中有一個小島，島上住著一位老漁翁和他的妻子。

平時，漁翁搖船捕魚，妻子則在島上面養雞養鴨，除了買些衣物油鹽，他們很少與外界往來。

有一年秋天，一群天鵝來到島上，牠們是從遙遠的北方飛來，準備去南方過冬的。老夫婦見到這群海外來客，非常高興，因為他們在這裡住了很多年，還沒有客人來拜訪過。

漁翁夫婦為了表達他們的喜悅，拿出餵雞的飼料和捕來的小魚來招待天鵝，於是，這群天鵝就跟這對夫婦熟悉起來。在島上，牠們不但敢大搖大擺地走來走去，而且在老漁翁捕魚時，牠們還隨船而行，在船邊嬉戲玩樂。

冬天來了，這群天鵝竟然沒有繼續南飛，牠們白天在湖上覓食，晚上在小島棲息，生活得好不愜意。後來，湖面封凍，牠們無法獲得食物，老夫婦就敞開他們的茅屋讓天鵝們進屋取暖，並且給牠們餵食，這種關懷一直延續到春天來臨，湖面解凍。

日復一日，年復一年，每年冬天，這對老夫婦都這樣奉獻著他們的愛心。

因為年紀越來越大，老人漸漸手腳不方便了。於是，他們還是離開了小島。隨著他們的離開，天鵝也從此消失了，不過牠們不是飛向了南方，而是在老夫婦離開那一年的冬天湖面封凍期間餓死的！

故事中，漁翁夫婦對天鵝的愛是發自內心的，真誠的，他們有一顆博愛的心。他們原以為自己對天鵝的照顧能換來天鵝溫暖的生活。殊不知，

正是因為他們的「愛」使天鵝產生了依賴感，導致天鵝們變得懶惰起來，失去了生存能力，最終被餓死！

無獨有偶，還有這麼一個故事：

一隻壁虎被一個釘子釘住了尾巴，困在牆縫中長達十年。

這十年來，壁虎的媽媽每天都銜來食物餵養牠，以確保小壁虎安然無恙地活下來。十年過去了，當年的壁虎媽媽變成了老壁虎，而當年的小壁虎變成了大壁虎，牠在黑暗中整整生活了十年。

其實，壁虎的媽媽也知道，小壁虎是可以自然斷尾逃生的，以後還是可以長出新的尾巴來。可是，小壁虎說怕疼，壁虎媽媽因為心疼孩子，就不辭辛勞，十年如一日地為小壁虎送來食物！

後來，老壁虎死了。很多天過去了，再沒有誰為這隻怕疼的壁虎送吃的了，由於飢餓難忍，這隻被釘子釘住了尾巴的壁虎用力掙脫了束縛牠10年的「尾巴」，重新見到了光明！

當看到光明那一刻，壁虎想：如果十年前能勇敢一點，不怕疼，不依賴媽媽，那該有多好！可是，後悔有什麼用呢？十年的時光就這樣被浪費了！

對於孩子來說，獨立生活的能力不是天生的，而是從小培養和鍛鍊出來的，如果父母總擔心孩子受傷，捨不得讓孩子吃苦，其結果只會讓孩子養成依賴他人、懶惰的惡習。這對孩子今後的成長與發展非常不利。生活中，那些過度依賴大人的孩子通常會表現出許多不成熟的跡象：膽小、怕事；遇事退縮、沒有主見；總是要別人幫助，屈從他人；逆來順受，無反抗精神；進取心差，意志薄弱，害怕困難，在遇到問題的時候驚慌失措，經受不住挫折和失敗；人際社交能力差，孤僻、自我封閉。

過度依賴父母，會形成一些特有的生活環境，使孩子缺乏社會安全

感，總是和別人保持距離；他們需要別人提供意見，經常受外界的暗示或指使，好像自己沒有判斷能力；他們潛藏著脆弱，沒有發展與機智應變的能力，更沒有創造性。

因此，身為家長，如果你希望自己的孩子真正成長起來，在今後的人生中有所作為，不妨從現在開始，幫孩子糾正其過度依賴的壞習慣。一般來說，家長可以從以下幾點入手：

家長要提一些要求讓孩子完成

在培養孩子動手能力的同時，要按孩子的年齡、能力的發展程度對孩子提出適當的要求，如果對孩子要求過高、難度過大，會使孩子產生畏難情緒甚至自卑心理，要求過低又不能激發孩子的興趣。事實上，在幼兒期間，伴隨著孩子生理的發展，他們肢體活動能力增強，相對的自主性也開始得到發展，獨立性逐漸增強，這時是父母幫助孩子形成良好習慣的適當時期。父母要堅持給孩子提出一些要求，讓他們自己完成。當孩子看到自己完成了許多事情，他們的自信心和責任感便會增強，從而就會減少對父母的依賴。

家長不能全包，讓孩子做自己力所能及的事

家庭教育的目的，不是讓孩子過上舒適安逸的生活，而是要培養孩子各方面的能力。所以，父母要轉變觀念，從小就培養孩子自主、自立的精神，孩子的日常學習、生活起居，能讓其自己做的就不要包辦代替。可以從日常生活瑣事做起，讓孩子做力所能及的事。比如：要求孩子按時起床，就寢，收拾好自己的衣物，做到生活自理；要求孩子能夠整理自己的書桌，帶齊學習用具，做到學習自理等。在非原則性問題上可以聽聽孩子

的意見。如為孩子買衣服，在一定價格內，款式、顏色可以由孩子決定。

　　美國大多數家庭的做法是：孩子一出生就單獨睡覺；孩子能夠拿奶瓶，就讓他自己拿奶瓶喝奶；讓孩子在有圍欄的床上自己玩；把孩子放在便桶讓他自己大便；孩子學步的時候，也是讓他自己扶著學步車走路；長大一些後，一切能夠自己做的事情都自己完成，同時還必須幫助父母做一些家事；孩子在 7 歲的時候，就開始學著自己賺錢；成人以後，就完全獨立，自己解決生活問題。

家長要鼓勵孩子自己去尋找獨立鍛鍊的機會

　　家長要鼓勵孩子積極參加學校組織的活動，積極參加社會實踐活動，並在活動中多承擔任務，使自己有機會獨立面對問題，促使自己拿主意，想辦法。鼓勵他們勇敢地邁出第一步，當他們獨立完成一件事情後要及時鼓勵，增強孩子的自信心。當孩子遇到挫折時家長應多給予幫助、理解，和他一起分析失敗的原因，研究解決問題的辦法。

針對孩子的心理特點，給予引導

　　婉婷是小學三年級的學生，因為是家裡的獨生女，家裡的大人寵著她，什麼事情都不讓她做，這給孩子養成了飯來張口、茶來伸手的壞毛病。更嚴重的是，孩子什麼事情都依賴父母，甚至連削鉛筆這樣的小事也要爸爸媽媽代勞。此外，她還愛睡懶覺，每天早晨，媽媽不來催，她就不想起床。每次都是媽媽好說歹說，她才很不情願地起來。如果上學遲到了，她就會抱怨父母為什麼不把她拉起來。

　　婉婷的媽媽意識到，如果繼續這樣下去，對孩子的發展很不好。為此，她鄭重其事地對婉婷說：「從明天開始，媽媽將不再叫你起床。你自己設定鬧鐘，到時候自己起不來，我們也不去叫你。」

　　媽媽心中有數：孩子在老師、同學那裡還是很在意自己形象的，怎會遲到？果然，第二天早晨，鬧鐘一響，婉婷就自己起床了。從那時起她上學再不用催了。更令人高興的是，從此以後，孩子做事的主動性與積極性比以前強多了，因為她終於意識到，自己的事情應該自己做，不能依賴別人。

　　婉婷媽媽的這種做法之所以效果顯著，主要是因為抓住了孩子自尊心強的特點，並且放手讓她自己去負責自己的行為，這種做法很好地糾正了孩子喜歡依賴大人的毛病。總之，克服孩子過度依賴心理的方法很多，家長可以結合孩子的特點，根據實際情況，選擇適宜的方法，經過長時間的鍛鍊之後，孩子過度依賴的心理就會減弱。

鍛鍊孩子的獨立能力

　　曾經有一個教育學家做了一項調查，把 10 個小學三年級的孩子分成兩組，一組是學業成績不太好，但不依賴父母，比較獨立自主的孩子；一組是學業成績優秀，但嬌生慣養，獨立性較差的孩子。20 年後，這些孩子大多已經上班，成立家庭。此時，教育學家對他們又做了一個調查。結果顯示，那些成績優秀但獨立性較差的孩子有 2/3 工作成績平平，沒有得到重用；家庭生活也處理得一團糟。而那些學業成績一般，但獨立性較強的孩子則事業發展順利，家庭生活美好。這就是獨立性對孩子成才的重大意義。

　　要培養孩子的獨立性，家長應從小鍛鍊孩子獨立做事的能力。一個具備獨立做事能力的孩子，他們才能變得日漸強大起來，反之，孩子如果凡事都依賴別人，缺乏獨立能力，是永遠不可能有所發展的。

第四章　孩子的獨立能力應從小培養

有一位教育家曾說過「凡兒童自己能夠做到的，應該讓他們自己做；凡兒童能夠自己想到的，應該讓他們自己去想。」一句話，父母應該給孩子創造自立的機會。然而，在現實生活中，家長包辦的現象比比皆是：

現象一：

建霖今年已經是小學 4 年級的學生了，但是，令人遺憾的是，他的獨立能力太差了，至今他仍然不會自己整理書包，每天晚上做完家庭作業，他把作業本一扔，就跑到客廳看電視去了，剩下的後勤工作，就都丟給家裡的「阿姨」去做了。於是，小到裝文具、削鉛筆、裝筆芯，大到第二天上什麼課，需要準備哪些書等一系列的工作，都是「阿姨」一一包辦的。至今，曉宇還是連自己的課外書具體放在哪個位置都不知道。

現象二：

蓀蓀今年是一名大學二年級的女生。從小到大，她過著衣來伸手、飯來張口的生活，自己的衣服從來不洗。每週回家一趟，她都把自己的髒衣服帶回家給媽媽洗。而每過一個月，蓀蓀的媽媽就會從家裡過來宿舍幫蓀蓀換被套，然後把髒被套帶回家洗！照媽媽的話說，她家的蓀蓀從小就聰明，就是身體虛弱，做不了工作！

生活中類似的現象還有很多，這些家長「愛之深，護之切」，孩子是他們的心頭肉，他們捨不得讓孩子吃苦受罪，哪怕受一點委屈都會心疼不已。因此，甘心情願地為孩子包辦一切……家長們並沒有意識到，自己的這種做法其實是很不恰當的，對於孩子來說，這種做法不是在保護孩子，而是害孩子。

與這位家長不同的是，美國的家長非常重視孩子的獨立能力的培養。

有一位學者曾去美國訪問，深切感受到美國父母非常注重培養孩子的獨立生活能力和動手能力。

鍛鍊孩子的獨立能力

一天，他的鄰居過來興奮地告訴他，她 2 歲的兒子卡瑞會用剪刀，還會抹膠水了。這位學者過去一看，發現床單被剪了好幾個洞，膠水也被抹得到處都是，但是這位母親並沒有心疼，也沒有因此責怪孩子，而是稱讚孩子勇於獨立嘗試的勇氣，然後再告訴孩子怎樣合理地使用剪刀和膠水。

在美國，2 歲的小孩已經會自己洗澡了，母親幫他把溫熱水先裝好，把衣服脫掉，孩子會自己爬到澡盆裡，玩了一會兒，就自己往身上抹肥皂，問他用不用幫忙，他會認真地搖搖頭，說「不用」。抹完肥皂，又用毛巾擦，最後用水沖乾淨，爬出澡盆。

一個只有 2 歲的孩子竟然如此熟練而迅速地洗完澡，是由於父母從孩子很小的時候就有意識地培養孩子獨立生活的能力。雖然孩子現在還弱小，但是總有一天要離開父母，獨立地在社會上闖蕩、生活，所以獨立性這種將來的立身之本需要從小培養。美國父母對孩子的關懷也是無微不至的，這可以從他們為孩子設計的各種精巧的玩具中展現出來，但他們絕不代替孩子做他們自己可以做的事情。通常美國孩子大約 1 歲半就自己吃飯，一把專用的高背靠椅，一個大餐巾，孩子想吃多少就吃多少，吃少了就說明孩子不餓，大人不用再管，更不用追著餵。

一些父母總是用對孩子 100 分的愛，來證明自己是多麼的稱職。而正是這種愛，扼殺了孩子的獨立性。

有人認為美國的父母很自私。他們會自己去看電影，而把剛出生不久的孩子丟給保姆；自己睡著二人世界的房間，而把孩子獨自一人留在自己的嬰兒床……美國人是不是不愛孩子？

其實並非如此，只是美國的父母非常重視培養孩子的獨立性罷了。他們在孩子剛剛出生時，就開始培養孩子的獨立性，讓他們與父母分床、分室而居，有的家庭在嬰兒房裡安裝了監視器，孩子的一舉一動父母可以看

到，父母如果在廚房，帶著便捷的監視器仍然能看到孩子，因此孩子是不會出現意外的，況且嬰兒房的設施很完整，此時，孩子的獨立性已經開始了，而這些是父母為沒有選擇能力的孩子做的最初決定。

在美國，十幾歲的孩子獨立承擔成人所做的一些事情是常有的事，他們可以獨立開車，獨立做決定，獨立做一些事情賺錢，這些都是父母從小培養他們獨立性的展現。可見，培養孩子的獨立性不可忽視。

當然，再有特色的教育也是有利有弊的，如果把別人有益於孩子健康發展的東西拿來，再結合我們的優點來應用，相信會有更出色的效果。

有專家曾做過一項課題，在經父母同意之後，到家裡對孩子和父母的互動進行錄影觀察：

其中，專家帶去一套拼圖玩具，要求孩子用所給的圖形拼出他們要求的圖案。這個任務對孩子來說，有一定難度。不同家長的表現也有很大差異。

有的家長在旁邊觀看，要求孩子獨立完成，只有在孩子實在有困難的時候；才給予引導性的幫助；而有的家長在實驗員給出任務之後，就在旁邊提醒，當孩子一遇到困難，馬上就代替孩子拼，以至於有的孩子乾脆自己不動腦筋，完全讓父母替自己拼。

研究結果表示，這些一遇到困難就讓家長代替自己解決的孩子，其獨立性與自覺性比那些在家長的要求下獨立完成任務的孩子要稍遜一籌，此外，這些缺乏獨立操作精神的孩子比較容易產生自卑感和自我懷疑，並喪失自我探索的進取精神，做事很被動。因此，家長應從小鍛鍊孩子的獨立能力。

在日常生活中，我們可以根據自己孩子的實際情況，有針對性地培養孩子的獨立能力。下面是專家的一些建議：

✧ **尊重並培養孩子的獨立意識**：一歲的孩子就有了獨立意識的萌芽，他們什麼都要來一個「我自己」，自己拿小勺吃飯，自己跌跌撞撞地搬小凳子。隨著年齡的增長，他們不僅要獨立穿脫衣服、洗臉洗手，而且還要自己洗手帕、洗襪子、自己修理或者製作一些玩具，甚至還想自己上街買東西，自己洗碗。對於孩子正在成長的獨立意識，家長一定要予以重視，並支持、鼓勵他們：「你只要好好學，一定能做好！」千萬不能潑冷水「你還小，做不了！」2. 為孩子獨立性的發展提供條件和機會：為了培養孩子的獨立性，必須放開孩子的手腳，放手讓他們去做那些應該做而且又是力所能及的事情，即使孩子做得不好也沒關係。有些家長總怕孩子做不好，習慣於包辦代替，習慣於指手畫腳，總以擔憂的目光注視和提醒孩子，或者乾脆替孩子掃除障礙，鋪平道路。這種態度和做法，有意無意地束縛了孩子的手腳，阻礙了他們獨立性的發展。

✧ **教給孩子獨立做事的知識和技能**：孩子不僅要有獨立意識，而且還要有相對的知識和技能，即不僅願意自己做事，而且還會自己做事。例如：怎樣穿脫衣服、洗臉洗手，怎樣摘菜、洗菜，怎樣掃地、擦桌子，這些教育可在日常生活中自然而然地進行。獨立性還表現在孩子學習、交際等各個方面。家長要教孩子自己完成遊戲和學習任務，自己去和同伴交際，當孩子和同伴發生糾紛時，教他們用各種有效的方式去自行解決矛盾。

✧ **讓孩子自己決策**：自己決策是獨立性發展的一個非常重要的方面，我們要從小培養孩子自己決策的能力。孩子的事應該由孩子自己去思考，自己去決斷。玩具放在什麼地方？和誰玩？玩什麼？這些孩子的事，家長不要來決定，要讓孩子自己去動腦筋，想辦法，做出決策。

家長可以幫助孩子分析，引導孩子決斷，但不要干涉，更不要包辦、代孩子決策。

✧ **讓孩子在時間上獨立**：對於孩子來說，最難的就是培養他們的時間觀念！因此，若能讓孩子自己形成一定的時間觀念，學會自己安排時間，合理作息，就能很好地促進他們獨立能力的形成。

有一位聰明的家長，他在孩子很小的時候，就每天給孩子一段可以自由支配的時間。孩子有時玩，有時去看自己喜歡的書，有時畫畫，當然，很多時候是忙來忙去，什麼事情都沒有做出來。但是，慢慢地，這個孩子懂得了珍惜時間，學會了做計畫！這比家長要求他一定要在某個時段做什麼事情有效多了！

培養孩子的自理能力

在一次低年級小學生生活能力調查中顯示：一年級小學生，不會洗臉的有 49%，不會穿衣服的占 37%，而不會整理書包的占 90% 以上……這些都是孩子動手能力嚴重不足的真實寫照。

導致孩子動手能力不足的原因可以總結為以下幾點：

✧ 家長擔心孩子小不會做事，怕孩子出事或損壞東西，許多事不讓他們動手去做，這種做法讓孩子失去了一次又一次動手的機會。

✧ 家庭裝飾擺設成人化，沒有孩子動手的小天地。孩子進了家門，這不許動，那不許碰，玩具不能自由拿放，孩子可以活動的空間太小。

✧ 家長過於嬌慣孩子，認為小孩子把書念好了就可以，家裡的事情大人能做的決計不讓孩子碰一下！這種額外的「關照」，讓孩子失去了許多動手學習的機會。

✧ 家長們花錢買的玩具，外表雖美觀，但大多數是機械或電動的，不能拆拼，讓孩子動手的材料太少！

因為缺乏動手實踐的機會，沒有獨立思考和做事的習慣，許多孩子在遇到事情的時候往往會茫然無措，不知道該從何下手。因此，要培養孩子動手的習慣，家長應努力轉變自己的觀念，放開手讓孩子自己去做他們力所能及的事情。

家長如果能從小就培養孩子自己的事情自己做、自己的東西自己管、自己的生活自己安排的自我管理習慣，就能夠很好地增強孩子行動的獨立性、目的性和計畫性，這對於孩子今後生活的幸福和成功無疑具有很大的好處。

要培養孩子的自理能力，家長可以從以下幾方面入手：

讓孩子自己穿衣服

很多觀察資料顯示，要讓孩子在三四歲之前完全學會穿衣服和脫衣服是不太可能的，但是孩子自己穿衣服、自己摺棉被、學會自我管理，這種觀念必須從小就開始培養。

研究證明，兩歲左右的孩子就已經有了自己穿衣服和脫衣服的獨立意識。這時，他們穿衣服、脫衣服雖然花費的時間比較長，也可能做得不合家長的意。但是，身為家長，我們非但不要覺得不耐煩、怕麻煩，還應該不厭其煩地鼓勵孩子慢慢地實踐。當然，這個時候，家長可以在旁邊及時教孩子正確的穿衣服和脫衣服方法。

如果家長為了省事，不讓孩子動手，孩子一旦形成了依賴的習慣，他就不會自己動手去做自己應該做的事情了。

除了鼓勵孩子自己穿衣服、脫衣服之外，父母還應該透過言傳身教孩

子不斷地形成冷了要加衣服、熱了要脫衣服的習慣。同時，還應該教會孩子自己疊自己的小棉被，洗自己的小手帕、小襪子等。讓孩子懂得，自己的事情自己做，才是一個好孩子。

讓孩子自己整理玩具、物品

培養孩子自我管理的能力，自己整理自己的玩具是非常重要的一種方法。父母可以提供以下條件：

✧ 父母應該為孩子準備一個地方，讓孩子專門用來放置自己的玩具和物品，讓孩子知道這些玩具和物品各有各的「家」，每次用完之後，都應該將這些東西送回它們自己的「家」去。

✧ 要讓孩子明白，收拾自己的玩具和物品是自己的事，自己的事情要自己做，父母偶爾幫幫忙，只是幫忙，應該獲得孩子的感謝。

✧ 父母要盡可能地用遊戲等方式去吸引孩子參與收拾整理自己的玩具、文具用品等事情，並且堅持不懈地不斷強化，最後使孩子形成習慣。

在日常生活中給予輔導

孩子需要學習的東西很多，生活中的自理能力也是如此。父母的示範是不可少的，就拿教孩子穿鞋來說，穿鞋比較麻煩的就是繫鞋帶，孩子總是打死結，最後到脫鞋的時候解不開，孩子就會很煩躁。此時，我們教孩子就要突出步驟。父母可先展示一下，從而仔細觀察，可根據需要詳細地講解，接著讓孩子跟著一起做，遇到不對的及時予以糾正。一次不會就反覆多教幾次，熟練了，孩子就能掌握了。

讓孩子對自己做的事情負責

這對於自我意識還沒有形成的小孩子來說確實有些困難。但是這種意識要在點滴的生活小事中及早播種，及早萌芽，這樣才能讓孩子自然而然形成良好的習慣。讓孩子對自己的事情負責，家長可從以下幾點入手：

✧ 家長每次抱孩子外出，可以讓孩子想想要帶什麼東西，透過幾次提醒，孩子便會主動想起要戴好帽子或穿好外套等。

✧ 孩子學會表達和思考以後，可以讓孩子試著安排一下某一天的行程，準備做些什麼等。家長可以幫助孩子分析這樣做的好處和不足之處以及可能性等。

✧ 出去之後，孩子如果發現自己要帶的玩具或物品忘記帶了，而生氣或發脾氣，家長不要自攬責任，而要讓孩子知道自己想做的事自己應該安排好，並且養成負責到底的習慣。

✧ 家長要經常給孩子提醒，自己的事情要自己做，自己做的事情自己要負責。時間長了，孩子就會逐漸地形成這種「負責」的習慣了。

給孩子安排任務

讓孩子從事一些力所能及的體力勞動可以避免養成孩子身體和心理上的惰性。因此，在日常生活中，家長可以經常讓孩子幫忙。比如對孩子說：「幫媽媽拿東西」、「幫媽媽把床單拉平」、「幫媽媽把果皮扔了」、「和媽媽一起清潔打掃」等。在孩子每次幫大人做完事情以後，家長應對她的好表現給予肯定、表揚。讓孩子享受到「勞動」帶來的喜悅與快感。

第四章　孩子的獨立能力應從小培養

給孩子應有的鼓勵

在培養孩子的自理能力的過程中，家長要以鼓勵、肯定孩子為主。孩子年齡尚小，身體未發育完全，認知水準也不高，分析問題不周全，在行事中難免會出錯，家長不應過度指責孩子。首先要肯定孩子做得對的地方，再把不對的指出來加以分析，這樣孩子能在自理中保持積極的心態，有成就感，也有一定的挫敗感，從而了解到做好一件事的不易。

總之，孩子的自理能力是家長培養出來的！只要你「捨得」讓孩子自己去做，就會發現孩子自己就能創造奇蹟！

鼓勵孩子遇事要有自己的主見

一位媽媽說：「我的孩子悅悅今年 4 歲，我發現她有這種傾向，就是比較喜歡跟在別的孩子後面，不管比她大還是比她小的孩子，別的孩子說什麼，她就說什麼，別的孩子跑動，她就緊跟其後，甚至別的孩子摔一跤，她也往地上一跪，嘴裡還嘟嚷說：『我也摔啦』，看著又好氣又好笑。我想請問專家，孩子的這種現象說明了什麼，我們應該怎樣引導？」

專家認為，像悅悅這樣的行為是典型的缺乏自主性的表現。孩子之所以遇事沒有主見，人云亦云，跟家長平日的教育是分不開的。在日常生活中，很多家長總是自己幫孩子拿主意，自己說了算，不准孩子違背自己的意願，家長的這種做法導致孩子產生心理上的依賴，以為總有人在拿主意，自己只需要跟著做就行了，久而久之，就成了別人的「跟屁蟲」和「應聲蟲」。再者，一些孩子出於「取悅」他人的心理，總是刻意去迎合他人，以此來獲得親近與讚美，這樣無原則地「聽話」導致孩子變得沒有主見。

人云亦云、沒有主見的人生是可悲的。一個缺乏主見的人就像牆頭草

鼓勵孩子遇事要有自己的主見

一樣，隨風搖擺，沒有固定的方向，這樣的人得不到很好的發展；一個沒有主見的人只會任他人擺布，得不到他人真正意義上的欣賞與尊重，更有甚者，還可能被他人利用，成為無謂的犧牲品。因此，培養孩子的主見很重要。要把孩子培養成有主見、不隨波逐流的人，家長可以看看下面的故事，或許你能從中受到一些啟發：

柴契爾夫人，英國歷史上第一位女首相，她是一個出生於平民的女子，她的成功得益於自己有主見的個性。

很小的時候，父親阿爾弗萊德·羅伯茨（Alfred Roberts）先生就諄諄告誡她千萬不要盲目迎合他人。她的人生之路的成就都源於父親培養起來的高度自信！

小時候，她幻想能有機會與同學們自由自在地玩樂。有一天，她終於鼓起勇氣和充滿威嚴的父親說：「爸爸，他們都在玩，我也想去。」

羅伯茨臉色一沉，說：「你必須有自己的主見！不能因為你的朋友在做某件事情，你就也得去。你要自己決定你該怎麼辦，不要隨波逐流。」

接下來，羅伯茨口氣緩和地說：「一個人要有主見，有自己的判斷力，有自己的理想才行。如果凡事見別人做什麼你也去做，那將跟他們一樣沒有個性。隨波逐流只能使個性的光輝淹沒在芸芸眾生之中。現在是你學習知識的大好時光，如果你想和一般人一樣，沉迷於遊樂，那樣一定會一事無成。我相信你有自己的判斷力。」

父親的話讓小瑪格麗特非常震撼，從此她變得有主見多了。

瑪格麗特所在的學校經常請人來校演講，每次演講結束，她總是第一個站起來大膽提問。不管她的問題是比較幼稚，還是比較尖銳，她總是充滿好奇地脫口而出，而其他的女孩子則往往怯生生地不敢開口，她們只能面面相覷或抬眼望著天花板。

這樣的家庭教育培養了瑪格麗特的高度的自信，成就了她精彩的人生。

美國前總統尼克森說：「有些國家的教育制度把孩子訓練得十分馴服，從小灌輸要聽大人的話的思想，不允許有獨立見解，更不允許像愛因斯坦自稱的『離經叛道』，這種教育方式只能培養出守業型人才，但卻失去了達爾文和愛因斯坦。」

在此，家長可借鑑羅伯茨的育子方法，從生活中培養孩子的自主意識，鼓勵孩子遇事要有自己的主見。具體做法如下：

給孩子自由，讓他們盡早離開家長的懷抱

每個孩子都喜歡生活在媽媽溫暖的懷抱裡，但長期這樣將會毀了孩子的一生。如果家長不能給孩子鍛鍊的空間，孩子就難以養成自立的品格，遇事時沒有主見也就很自然了。

有一位善良的媽媽，疼愛孩子到了極限，孩子已經上小學二年級了，這位媽媽送他上學還要費力地背著他走，直到離校門口幾十米遠的地方，才不情願地把孩子放下來，再看著他安全地走進教室，才肯放心地回頭……

難以想像，一個離不開媽媽呵護的孩子，如何才能培養出獨立、自主的意識呢？當然，這樣的孩子更談不上遇事會有自己的主見。

給孩子表達意願的機會

很多家長習慣於事事為孩子做出決定，而很少徵求孩子的意見，如果孩子不遵從，家長就大加指責，說孩子不聽話。其實這種教育方式封閉了孩子表達自己的機會。孩子也有自己的想法，家長要給孩子表達自己想法的機會，讓他們說出自己的意願，如此才能讓孩子自主思想、自立做事。

讓孩子自己選擇

孩子的自主性一般表現在他的選擇上，但家長由於怕孩子自己選擇錯了，總是不敢把選擇的權力交給孩子。這樣孩子就永遠學不會選擇，永遠沒有自主性。

家長對孩子自主選擇的尊重，可以隨時隨地展現在最簡單的日常生活中：

✧ **吃的自主**：在不影響孩子飲食均衡的情況下，家長可以讓孩子自己選擇吃什麼。例如飯後吃水果時，家長不必強迫孩子今天吃蘋果，明天吃香蕉，而讓孩子自己挑選。

✧ **穿的自主**：家長帶孩子外出玩樂時，在保證安全的前提下，可以讓孩子自己決定穿什麼衣服，切忌隨自己喜好而不顧孩子的感受。

✧ **玩的自主**：不少孩子在玩遊戲時，並不想讓成人教給他們遊戲規則，更願意自己決定遊戲的方式，並體驗其中的樂趣。家長可讓孩子自己選擇玩具和玩的方法，這樣做可以極大滿足孩子的自主意識，幫助他成為一個有主見的人。

用啟發式的話語代替命令

很多家長在要求孩子做事時，往往喜歡使用命令句式，如「就這樣做吧」、「你該去做……了」。這種語氣會讓孩子覺得家長的話是說一不二的，自己是在被強迫做事，即使做了，心裡可能也不高興。

家長不妨將命令式語氣改為啟發式語氣，如「這件事怎樣做更好呢？」、「你是否該去做……了？」這種表達方式會讓孩子感到家長對自己的尊重，從而引發孩子獨立思考，按自己的意志主動處理好事情。

第四章　孩子的獨立能力應從小培養

耐心傾聽孩子講話

　　耐心傾聽孩子講的每一句話，鼓勵並引導孩子自由地表達思想，既展現了家長對孩子的尊重，同時也能有效地培養孩子的自主性。家長可從以下幾方面加以注意：

✧ **靜聽孩子的「嘮叨」**：很多孩子大都喜歡嘮嘮叨叨地講他見到的一些人或事，家長千萬不要嫌孩子囉唆和麻煩，因為這種「嘮叨」恰好是孩子自主意識的最早的展現，他是試圖向成人表達他自己對這個世界的看法。因此，家長不僅要靜聽孩子的「嘮叨」，還要鼓勵孩子多「嘮叨」。

✧ **勿搶孩子的話**：不少家長在聽孩子講話時，有時會覺得孩子的語句、用詞不夠成熟，喜歡搶過孩子的話來說，這樣做無疑是剝奪了孩子說話的機會，同時也會讓孩子對以後的表達失去信心。

　　因此，在孩子想說話的時候，即使他詞不達意，家長也應讓孩子用自己的語言把意思表達出來，而不能搶做孩子的「代言人」。

✧ **留意孩子的「報告」**：家長可隨時隨地提醒孩子注意觀察事物，給他們探索的機會，觀察之後，還應問一問他看見了些什麼，學會了些什麼。當孩子向家長作「報告」時，家長要留意傾聽並適時指點，這樣會令孩子受到鼓舞。

✧ **聆聽孩子的「辯解」**：當孩子為自己所做的事與家長爭辯時，家長千萬不能斥責孩子的「頂嘴」，要給孩子充分的辯解機會；當孩子與他人爭吵時，家長也不需要立即去調解糾紛，可以在旁聆聽和觀察，看他說話是否合理，是否有條理。這對培養孩子獨立思考的能力大有益處。

提升孩子分辨是非的能力

　　成熟的人能夠客觀地判斷人物和事物的是與非。而控制能力差的孩子往往會看別人怎樣做，自己就跟著別人學，難免會沒有自己的主見。所以要透過成人對孩子行為、言語的客觀評價，逐步使孩子了解到自己行為的是與非，從而提升分辨是非的能力。

讓孩子學會說「不」

　　一位媽媽曾寫下了下面一段話：

　　慢慢地，我意識到，兒子已經是大孩子了，應該有自己的想法了。於是，找了一個合適的時間，我開始與孩子聊天。

　　「如果你吃飽了，媽媽還讓你吃飯，你會怎麼做？」我問孩子。

　　「我告訴媽媽我已經吃飽了，不吃了。」孩子說。

　　「如果你正在寫作業，媽媽過來和你聊天，你會怎麼做？」

　　「我會告訴媽媽我正在寫作業，請不要打擾我。」孩子認真地說。

　　「兒子，今天你的回答都很對，都很精彩。你要記住，不要盲目地相信大人，有自己的想法就要大膽地說出來，大人們不會因為你的拒絕而不喜歡你，相反，我們會認為你是一個很有主見的孩子。」

　　後來的很多事情都證明，我鼓勵孩子學會說「不」是正確的。

　　從此以後，孩子變得不再盲從。

　　人生之最大悲哀，莫過於遵循別人的意願去行事，讓別人替自己選擇。生命當自主，一個沒有主見的人，不會享受到創造之果的甘甜。自主是創新的激素、催化劑。所以，在日常生活中，家長要鼓勵孩子說出自己的想法，勇於對別人不合理的要求說「不」。讓孩子從小學會有自己的主見，不人云亦云，將會使孩子充滿自信，充滿創造性，更有利於孩子的成長。

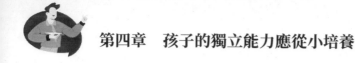

給孩子選擇朋友的權利

　　每個孩子在成長過程中，都是需要朋友的。朋友是孩子童年時期最重要的陪伴者，在群體中成長起來的孩子，比那些只生活在個人小圈子裡的孩子往往更健康、更活潑，也更加開朗、自信。

　　然而，許多家長出於「近朱者赤，近墨者黑」的顧慮，再加上現今社會上，小團體、黑社會及青少年問題日益嚴重，很多家長在孩子結交朋友一事上都甚為擔心，生怕他們交上壞人，影響一生。因此，總是百般限制孩子與其他孩子交際。

　　社會的情況令人憂慮是可以理解的，然而家長因自己惶恐而盲目限制孩子交朋友的做法是不明智的，更不能從根本上解決問題。因為，孩子需要透過接觸朋友，學習分享及適當的競爭。而青春期的孩子，更需要透過與朋友相處建立其自我形象。因此，要求孩子放學後立刻回家或禁止孩子在假日與朋友交際，都直接剝奪了他們學習獨立、建立自我及磨練社交技巧的機會。再者，青少年渴望獨立，也需要從生活中累積經驗，從而為將來進入成年期奠定基礎。若父母過度壓抑他們，結果只會引來更大的反叛及更多的依賴。

　　其實，讓孩子自己選擇朋友，有很多好處。

　　①給孩子自己選擇朋友的權利，不僅可以讓孩子感到父母對他的尊重而更加信賴父母，而且還可以促進孩子之間的友誼和交際，促使他們互相學習，克服自己的缺點。

　　毛小丹有一個壞毛病，就是自己的東西總亂扔一氣，結果到用的時候怎麼都找不到。後來，她認識了鄰居家一個叫芊芊的小女孩，兩個人經常在一起玩。小丹的媽媽發現芊芊非常愛乾淨，自己的東西從來都是整理得

井井有條。於是，媽媽問小丹：「你和芋芋是好朋友嗎？」

「當然是啊！」小丹回答媽媽。

「好朋友就應該互相學習，你看芋芋多愛乾淨，總是把自己的東西收拾得整整齊齊，你能做到嗎？如果你做不到，芋芋可能就不會和你做好朋友嘍。」

後來，小丹果然改掉了亂扔東西的壞習慣，自己的東西也收拾得整齊多了。

孩子之間的互相學習跟大人在交際中互相學習是一樣的，只不過孩子們的學習比較簡單和直接罷了，而這恰恰是孩子們所需要的。

②讓孩子自己選擇朋友，可以培養孩子的社會適應能力和社交能力。

在孩子們的遊戲中，常常透過「手心、手背」的方法決定由誰「當經理」、「當科學家」、「當」、「當服務員」……這是一種簡單的機會均等的民主手段，卻可以培養孩子們「少數服從多數」的民主思想。孩子們常在一起玩「扮家家酒」的遊戲，扮演不同的角色，再現家庭生活中的各種情景，買菜、做飯、睡覺、掃地以及聚餐、拜訪親友等。這是成人社會現象在兒童社會中的折射，孩子們在「扮家家酒」中了解了很多社會知識，也鍛鍊了初步的社交能力。再如，孩子們常常為了一個問題爭論得面紅耳赤，不可開交，不管問題解決得是否合理，他們的認知總會前進一步，這也是學習的一個過程。如果孩子沒有朋友，這一切都是不可能發生的。

③讓孩子選擇自己喜歡的朋友，可以克服孩子過強的個體意識。

朋友之間的群體生活可以克服孩子以自我為中心的毛病，讓他們遵從群體活動規則，了解到每個人的權利和義務。如果只顧自己，就會受到朋友的排斥，小朋友會看不起他，不跟他玩，這將會促使孩子最終向群體規範「投降」。合群是人的重要素養和能力，這是家長無法口授給孩子的。

總之，在孩子成長的過程中，「朋友」有著非常重要的作用。在孩子交朋友的時候，家長應做到以下幾方面：

✧ **不要刻意地為孩子選擇朋友**：父母為自己的孩子選擇的朋友多半是老實、聽話、膽小的孩子，和這些孩子玩，父母似乎可以放心一些，不必過度害怕什麼石頭砸傷了腦袋之類的事故。但是如果自己的孩子在環境中遇到了那些胳膊粗、力氣大甚至是愛欺負小孩子的大孩子時，他們會怎樣呢？他們會不知所措，不知如何保護自己。而且會因此對外界的環境感到害怕，有的孩子甚至會因此封閉自己，不敢結交朋友，寧願自己一個人玩或請大人陪自己玩。

✧ **要讓孩子自己結交夥伴**：父母應該引導孩子進入一個愉快而又適宜的團體，讓孩子自己結交夥伴。當孩子在與朋友們發生糾紛時，父母尤其不要代替他們思維，代替他們分析，代替他們和夥伴「算帳」，這樣無疑將自己的孩子推到了孤立的地位，使孩子產生依賴性，覺得有父母為堅強後盾，遇到什麼麻煩都可以回到父母身邊尋求庇護，這對孩子不好。

✧ **要歡迎孩子的朋友到家裡來玩**：家長把孩子的朋友當成自己的朋友一樣，熱情歡迎他們。當小朋友來家裡時，家長應該說「我們家有客人啦，歡迎歡迎」，或者說「真高興我的孩子有你們這樣的朋友，你們能來玩太好了」！而且要鼓勵孩子認真接待，讓孩子的朋友感到你對他們的支持和賞識。孩子缺乏朋友的時候，可以帶孩子一起外出旅行或者一起參加某項活動，來擴大孩子的交友範圍。

✧ **給孩子多一點關心**：當孩子在結交朋友時受到了冷淡，遭到嘲笑、排斥時，父母應該及時地給予關心，並解除孩子心理上的懷疑等，讓孩子勇敢地再次接觸朋友，並從結交朋友的過程中增長才智！

給孩子選擇朋友的權利

　　孩子的社交生活是他們自己的一片天地。在你的視線範圍之內，儘管大膽地放開你的雙手吧！他們會在你的幫助下，從一個個朋友身上汲取友愛的營養，並從錯誤中學會如何選擇真正的朋友，信心十足地「過好」自己今後的社交生活。

第四章　孩子的獨立能力應從小培養

第五章　感恩與仁愛是情感之源

　　一個健康的孩子就好比一棵樹，這棵樹必須以仁愛為根，正直為幹，感恩的心、豐富的情感為蓬勃的枝頭，這樣才能結出飽滿壯碩的果子。仁愛的情感、感恩的心態是人道精神的核心，能使人變得更加聰慧、善良，讓人變得更懂得體恤與關愛生命。從小培養孩子的感恩、仁愛之心，對於孩子來說，至關重要。

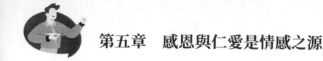

感恩的心彌足珍貴

　　什麼是感恩？感恩即對別人所給予的幫助表示感激。《三國志·吳志·駱統傳》言：「食賜之日，可人人別進，問其澡溼，加以蜜意，誘喻使言，察其志趣，令皆感恩戴義，懷欲報之恩。」感恩是一種處世哲學，也是在生活中的大智慧，一個有感恩之心的人，看待問題不會偏激，想事情不會光顧自己，更不會為了滿足一己私欲而一味索取。所以說，感恩是和諧社會的基礎，是人與人相互關懷的起點，是道德良性發展的潤滑劑。一個連感恩都不知道的人，他的心必定是冷酷無情的，一個冷酷無情的人，絕不會成為一個有用之才。

　　因此，家長要從小培養孩子感恩的心。因為，感恩的心彌足珍貴，一個懂得感恩的孩子，必定有一顆純潔、透明的心，這顆心能將無以為報的點滴付出永銘於心；一個懂得感恩的孩子必定有一顆樂觀、容易滿足的心，擁有此心的孩子一定可以贏得幸福、快樂的人生。英國作家威廉·梅克比斯·薩克雷（William Makepeace Thackeray）說：生活就是一面鏡子，你笑，它也笑；你哭，它也哭。你感謝生活，生活將賜予你燦爛的陽光；你不感謝，只知一味地怨天尤人，最終可能一無所有！事實也是如此。

　　有一次，美國前總統羅斯福家裡遭竊，被偷去了許多東西。一位朋友聞訊後，忙寫信給羅斯福，安慰他不必太在意。

　　羅斯福給朋友的回信是這樣的：

　　「親愛的朋友，謝謝你來信安慰我，我現在很平安。感謝上帝：因為第一，賊偷去的是我的東西，而沒有傷害我的生命；第二，賊只偷去我部分東西，而不是全部；第三，最值得慶幸的是，做賊的是他，而不是我。」

感恩的心彌足珍貴

對任何一個人來說，遭到盜竊絕對是件不幸的事，但是，羅斯福卻並不怨恨盜竊的賊。相反的，他還能找出感謝上帝的三個理由。這種感恩他人、感恩生活的習慣讓羅斯福在遭遇不幸的時候還是能夠保持平和的心態。反之，一個不懂得感恩的人永遠不可能體會到自己的幸福，在他們的人生詞典裡，除了索取，依然是索取，一個不懂得以自己的擁有為幸福的人，內心永遠是悲涼、陰暗的。

有這樣一個故事：

有一個孩子，他的學業成績很好。媽媽每天在家裡都要為他端茶倒水。

有一天早上，媽媽因為忙，忘記幫他裝水了，結果這個孩子走出門後發現水壺沒裝水，又走回來，狠狠地對他媽媽講：「都是你害的，害的我要遲到了！」

那位可憐的媽媽愣在那裡，半天沒反應過來。直到這個時候，她才發現自己的教育出了問題，一個如此不懂得體諒父母的孩子，功課再好又有什麼用呢？

這個任性的孩子犯了許多孩子常犯的毛病：自私，凡事以自己為中心，不考慮他人的感受，不知道感激。他們總喜歡推卸自己的責任，以為別人為自己的付出都是應該的，理所當然的，最終變得越來越自私，不通人情，甚至連讀書，也認為是自己為父母做的事情。無獨有偶，還有這麼一個真實的事件：

一個22歲的女孩子與母親發生爭吵後，把自己反鎖在房門整整5天，不吃不喝，任誰勸說都不聽。原因是近期她母親的服裝生意經營不善，賣掉住宅，母女兩人搬到工人宿舍住。為此，女兒指責媽媽不心疼女兒，讓她受了委屈。最後，母親怕孩子出個三長兩短，就央求她可憐可憐母親，

並且答應她所有的條件，不但會盡快買間房子，還會幫她買那套她想要的化妝品。

生活中，類似的事件比比皆是，這些不懂得感恩的孩子冷漠、無情，不但只會索取不會付出，而且從來不懂得體恤家長的苦心，他們是家裡的「小霸王」、「小皇帝」，想做什麼就做什麼，稍不順意就用「自殺」、「絕食」等方式要脅家長，其惡劣行徑讓家長們擔心、苦惱不已。

莎士比亞說：「一個不知感恩的孩子比毒蛇的牙還要尖利。」

有位哲人曾經說過：「世界上最大的悲劇或不幸，就是一個人大言不慚地說沒有人給我任何東西。」如果一個孩子只知道接受別人的愛而不懂得感激和付出，長大後絕對不能和同事、朋友友好相處，這種習慣必定會令他終生受害。

那麼，究竟是什麼使孩子不知感恩呢？這到底是誰的問題？

✧ 父母對孩子在物質、精神等各方面的給予太多，導致孩子對於別人的善意、付出由習慣變成了麻木，甚至滋生出了任性、無理和貪得無厭等心理。

✧ 許多父母緊緊盯著孩子的學習，忽略了最基本的道德和感恩教育。孩子也因此以為學習好就是一切。「我能學習好，是我自己聰明，沒有別人的功勞。」把別人的奉獻視為理所當然，不懂得感激和珍惜。

✧ 有些父母自身缺乏感恩的心，對待身邊的朋友，對待自己的親人，總是漠不關心，無動於衷。這樣的父母，培養出的孩子必然也是冷漠、不懂得關心別人、不會感恩的孩子。

✧ 有些父母總是擔心孩子吃苦頭，擔心孩子遭受挫折。儘管他們自己面臨著許多生活的曲折和坎坷，儘管他們有許多不快樂和情緒不穩定，但總是竭力在孩子面前保持平穩。父母總是希望孩子不要過早地承受

生活重擔，其實這是錯誤的。孩子不了解父母的艱辛，就會越來越缺乏愛心，不懂得感恩！

✧ 家長沒有教育，導致孩子對「感恩」的概念模糊，甚至還有一些孩子認為，「感恩就是扶養父母，我現在能力有限、不能賺錢，當然不能感恩了，等我長大了，我就懂得感恩」。

✧ 社會沒有更多地呼籲孩子學會感恩，缺乏相關的激勵機制。如果你再抱怨自己的孩子「凡事以自我為中心，眼中缺少感動，心中沒有他人，淡漠親情，不懂得感恩」時，不妨想一想，問題出在哪裡？是孩子本身素養問題，還是家長的教育不當造成的。如果是教育不當造成的，家長不妨從現在開始，端正自己的教育態度，對孩子進行感恩教育。

感恩是人的一種美德，是一種健康的心態，是一種良知，是一種動力。感恩，讓孩子懂得珍愛生命、善待人生，學會尊重他人，時時懷有感激之心；感恩，讓孩子從內心生起一份濃濃的幸福感，讓他們的生活充滿歡樂和陽光。要想讓你的孩子成為一個有情有義的人，一定要從小培養孩子擁有一顆感恩的心！

仁愛的孩子不吃虧

「愛」的內涵更是有多種表現形式。如孔子的「仁政」、墨子的「兼愛」等。孩子從小就應受到各種「愛心」教育，如孝敬父母、尊重他人、熱愛國家、愛護大自然、幫助貧困的人等，並且更要落實在具體的行動上。愛心永遠是人類無法或缺的情感，愛心教育是讓孩子受益一生的教育。一個充滿愛心的孩子，他們的人生永遠充滿了光明與自信；反之，一個缺乏愛心的孩子，最終只會在冷漠與黑暗中迷失自己。

第五章　感恩與仁愛是情感之源

有這樣一個神話故事：

有兩支火把，奉火神之命到世界各地去考察。兩支火把中有一支沒有點燃，另一支是點燃的，發出很亮的光芒。過了不久，兩支火把都回來了，而且都向火神提交了它們的考察報告。

第一支火把說，整個世界都陷在濃郁的黑暗中，他覺得眼前的世界情況很壞，甚至已壞到了極點。

第二支火把的報告卻恰恰相反，他說他無論到哪裡，總可以找到一點光明，所以，他認為這個世界是十分有希望的。

聽了這兩個不同的報告，那個派他們出去考察的火神就對第一支火把說：「也許該好好地問一問自己，有多少黑暗是我們自己造成的？」

一個人對世界的看法，說到底是自己的形象定位。當我們像那支沒點燃的火把，吝嗇自己的光明時，我們自然會覺得眼前的世界陷在濃郁的黑暗裡，自然看不到希望所在；當我們像那支點亮的火把，燃燒著我們自己時，我們眼前自然就有不滅的光明，希望就在那光明裡升騰。所以說，只有善於付出，懂得關愛的人，才能看到光明。對於孩子來說，讓他們懂得仁愛，就是給予他們的人生的最初光明。

然而，在當今社會，有些家長在對孩子進行「愛的教育」上有一個嚴重的盲點。他們認為教孩子幫別人、愛他人，就是教孩子「學傻」，只會讓孩子「吃虧」，因此，他們總告誡孩子要保護自己，多想想自己的利益和得失，不要「多管閒事」。同時，有些家長還會透過自身的行動，向自己的孩子做出一些錯誤甚至惡劣的示範。這樣的教育結果導致許多孩子缺乏同情心，自私自利，不懂得關心他人，甚至對自己的親人也非常冷漠。

實際上，一個時刻關心他人的需求、感受和利益，無私地關心、幫助他人的孩子非但不會吃虧，還能給自己帶來很多好處！

這是發生在英國的一個真實故事：

有位孤獨的老人，無兒無女，又體弱多病。他決定搬到養老院去。老人宣布出售他漂亮的住宅。購買者聞訊蜂擁而至。住宅底價 8 萬英鎊，但人們很快就將它炒到了 10 萬英鎊。價錢還在不斷攀升。老人深陷在沙發裡，滿目憂鬱，是的，要不是健康情形不行，他是不會賣掉這棟陪他度過大半生的住宅的。

一個衣著樸素的青年來到老人眼前，彎下腰，低聲說：「先生，我也想買這棟住宅，可是我只有 1 萬英鎊。可是，如果您把住宅賣給我，我保證會讓您依舊生活在這裡，和我一起喝茶、讀報、散步，天天都快快樂樂的 —— 相信我，我會用整顆心來照顧您！」

老人頷首微笑，把住宅以 1 萬英鎊的價錢賣給了他。

這個故事告訴我們：一個擁有仁愛之心的人是不會吃虧的。因為，「愛心」與幸福、快樂形影不離。

富有愛心的孩子總是快樂的，他們與人為善，懂得同情和理解他人，關愛生命。這樣的孩子，不但自己內心祥和、安寧，還能給他人帶來陽光和溫暖，讓別人願意親近自己。而缺乏愛心、冷漠的孩子，在日常生活、學習中，常常表現得自私又狹隘。這些孩子不善於換位思考，缺乏同情心，他們看不起、也不願幫助生活困難和學業成績差的同學；對於身邊的那些弱勢群體，他們絲毫沒有悲憫之心，這樣的孩子內心是貧瘠的，缺乏愛與溫暖。

富有愛心的孩子長大以後必定善於合作，也更容易得到機遇的垂青。他們關心自己身邊的每一個人，喜歡幫助他人、關心同學和自己的家人、朋友。正所謂「仁愛成大事」，付出「愛」的孩子也一定能得到「愛」的回報，在他們的人生路上，一定會得到很多的關心和幫助，最終會獲得成

功！自私、缺乏愛心的孩子，只知索取，不知道回報，往往受不得一點委屈。他們不喜歡幫助別人，在自己需要幫助的時候，卻會毫不猶豫地支使別人。在他們看來，別人為自己服務都是應該的。這種孩子不能吃虧，只能占便宜；不能謙讓，只能搶先。這樣的孩子在社會交際中常常會四處碰壁。

富有愛心的孩子，情感體驗豐富，更容易看到生活中光明的一面，因此更經受得住挫折與困難。在他們遇到困難的時候，也不會因沒有他人幫助，陷入孤立無援的狀態中。而冷漠、缺乏愛心，總以自我為中心的孩子習慣了「主宰」別人，因此他們的心理往往更脆弱，對挫折更敏感，應對挫折的能力更為薄弱，不能及時降解心理壓力，以致稍有不順就難以承受，因而誘發心理問題。

總之，愛是人類偉大的情感，也是一個人發展不可缺少的動力，懂得愛的孩子內心永遠不會貧瘠。而「愛的教育」更是全面提升孩子的思想境界和道德修養的一個很重要的組成部分。身為家長，要想自己的孩子在成長的路上受到「成功」與「幸運」的青睞，擁有快樂的人生，就應該從小培養孩子的仁愛之心。

怎樣讓孩子懂得回報

生活中，我們常見到一些孩子花樣翻新地講「吃」，極盡考究地講「穿」，理直氣壯地講「用」，時尚休閒地講「玩」。他們多數人記不住父母的生日；對來自父母的照顧視為理所當然；比較心理強，不懂得珍惜幸福生活；不服父母、師長的管教……孩子的這些行為，都是他們不知道感恩，不懂得回報的表現。

　　事實上，感恩與回報是一種對給予我們幫助和愛的人的真誠感激。身為一個家長，如果只知道無私地給予孩子無盡的愛，而不注意孩子感恩的思想的培養，孩子就會視家長對自己的關愛為理所當然，尤其是集眾愛於一身的獨生孩子，更容易養成嬌慣、自私的心理……這樣的孩子，情感是匱乏的，內心更是貧瘠的。唯有懂得回報的孩子，內心才會如春水般剔透、豐盈。

　　曾看過這麼一篇報導，介紹的是美國的前總統雷根的故事：

　　據說，雷根是一個知恩圖報的人，每年他的妻子 —— 南茜生日時，他總要送一束鮮花給南茜的母親，並在賀卡上寫道：「感謝您生養了南茜。」

　　雷根這個看似微不足道的行為，卻感動了無數的美國人。而這也許正是他獲勝並能連任總統的原因之一。因為，大家都相信：一個如此情深義重的總統一定會用真誠的心關愛他的人民，報答他的人民。

　　由此可見，一個懂得回報與感恩的人是受人尊重與信賴的。還有這麼一個關於感恩與回報的故事：

　　某國家有一位名叫小遠的孩子，他家境貧寒，父親左手殘疾，母親痴呆。因為從小就知道父母的艱辛與不易，小小年紀的小遠顯得比他的同儕更加成熟與懂事，他除了更加勤奮刻苦地學習，以此來報答親人對他的期望之外，還想方設法減輕家裡的負擔。

　　為了節省作業本，他寫了擦，擦了寫，至少要寫三遍；為了節省鞋子，暮春時，他就光腳，一直到立秋才穿鞋。若是遇到下雨、下雪天，即便是冬天，他也要脫下鞋走路。假期還去工地做工賺學費。

　　小遠的故事感動了千千萬萬的人，人們除了心疼這個懂事的孩子之外，對他更多的是敬佩。大家為他捐款、捐物，更有人資助他完成小學到

高中的學業。而小遠也不負眾望，他說除了更加認真地讀書以外，他還要做更多的事情回報這個關愛他的社會。

還有另一個男孩：

這個男孩有著與小遠相似的故事，他的父母幾年前都因病去世了，他和行動不便的爺爺住在一起，生活十分困難。因為學業成績很好，社會上有個好心人主動和學校連繫，要求資助他。

假日時，這位好心人把他接到家裡去玩，結果這個孩子的表現令人反感：隨意翻家裡的東西，對人沒有禮貌，在他們家也不知道做任何事，連吃飯都要等著別人裝好；當他們幫他買衣服，給他錢的時候，他根本沒有一點感激的意思，一句感謝的話都沒有。他們以為：一個苦孩子一定是非常懂事的，可是孩子的表現使得全家大失所望。

結果，暑假後，這位好心人撤銷了對這個男孩的資助。他說：「一個孩子連一點感恩之心都沒有，反而覺得別人給他幫助是理所當然的，這樣的想法會讓他失去自立的精神，會害了他的人生。」

為什麼同樣是兩個年齡相仿、遭遇相近的孩子，但他們的行為卻形成鮮明的對比呢？這給所有父母提出了一個問題：怎樣教孩子懂得回報與感恩？

✧ **父母要反思自己的行為**：孩子缺乏感恩之心，與父母有很大關係。有的家長對待親人、朋友很吝嗇，不知道施以愛，而是一味索取，比如對老人不孝；對家人不好；得到朋友的幫助，不知道感謝。所以，在教育孩子時，父母首先應該反省一下自己：當接受別人的關懷、幫助、祝賀時，是否表示過真誠的謝意？是否淡化甚至忽略對孩子感恩意識的培養，讓孩子感受不到父母的關愛，將孩子萌芽的感恩之心給扼殺掉？

✧ **父母應身體力行，讓孩子看到你對長輩的孝道**：孝順長輩是日常生活

裡讓孩子體會感恩的最基本的做法。平時多幫自己的父母做家事，並且告訴孩子：爺爺奶奶年紀大了，自己煮飯、打掃都很辛苦，平常沒有幫忙，所以回來時要多照顧他們。這樣一來，孩子看到了父母的行動，也了解了感恩的意義，以後也會孝順父母及其他長輩。

✧ **家長應該讓孩子知道**：愛應該是雙向的：一個只懂得向他人索取而不懂得回報的孩子，長大後將不僅不懂得孝道，不知回報親人，更不會幫助他人，自然也不會得到他人的相助。

✧ **讓孩子學會感謝自己身邊的人**：家長在與身邊的人乃至不認識的人相處時，都要給予積極的幫助，並且在得到他們的幫助時，要把自己的感恩之心傳遞給孩子，讓孩子也感覺到受人之恩，不能忘卻。要培養孩子的感恩之心，家長應讓孩子學會感謝身邊的人：

· 感謝自己的母親。母親既給了孩子生命，又哺育孩子成長。母親應該多向孩子講述他們成長的故事，使孩子從小意識到自己並不是石頭蹦出來的，也不是路上撿來的，而是媽媽一點點養大的。當然媽媽在講述時要自然，感情要真摯，不可讓孩子覺得你在「居功自傲」，要讓孩子體會到無私和高尚的母愛。父親的心也要細一些。在孩子過生日時，父親不應該忘記在給孩子切生日蛋糕前，告訴孩子選送一支鮮花給媽媽，感謝媽媽在這一天送他來到這個世界上。

· 感謝自己的父親。所有的母親要教育孩子尊敬和熱愛他們的父親。告訴孩子父親的辛勞，父親為這個家庭所做的種種犧牲和努力。父親是家庭這艘大船的船長，感謝他給了一家人安全和溫暖。教育孩子好好學習，好好做人，以報答父親的辛勞。

· 讓孩子感謝自己的朋友。有不少父母因對孩子的世界漫不經心，所以常常會忽視孩子之間的友情，結果造成對孩子的傷害。事實上，

做父母的應該重視孩子們之間的友誼。在孩子的世界裡自有一種父母無法想像的「法則」和相互間不可忽視的影響力。

· 感謝老師和學校。學校從父母懷中把孩子接過去，將孩子變成了強健、善良、勤勉的少年。父母首先要讓孩子尊敬老師，能細心體會到老師的辛勤教育並感謝老師。家長不能當著孩子的面批評老師或學校，一旦老師和學校在孩子心中失去了威信，那麼孩子教育的危機也就來了。他不再聽從老師的教導，你也就無計可施。因此，父母們千萬要維護老師的威望，這是為你的孩子著想。

感恩和回報教育是家庭教育的重中之重。一個懂得感恩和回報的孩子會更珍惜自己的生活，善於發現事物的美好，感謝他人給予的一切，感受平凡中的美麗，以坦蕩的心境、開闊的胸懷來應對生活中的酸甜苦辣，以友善之心對待他人，尊重他人的勞動，也更加尊重自己。

讓孩子從小學會關愛他人

一次，國外某幼兒園阿姨對她所教的中班進行心理測驗，其中有這樣一個題目：

一個小妹妹病了，冷得直發抖，你願意借給她外套嗎？

結果孩子們半天都不回答。當老師點名時，第一個孩子說：「病了會傳染的，她穿了我的衣服，那我也會生病了。我媽媽還要花醫藥費。」第二個孩子則說：「我媽媽不肯。我媽媽會打我的。」結果，幾位孩子都找出種種理由，表示不願意借衣服給生病的小妹妹。

巧的是，這位老師的孩子也在該班，她實在不甘心這樣的結果，就問自己4歲的兒子：「一個小朋友沒吃早餐，餓得直哭，你正吃早餐，該怎

麼做呢？」見兒子不回答，她又引導：「你會給他吃嗎？」

「不給！」兒子十分乾脆地回答。媽媽又勸：「可是，那個小朋友都餓哭了呀！」兒子竟然答：「誰叫他不吃早餐！」

這不是特例。在現實生活中，孩子的這種自私、不懂得關愛他人的行為並不鮮見。

究竟是什麼使這些孩子這樣冷酷無情？愛心教育的忽視難辭其咎：

✧ 在日常生活中，家長沒有節制的溺愛，把孩子的愛心不經意間剝奪了。許多父母只知道一味地疼愛孩子，卻忽略了給孩子提供奉獻愛心的機會。其實施愛與接受愛是相互的，如果讓孩子只是接受愛，漸漸地，他們就喪失了施愛的能力，只知道索取，不知道給予，並且覺得父母關心他是理所當然的。有的父母以為給孩子多點關心和疼愛，等他長大了，他就會孝敬父母，關愛父母。其實這是一種誤解，你沒有給孩子學習關愛的機會，他們怎麼會關愛父母呢？還有的父母認為孩子的任務就是念書，其他的都不重要，只有念書好了，將來才會有一個好的前程，於是什麼事都為孩子著想，讓孩子衣來伸手，飯來張口。學習固然重要，但是孩子的性格、習慣、素養、心理對孩子的成長、成才更重要，並且這些都需要在生活、學習中培養，不會一蹴而就。

✧ 父母自身待人冷漠。許多孩子對於別人的事情總是置之不理，總教育孩子「各人自掃門前雪，休管他人瓦上霜」，孩子耳濡目染，自然而然就變得越發自私、缺乏愛心了！

✧ 當孩子對某些事物表現出同情心、憐憫心的時候，家長因為個人的私利而打擊孩子的愛心。

✧ 有些教育者把智力、分數看得過重，而有意無意地忽視了包括「同情人」、「關心人」在內的人性、人格教育。

第五章　感恩與仁愛是情感之源

　　那麼，家長應如何培養孩子的愛心，讓孩子從小學會關愛他人呢？我們給家長們的建議是：

✧ **營造互相關心的家庭氛圍**：充滿溫情的家庭氛圍對培養孩子的愛心有著潛移默化的作用。父母間經常爭吵、謾罵甚至大打出手，使孩子時常處在恐懼、憂鬱、仇視的環境裡，孩子又怎會去關心別人呢？所以家庭成員之間要互相關心，特別是夫妻之間要恩愛、相互體貼，營造一個良好的家庭氛圍。

✧ **鼓勵孩子關心、幫助他人**：在能夠幫助別人的情況下，而別人又有事相求的時候，家長可以教孩子如何幫助別人解決困難。家長也可帶孩子參加一些募捐活動，當然要在經濟條件許可的範圍內進行。孩子會透過實際活動和父母的思想啟發去認識問題，逐漸養成良好的助人為樂的精神。

✧ **強化孩子的「熱心」行為**：當孩子扶起倒在地上的自行車，當孩子給上坡的三輪車助了一把力，當孩子把自己的新書送給貧困地區的朋友，當孩子為正在口渴的奶奶送上一杯茶……當孩子出現這些「熱心」行為的時候，爸爸媽媽要及時給予表揚、鼓勵。這樣，在強化孩子熱心行為的同時，也抑制了「冷漠」心態的生長。4. 利用電視等，對孩子進行愛心教育：多給孩子講些有關愛的故事，多讓他看和愛有關的短片來激發孩子的愛心。如大地震中，湧現了多少愛心人士，他們捐錢、捐物，甚至以他們寶貴的生命來救助災區的人們。正是人民的共同努力，才使得災區人民渡過難關，重新建立美麗的家園。這類故事和短片對孩子都有很大的教育意義。

　　此外，家長還可透過動圖卡引導孩子認識「愛心」。讓孩子在看動圖卡的過程中，受到愛心教育。

✧ **讓孩子養一養小動物或小植物**：讓孩子愛護身邊的小動物和小植物。有條件的可以在家中餵養一些小雞、小鴨、小貓、小狗或花草等，讓孩子養成愛惜小生命的習慣，有利於培養孩子的愛心。人們發現，幼年時期飼養過小動物的孩子，感情比較細膩，心地比較善良。相反，從小沒有接觸過小動物的孩子感情比較冷漠，與同學發生矛盾衝突時表現為衝動易怒，出口傷人，行為粗魯，並且會欺負弱小的同學。

✧ **家長組織一些活動，讓孩子親身體驗愛心的意義**：如週末的時候，家長可帶孩子去一些諸如淨灘、義工、公益活動等地方，讓孩子透過親身實踐來體會愛心對他人的重要性，讓他知道愛心的真正意義，感知愛心的力量。

✧ **家長給孩子做關心別人的榜樣**：家長是孩子的第一任老師，舉手投足，都會給孩子留下深刻的印象，要讓孩子有愛心，家長就要做出有愛心的行動。比如要孩子愛父母，家長就愛孩子的祖父母，為孩子做好表率。孩子的心是潔白無瑕的，從小在孩子的心中種下愛的種子，孩子必將成為愛父母，愛他人，愛社會的人。

有一對知識分子父母，他們深深地懂得父母的言行在孩子成長中所起的重要作用。他們總是以身作則，並以此去引導孩子。

他們孝順長輩，在家裡，總是為長輩倒茶、盛飯、搬椅子；逢年過節給長輩買東西、送禮物，父母總是讓孩子知道，還常常請孩子發表意見該送長輩什麼禮物。如果公司組織旅遊或做活動，如果能帶家屬的，他們總是帶上孩子和長輩，既能讓孩子與長輩都開闊眼界，更重要的是，孩子能夠從中體會到父母對長輩的關愛。

他們關心孩子，對孩子說話總是溫和、體貼，還常常與孩子進行情感的交流，給孩子適當的鼓勵和表揚，讓孩子直接感受到父母對自己的愛。

他們夫妻之間互相關心，在餐桌上，總是不忘給愛人夾一些對方愛吃的菜；每逢出差，在給孩子買禮物的同時，總不忘給愛人也買一份；吃東西的時候，他們總會提醒孩子給爸爸或媽媽留一份。他們還注意使用愛的語言，比如「你辛苦了，先休息一下！」「別急，我來幫忙你！」「謝謝你為我所做的一切！」等。

這樣，孩子在父母的引導下，也學會了去愛他人。

古語說：「愛吾者，吾恆愛之；敬吾者，吾恆敬之。」愛是相互的，只有對他人付出愛，才會得到別人的愛。身為家長，如果在孩子小的時候就讓他深諳此道理，並給予孩子正確的愛心教育，等到孩子長大以後，自然就懂得用自己的愛心來贏得他人乃至全社會的愛。這樣的孩子，將會生活得更幸福、美滿。

孩子的同情心應從小培養

同情心，是一種非常寶貴的情感，它是許多高尚道德情感的基礎。它是一種對他人的不幸和困難產生共鳴及對其行動的關心、支持和幫助的情感。它的產生依賴於孩子的自我意識、社會認知能力的發展，如對他人的需求、情緒、情感的認知與理解。

同情心作為道德情感的一種，它在維持和協調和諧的人際關係，形成群體凝聚力中有著重要的作用。缺乏同情心的孩子只關心自己，只顧自己的快樂，而無視別人的痛苦，甚至會把自己的歡樂建立在別人的痛苦之上，這種孩子是很可怕的。有同情心的孩子往往比較會關愛他人，因此，父母要注意在生活中培養孩子的同情心。

那麼，家長應如何培養孩子的同情心，讓孩子擁有善良、純潔的品性呢？家長可以從以下幾方面入手：

把善良的根植入孩子的心中

父母對周圍人應表現出真摯的同情，並幫助我們身邊正遭受痛苦和不幸的人。父母還應以自己的善良感染和陶冶孩子，在孩子的心中撒播善良的種子。要熱忱支持孩子的「獻愛心」活動，為了培養孩子的愛心，學校、社會經常舉行為希望工程、為身邊不幸的同儕獻愛心的活動，父母應鼓勵孩子支持和參加。

阿鵬的媽媽偶然發現同學阿南家庭條件不好，很多孩子還欺負他、歧視他。怎樣幫助這個孩子？也讓自己的孩子在一個和諧友愛的環境中成長？阿鵬的媽媽就找到班導商量。老師說：「這個孩子現在最大的困難就是沒有朋友，我看阿鵬很有愛心，那麼就從您的孩子開始吧。」

回家後，阿鵬的媽媽對阿鵬說：「你們班有一個人現在很痛苦，因為他沒有朋友，但是他很可愛，你願意和他玩嗎？」阿鵬表示很願意，就主動和阿南一起玩，一起寫作業。慢慢地，更多的同學和阿南一起玩，從此再沒有同學欺負阿南了。當阿南對阿鵬說感謝的時候，阿鵬心裡深受感動。

由此可知，孩子的愛心是需要父母引導的。父母時時澆灌孩子心裡的愛心之芽，才能使孩子主動為他人奉獻愛心。

幫助弱小是最典型的愛心的展現。羅曼・羅蘭（Romain Rolland）說過：「要散布陽光到別人心裡，先得自己心裡有陽光。」家長的陽光就是一顆熱愛孩子的心，有了愛心就會多讚揚、多激勵、少訓斥，就能用家長的愛去喚醒孩子的愛和同情心。

盡可能創造條件，給孩子們情感體驗的多種機會

同情心是一種內在的情感，只有在持續的實踐活動中它才可能逐漸達到持久、穩定。換句話說，我們必須給孩子提供將同情心內化的實踐機會，並且不斷強化。比如：嘗試讓孩子做些力所能及的簡單勞動，體會父母工作的艱辛；嘗試和一些落後地區的孩子建立長期的「手把手」活動，切實感受他們求學生活的艱辛，滋長同情關愛之心；安排孩子參加一些健康群體組織的活動、聚會和交際，如義工活動等，讓孩子有機會接觸家人以外的陌生人，並且在與同輩和長輩的交際相處中，學習及鍛鍊諸如關懷禮讓、互相體諒、尊重等素養，而更為重要的是，能讓孩子真正體驗到助人為樂之本，從而以同情關愛之心待人。

讓孩子在故事中受到「同情心」薰陶

有一個家長介紹了自己如何教育孩子的故事：

我曾經為孩子讀過布奇的《故事裡的小木偶》。這個故事淺顯易懂，生動有趣。透過閱讀布奇和莫莫去幫小木偶找它摔斷的腿的故事，讓孩子站在他人的立場上理解他人的情感。看見同伴們摔跤了或者生病了，他們會表示同情，會做出安慰、幫助等關心他人的行為。這種能力會幫助孩子與他人建立良好的關係，在將來更好地適應社會。

同理心教育，讓孩子學會同情

父母可以經常讓孩子把自己痛苦狀態時的感受與別人在同樣情境下的體驗加以對比，體會別人的心情，這樣可以讓孩子學會理解別人，同情別人。

5 歲的倩倩從小就非常有愛心，媽媽經常鼓勵她去幫助他人。

有一次，倩倩跟媽媽一起上街去買東西。在過馬路的時候，倩倩看見

一位行動不便的老爺爺，她看了看媽媽，媽媽正用鼓勵的眼光望著倩倩。於是，倩倩主動走上前去，扶著老爺爺走過了馬路。

走到馬路對面後，老爺爺十分感謝倩倩，誇她是個有愛心的好孩子。這時，走在後面的媽媽對倩倩說：「倩倩，你發現了沒有？旁邊的叔叔都微笑地看著你，後邊的阿姨向你投以讚許的目光呢！」

果然，倩倩朝旁邊一看，好多叔叔阿姨都微笑地看著她。小倩倩高興地回答道：「老爺爺過馬路時會很困難，我們每個人都應該幫助老爺爺過馬路，是吧，媽媽？」

媽媽微笑地點點頭。

可見，從小的同理心教育已經使倩倩對他人有一種同情心了，而同情心正是愛心的來源。此外，父母還可以利用生活中的事例從側面來教育孩子關心他人、關心動物。比如：在看電視的時候，如果出現動物弱肉強食的畫面，父母可趁機對孩子說：「多可憐呀，人不能這樣子！」看到乞丐沿街乞討時可憐的模樣，家長也可以趁機教育孩子「他們的生活很辛苦，也許我們可以幫一點忙。」以此來達到同理心教育的目的。

蘇霍姆林斯基（Sukhomlinskii）認為：「心靈的感性和同情心都是在童年形成的，如果童年蹉跎，那麼所荒廢的就永遠無法彌補。」是的，孩子的可塑性最大，最容易接受教育的影響，在這個階段，家長們應對他們進行善良情感的啟蒙教育。使孩子們從小有禮貌，熱愛生活、富有同情心。只要家長們把握機會、因勢利導，一定會培養出具有良好道德感和同情心的孩子。

第五章　感恩與仁愛是情感之源

第六章　培養孩子的寬容之心

美國著名的文學家愛默生（Ralph Waldo Emerson）說過：「寬容不僅是一種雅量、文明、胸懷，更是一種人生的境界。寬容了別人就等於寬容了自己，寬容的同時，也創造了生命的美麗。」

事實上，每個人的內心都有一盞寬容的燈，孩子也不例外，為人父母者，我們要做的就是如何幫孩子把心中的這盞燈點亮。對於孩子來說，要點亮這盞寬容的燈，就要學會理解、諒解、體諒與寬恕別人，唯有這樣，孩子才能真正成長起來，成熟為人。

第六章　培養孩子的寬容之心

有寬容心的孩子天地寬

歌德說：「人不能孤立地生活，他需要社會。」良好的人際關係，不僅能給人帶來快樂，而且能幫助一個人走向成功。而寬容的素養正是建立良好人際關係的基石，一個人只有具備了寬容的素養，才會懂得理解和尊重他人，才會有愛人之心，有容人之量。

著名教育學家也說：「有了比天空更廣闊的胸懷，人才能裝得下事，拿得起，放得下，不斤斤計較，不憤怒牢騷，不悲觀失望，才能把自己的腦力用在更有價值的大事上。」對於孩子來說，擁有一顆寬容的心尤其重要，因為寬容別人，其實就是寬容自己。懂得寬容的人在給別人一個寬鬆環境的同時，也給了自己一片廣闊的空間。有寬容的人生路上，才會有關愛和扶持，才不會有寂寞和孤獨；有寬容的生活，才會少一點風雨，多一點溫暖和陽光。

寬容就是寬厚地對待與容納他人的思想與行為，在與人相處時，能充分地理解他人，體諒他人。越是睿智的人，就越胸懷寬廣，大度能容。因為他知道「處世讓一步為高，退步即進步的根本；待人寬一分是福，利人是利己的根基。」

有這樣一個故事：

二戰期間，一支部隊在森林中與敵軍相遇，激戰後兩名戰士與部隊失去了連繫。這兩名戰士來自同一個小鎮。

兩人在森林中艱難跋涉，他們互相鼓勵、互相安慰。十多天過去了，仍未與部隊連繫上。這一天，他們打死了一隻鹿，依靠鹿肉又艱難度過幾天。

也許是戰爭使動物四散奔逃，這以後他們再也沒看到過任何動物。他們僅有的一點鹿肉，背在年輕戰士的身上。這一天，他們在森林中又一次

與敵相遇，經過再一次激戰，他們巧妙地避開了敵人。就在自以為已經安全時，只聽一聲槍響，走在前面的年輕戰士中了一槍——幸虧傷在肩膀上！後面的一位士兵惶恐地跑了過來，他害怕得語無倫次，抱著戰友的身體淚流不止，並趕快撕了自己的衣服包紮戰友的傷口。

晚上，那位未受傷的士兵一直惦記著母親的名字，兩眼直勾勾地。他們都以為自己熬不過這一關了。儘管飢餓難忍，可是他們誰也沒動過身邊的鹿肉。天知道他們是怎麼過的那一夜。第二天，部隊救了他們。

事隔 30 年，曾經受傷的一位戰士安德森說：「我知道是誰開的那一槍，他就是我的戰友。當時在他抱住我時，我碰到他發熱的槍管。我怎麼也想不通，他為什麼對我開槍？但當晚我就寬容了他。我知道他想獨吞我身上的鹿肉，我也知道他想為了救他的母親而活下來。此後 30 年，我假裝根本不知道此事，也從不提及。戰爭太殘酷了，他母親還是沒有等到他回來。我和他一起祭奠了老人家。那一天，他跪下來，請求我原諒他，我沒讓他說下去。我們又做了幾十年的朋友。」

看完這個故事，誰能不怦然心動呢？一個寬厚對待他人、充分理解他人、體諒他人的人，除了給自己帶來美好的友情以外，還豐饒了自己的內心，讓生命因此而充實。

一個孩子由於從小父母離異，誰都不管教他，這樣一來，他就經常和社會上的一些小混混攪和在一塊，養成了很多不好的惡習。

一天，放學後他走到學校門口，看見路邊擺了一個書攤，前面擠滿了人。小孩平時很喜歡看一些繪本、故事書、漫畫，於是他也擠進去看看賣些什麼。原來賣的全是漫畫，很多都是他以前沒有看過的。對於小孩來說，漫畫是最吸引人的，很多人都掏錢把漫畫書買走了。這個小孩也想買一本，可是一掏口袋，發現自己沒錢，身上的錢昨天花光了。這怎麼辦

呢？如果現在回家向家長要錢，再過來恐怕就賣完了，他很傷腦筋，不知如何是好。這時候，一個罪惡的念頭閃進了腦海，偷！再說，以前和街頭的小流氓們也偷過東西。

於是少年裝作要買書的樣子，拿起那本他想要的書翻了翻，趁攤販老闆找錢的時候偷偷塞進了書包裡。就這樣，很輕鬆就得手了，他轉身想趕快離開，突然一個洪亮的聲音響起：「老闆，他偷你的書！」剛才站在他身邊的一個男生看見了他的行為，這時，小孩嚇出了一身冷汗，站在那裡。

他正在那裡不知所措呢，聽見攤販老闆說：「哦，同學，你誤會了。他是我孫子。」剛才那個男生看見是自己誤會了，向老闆道歉離開了。小孩頓時有些傻眼，老闆又說：「你先回去吧，叫奶奶先做飯，我一會兒就回去。」他知道，老闆是幫自己解圍，並告訴自己離開。可是他並沒有離開，而是躲在一個角落裡，直到老闆收攤回家。他很想跑過去，向老闆說聲對不起，可是他喪失了勇氣。他知道，老闆寬容了他。從那以後，少年再也沒有偷東西了。

多年以後，當老闆快要忘記這件事情的時候，他突然收到一個厚厚的包裹，裡面全是書，每本書上面都寫著同樣一句話：「贈與改變我一生的人。」還有一封信，信上說：「老闆，您好。我就是當年偷您漫畫的那個孩子，您以無限的胸懷寬容了我，您是改變我一生的人。如果您不介意，我真想叫您一聲爺爺。從那以後，我再也沒有偷過東西，現在我有了自己的工作，為了報答您對我的寬容，我想寄一些書給您，但是這些書並不足以報答您對我的恩惠和寬容。」

寬容是君子以厚德載物的高貴素養。一個寬容的孩子，必然不會「狹隘」，更不會「刻薄」，培養孩子的寬容之心，才能讓孩子的生活變得快樂而豐盈，讓孩子的人生充滿感恩與機遇。

別讓斤斤計較成為孩子的絆腳石

生活中有這麼一些孩子，他們錙銖必較，生怕自己吃虧。因為過於追求完美，他們的眼裡容不下一粒沙子。別人有一點的毛病，他們都要橫加挑剔、指責，甚至故意疏遠、嫌棄。遇到一點點小問題他們就耿耿於懷，悶悶不樂。這樣的孩子不能虛心接受他人的批評和意見，不能容忍他人的缺點和過失，不僅自己活得辛苦，與他們相處的人也不會輕鬆。因此，他們的人際關係相當惡劣，他們的個人發展也受到了影響。

小軒是 4 年級的學生，他學業成績優秀，更是乖巧聽話，是老師眼中標準的好學生。只是，他心眼太小，常告同學的狀，這一點讓老師有些吃不消。

這天，剛上課，他就告狀：「老師，小莊老是欺負我，下課時，他故意跑到我身邊，把我撞倒了。還有，劉曉曉把水彩墨水撒到我的書上了，我的書都沒辦法看了」

他這麼一告狀，班導不得不先處理好他的「冤情」再上課，為此，班上的同學特別煩他，都他叫「寶娥」或是「大喇叭」，他在班上的人際關係可想而知了。

與小軒一樣，陳永健也是這麼一個喜歡斤斤計較的孩子。

下課時，同學們正在玩遊戲，同學小松不小心踩了永健一腳，看到自己剛買的白球鞋上出現了一個大大的黑腳印，陳永健生氣極了，他也氣衝衝地衝到小松面前，狠狠地踩了他一腳，還把小松推倒在地上。

老師告訴永健做得不對，可是小朋友卻理直氣壯地告訴老師：「我媽媽說過，不能讓別人欺負我，別人打我，我就要打回去。小松踩了我，我當然也要踩他。我沒有不對。」老師聽了，一時間有些哭笑不得。

第六章　培養孩子的寬容之心

生活中，像小軒與陳永健這樣的孩子並不鮮見，這些孩子有些是家裡的獨生子女，率直武斷，以自我為中心，總是習慣於高高在上對別人發號施令，並多少都存在一些「得理不饒人」、「小心眼」的毛病，於是，當同學不經意間衝撞了他們時，這些孩子就會嘲諷相譏、揮拳相向，甚至以牙還牙……這樣的孩子，自然不能領略到寬容的真諦，更不懂得以寬容之心去善待別人。據有關資料統計，因人際關係糾紛、情緒偏激、不能容忍他人而致惡性行凶者，占全部凶殺的高度比例。而作案者大多是血氣方剛、涉世不深的青少年。因此，要想孩子健康成長，家長應糾正孩子斤斤計較的毛病，別讓這一毛病影響孩子的發展。

事實上，我們生活的這個社會是由不同的生活經歷、不同的興趣愛好、不同的生活背景和性格的人組合起來的一個大群體。人與人之間有摩擦、有矛盾是不可迴避的問題。一個人要想生活得舒適一些，就要大氣一些，不要放心不下小事，不要計較點滴得失，不要過度地盤算做某事後與自己有多大的利益關係，更不能每天反思：自己在與人打交道時吃虧了嗎？

家長應告訴孩子：吃虧點又有什麼關係呢？「助人就是助己」。多付出一點對自己並沒有害處，也許會花掉自己的一些時間和精力，但是今天種下助人的種子，總有一天會結出甜美的果實，最終受益的還是自己。當孩子不再被斤斤計較困擾時，他們的好運也將隨之而至。

那麼，家長應如何引導孩子克服斤斤計較的心理，學會寬容別人的過失呢？

✧ **讓孩子除去自我中心意識，與人友好相處**：讓孩子知道「我」與「他人」的含義，懂得蠻橫不講理、任性和霸道是行不通的，必須學會與人相處的方法。具體包括：

· 讓孩子懂得家庭中「人人為我，我為人人」的道理，心中有他人，不嬌慣、溺愛孩子。

· 讓孩子理解和尊重父母，體諒父母的辛苦和勞動成果。

· 讓孩子體驗到只有寬容謙讓，才能與別人享受共同的快樂，必要時讓孩子體驗一下吃虧的感受，以鍛鍊孩子的克制能力。

✧ **讓孩子勇於承認錯誤，拋棄積怨**：告訴孩子 ── 以寬大的度量容人，不念舊惡，才能讓自己變得更加快樂。父母要了解孩子的能力、愛好、性格和心態，對孩子循循善誘，有意識地教孩子學會發現錯誤，喚醒孩子的責任感，讓孩子學會自我反省，承認錯誤，化「敵」為友，拋棄積怨。尤其要疏導、轉移孩子對矛盾結果的注意力，只有這樣，才能反思起因，檢討自己的過失，寬容別人的缺點與失誤行為，幫助別人改正錯誤，有利於增進友誼。

✧ **教育孩子不要過於苛求別人，不斤斤計較小事**：人與人相處，難免會有誤會或摩擦的事情產生，要有忍耐、包容、體諒的心態，不斤斤計較、患得患失。要將心比心，多從對方的角度考慮問題，要把度量放寬、眼界放遠，化解矛盾。

✧ **培養孩子樂觀向上的性格**：寬容別人首先要做一個樂觀的人。悲觀之人總是心情壓抑、煩悶，容易想到人或事物不利的一面，所以常常對別人不滿或者發脾氣。樂觀之人總是心態寧靜，相信自己，鼓勵自己，成就自己，也容易坦然接受他人的過失。

✧ **家長應做孩子的榜樣**：父母要做孩子的榜樣，遇到矛盾或衝突時要寬宏大量，不計較得失，不怕吃虧，能饒人處且饒人，以此使孩子受到薰陶，孩子才能在相對的時候做到寬容他人。

父母要以身作則，為孩子營造一個和睦溫馨、相互寬容的家庭環境。孩子從小生活在一個溫馨和諧、寬容友愛的家庭環境中，在潛移默化中將逐步形成穩定的寬容素養。當然，教孩子寬容，也應該讓孩子掌握寬容的標準。例如：

· 對小是小非，沒有嚴重後果的個人衝突、無意的損傷等，不要斤斤計較，要加以寬容、忍讓。

· 對影響友誼和群體榮譽，會造成較大損害或有意的破壞行為等，絕對不可容忍，要採取靈活的方式，誠懇地加以批評、制止！

· 對於壞人，寬容他，等於縱容他們去做壞事，也是不可取的，可向老師或長輩舉報。

· 一次考試考不好，不等於整體學習能力不好，要學會放開心胸，讓自己吸取教訓，既要寬容自己，也要鞭策自己。

孩子只要掌握好寬容的度，就能變得豁達而開朗，不再為小事情而煩惱。

家長應懂得寬容孩子

「人非聖賢，孰能無過？」在每個孩子成長的過程中，都會犯這樣或者那樣的錯誤，這是不可避免的。身為家長，我們教育孩子，不要盯住孩子的過錯不放，而要學會站在孩子的立場上考慮問題，理解、包容孩子，進而正確地引導孩子，讓孩子能夠了解到自己的錯誤，並且能夠很快改正。這樣，才能幫助孩子少犯錯，少犯大錯，少犯一些低級的、本不應該犯的錯，不犯同樣的錯，不在同一塊石頭上摔兩次。

對於孩子來說，家長的寬容與理解往往比一味的批評、處罰更能讓孩

子心悅誠服。可以說，家長的寬容是孩子成長路上的指路明燈，能引導他們走出陰霾，走向光明。

印度聖雄甘地在回憶自己的成長過程時說過：「是父親那崇高的寬容態度挽救了我。」他為什麼會有這樣的感慨呢？

原來，甘地出生在一個小藩王國的宰相之家。從小就愛撒嬌，性格也不開朗。他對父母十分順從，對周圍的事物也特別敏感，自尊心很強，一旦被人奚落，馬上就會哭紅鼻子。在學校一挨老師責罵，就難過得受不了。

少年時期，由於好奇，他染上了菸癮，後來發展到偷兄長和家臣的錢買菸，而且越陷越深。漸漸地，他覺察到自己偷別人的錢，背著父母抽菸的行為太可恥了，一想起來，就覺得無臉見人，內心十分痛苦，甚至還想過自殺。當他終於忍受不了痛苦的折磨時，便把自己的整個墮落過程寫在了筆記本上，鼓足了勇氣，交給了父親，渴望得到父親的嚴厲批評、懲罰，以減輕內心的痛苦。

父親看後，非常生氣，心情十分沉痛。但是父親深愛孩子，沒有責備他，只是傷心地流下了眼淚，久久地凝視著兒子。甘地看到父親痛心的樣子，受到極大的刺激，更加悔恨、內疚、自責，深感對不起父親對自己的期望。從此，他痛下決心，徹底改正了錯誤，走上了正路。從那以後，甘地在行為上很少出現過失。事隔多年，每當甘地回顧那段經歷，總是心情久久不能平靜。他說：「父親用他慈愛的眼淚，洗淨我汙濁的心靈，用愛心代替鞭打，他的眼淚勝過千言萬語的訓誡，更加堅定我改過向善的決心。雖然當時我準備接受任何嚴厲的處罰，如果父親真的責備我，可能會引起我的反感，而無益我德性的進展。」

甘地的事例說明了家長對孩子的寬容能產生巨大的能量。一般情況

下，如果寬容運用得當，以情感激勵孩子比動之以武力更有效。因為這其中包含了家長對孩子的信任和對孩子了解錯誤態度的肯定。家長在對孩子的品德教育中，尤其是孩子有了過失而又主動了解錯誤的時候，應該以寬容的態度給孩子以心靈撫慰，進而強化孩子改正錯誤的勇氣。而粗暴的打罵未必能夠使孩子吸取教訓。

一個孩子在他的日記裡記錄了這樣一件事情：

今天我放學回家，接到媽媽的電話，媽媽要加班，要很晚才回來。我很高興，因為我可以去網咖玩遊戲了。

在網咖打了兩個小時的遊戲，回到家後，沒想到媽媽已經回來了，我當時害怕得不得了，心臟都要從肚子裡跳出來了。媽媽很嚴肅地問我：「這麼晚了你去做什麼了？」

我很怕媽媽懲罰我，就騙媽媽：「我去樓下小強家和他一起做實驗。」

媽媽摸了摸我的頭，沒有再問什麼，就讓我去寫作業了。後來，在媽媽與爸爸和談話中我才知道，媽媽知道我去了網咖，因為網咖裡有好多人吸菸，我身上有很重的菸味。我還聽到媽媽說：「我知道小峰是個好孩子，他會了解到自己的錯誤的。」

從那一刻起，我覺得媽媽很偉大，我一定不會辜負媽媽的期望，我會努力做一個好孩子的。

寬容並不意味著放縱，也不是無原則的偏袒和遷就，而是要家長掌握孩子的心理，掌握孩子成長的規律，不要盲目地對孩子的錯誤進行批評和懲罰，而要以一顆寬容的心對待孩子。很多事實都證明，只要孩子了解到自己的錯誤，寬容比懲罰更能激發孩子的上進心。

其實，家長不僅要在教育孩子時表現出寬容，給孩子做好表率，還應該在日常生活中強化自己的行為，如對待家人的一些小毛病不要糾纏不

清、吵鬧不休，對待別人的過錯，不要斤斤計較，擔心自己吃虧。這樣，孩子自然能在家長潛移默化的影響下，成為一個寬容、有度量的人。

一般來說，家長要想以自己的「寬容」影響孩子的素養，就應該做到以下幾點：

對於孩子的過錯，要寬容，不要責難

家長不要老盯著孩子的過失不放，家長的眼睛有時要能夠「睜一隻眼，閉一隻眼」。對於孩子的過錯，不要指責，不要責難，不要諷刺，不要挖苦，不要埋怨，不要威脅，不要懲罰。指責、責難、諷刺、挖苦、埋怨、威脅、懲罰這些做法不但於事無補，反而會使事情更糟糕，它往往會增加孩子怨恨的情緒，激起孩子的反抗行為，有的孩子因此受到恐嚇，甚至嚴重憂鬱。

寬容不等於放任，對於孩子的過錯，家長的教育是少不了的

很多時候，孩子不小心犯了錯誤，家長知道後，因沒有控制住自己失望、不滿的情緒，對孩子惡語相向、拳腳相加。這種做法非但不能讓孩子真正改正錯誤，還可能讓孩子因此自暴自棄，走上不歸路。當然，也不能縱容孩子的過錯，對孩子的錯誤不聞不問，這種做法同樣會讓孩子在錯誤的道路上越走越遠。正確的做法應該是，家長等到雙方的情緒都穩定以後，對孩子進行溝通、交流，曉之以理，讓孩子了解並改正自己的錯誤，特別是要與孩子一起分析這次行為是不是真的有錯，要達成共識，因為不少孩子感到委屈的是，他們並沒有了解到自己的行為有錯。

要與孩子一起心平氣和地分析產生這次過錯的原因，以避免孩子再次重蹈覆轍，犯同樣的錯誤；要與孩子一起分析其錯誤所產生的不良影響，對他人的傷害，對自己的傷害，特別要分析對孩子自己產生的不良影響。

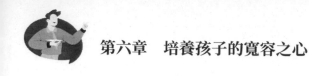

讓孩子承擔一定的責任，付出一些代價

　　家長對孩子的寬容歸寬容，對自覺性不高的孩子，如果他們犯了錯還是應該適當地讓他們付出一些代價，這是有必要的，但要講究方法，要適度，以不傷害孩子為前提。

　　從長遠看，還應該對孩子進行適當的約束與激勵。

當孩子犯了錯以後，家長可以教孩子如何去做

　　當孩子犯了錯以後，家長可以對孩子這樣說：

　　「孩子，爸爸媽媽建議你今後這樣做好不好？」

　　「孩子，我要是你的話，我將這樣做，你看好嗎？」

　　值得注意的是，當孩子犯了錯時，家長對孩子批評不能只是一味指責，而應該是建設性地批評，指出孩子在當時的情況下應該做什麼和不應該做什麼。這種建設性的批評是有益的，它不涉及孩子的人格，只是指出如何解決當時的困境，就事論事，沒有人身攻擊。這能讓孩子很好地接受教訓，從而留下深刻的印象。

　　當然，身為家長，我們寬容孩子的目的是為了愛，為了讓孩子學會如何去寬容別人。家長對孩子的寬容比枯燥地說教有效得多。孩子能從家長的寬容中體會到豁達，體會到寬容的可貴，從而不苛責別人，更不斤斤計較。這對孩子的一生而言，都具有重大的意義。

讓孩子學會換位思考

　　有這樣一個故事：

　　古時候，有位縣太爺邀請了一位駙馬和員外一起飲酒作詩。酒過三巡

下起了鵝毛大雪，屋外白茫茫一片。縣太爺看到此情此景詩興大發，提議以「瑞雪」為題，三人吟詩作對。

駙馬舉雙手贊同，隨口說了第一句：「白雪紛紛落地。」

縣太爺一聽，覺得十分簡單，也對了一句：「此乃皇家瑞氣。」

員外本身就不是什麼文化人，但也裝模作樣吟道：「再來一年何妨？」

話音剛落，窗外傳來一個憤怒的聲音：「放你娘的狗屁！」

原來，窗外有一個乞丐，正凍得瑟瑟發抖呢。

這個簡短而搞笑的故事正說明了一個淺顯的道理：人的處境不同，心理反應也就有所不同。如果一個人能夠站在別人的立場上考慮問題，將心比心，設身處地為他人著想，就不會做出傷害別人的事情了。

在生活中，孩子與他人相處，由於年齡、位置、處境、角度的不同，常常會產生不同的心理反應和感受。身為家長，要想讓孩子學會理解他人，建立起良好的人際關係，就應該教孩子學會換位思考，體諒別人。這不僅可以讓孩子了解別人，贏得友誼，而且，還能讓孩子更好地與他人進行溝通。可以說，換位思考是孩子化解矛盾、贏得友誼與尊重的「聖經」。

那麼，家長應如何讓孩子學會換位思考呢？專家建議：

家長應為孩子營造換位思考的環境

家庭中，家長會不會換位思考，深深影響著孩子。如果家長懂得換位思考，為孩子營造一個換位思考的家庭環境，孩子就能從中受到啟發與感染。

一天，小鳳的媽媽下班回來後非常生氣地說：「這個小劉真是豈有此理！今天公司查帳，發現了一個問題，原來她把前面的一個資料弄錯了。

害得我也跟著錯了，結果我們兩個一起受到了公司的通報處罰，罰了我 1 個月的獎金呢。」

小鳳雖然不明白是怎麼回事，但從媽媽的表情上，她知道媽媽受了委屈，不禁也暗暗埋怨起媽媽口中的小劉，還小聲嘟囔道：「我再也不到劉阿姨家玩了。」

小鳳的爸爸看到這種情況，坐在媽媽的身邊安慰道：「你先消消氣，小劉罰了多少？」

「兩個月的獎金。」

「看來小劉比你慘多了。小劉比你工作時間短吧？」

「是啊，她來公司才半年，我做了都 3 年多了。」

「那你是她的主管嘍。」

「對，我一直帶著她做。」媽媽臉上此時露出了一點得意之色。

「那麼，小劉犯一點錯誤也是應該理解的，誰不會犯錯呢？況且她損失了兩個月的獎金，心裡更不好受。你作為她的主管應該替她想想，雖然主要責任在她，但你這個主管也是監督不力啊。」爸爸小心地說。

媽媽沉默了一會兒說：「也對呀。下班的時候，我看小劉都哭了，我等等打電話給她。」

在電話裡，媽媽安慰了小劉很長時間。放下電話，媽媽高興了很多。

這一幕小鳳都看在了眼裡，等媽媽打完電話，她不禁關心地問媽媽：「媽媽，劉阿姨還傷心嗎？」

事實上，大人的一言一行都會被孩子看在眼裡，並跟著模仿，大人的換位思考也會被孩子模仿。所以，身為家長──孩子的行為示範者，一定要給孩子營造一個換位思考的環境，讓換位思考潛移默化地根植在孩子的心底。

教孩子體驗別人的感受

在生活中，有很多孩子習慣了養尊處優的生活，所以難免自命不凡，不能理解別人的苦衷，不能體諒弱者的難處。這個時候，家長必須讓孩子學會體驗別人的感受。這不僅能培養孩子美好的心靈，更能讓孩子具備良好的教養。

小榮從小跟著爺爺奶奶長大，漸漸養成了驕橫、任性、自私的個性。爸爸媽媽把小榮接來和自己一起住時就發現了他的這些缺點。

有一次，小榮和別人家的孩子一起在外邊玩。路邊有一個盲人一邊拉手風琴一邊唱歌。他的面前擺著一個帽子，路過的人們覺得他唱的歌好聽，就往他的帽子裡扔一些錢。

孩子們圍著這個盲人，覺著很好奇，紛紛叫嚷：「瞎子，瞎子，快來看瞎子唱歌。」

小榮也跟著喊。

看到這一幕，小榮的爸爸很生氣，把小榮叫了回來，狠狠批評了一頓。

小榮低著頭，心裡想：「他們都在喊，為什麼我不能喊？」

爸爸看出他的想法，想起小榮前些天因為牙齒掉了，裝了一顆假牙，就語重心長地說：「今天你圍著一個盲人嘲笑他的眼睛瞎了，如果哪天有人知道你有一顆假牙，對著你喊假牙假牙，你會怎麼想？」

小榮聽了，臉一下就紅了。

爸爸拍了拍小榮的腦門，輕輕地說：「知道錯了就好，在生活中，我們每做一件事情，都要多想想別人的感受，不能隨便嘲笑、挖苦別人，那是非常不好的」

小榮懂事地點了點頭！

在以後的生活中，爸爸總是這樣教育小榮，讓他體驗一下別人的感

受。小榮也漸漸變成了一個懂事、善解人意的孩子了。

　　其實，每個孩子都是單純而善良的。當他們意識到自己的一句話、一個舉動可能傷害到別人，給別人帶來煩惱的時候，就會覺得很不安。身為家長，應抓住這樣的教育契機，告訴孩子注意自己的言行，因為自己如果有同樣的遭遇時，也一樣會受傷，會不高興，只有如此，孩子才能學會換位思考，從而懂得體諒別人、尊重別人，當然，也就同時得到了別人的尊重。

讓孩子切身體驗換位思考的可貴

　　一位媽媽在她的教子日記裡這樣寫道：

　　我給女兒買了一本《米老鼠》雜誌。下課了，她拿出雜誌高興地翻閱，這時，她的同桌起身時不小心把墨水瓶碰翻，墨水灑到了雜誌上，把一本精美的《米老鼠》雜誌塗得髒兮兮的。女兒很生氣，不但讓同桌賠她新的《米老鼠》，還把這件事告訴了班導老師。結果，女兒的同桌被老師責罵了一頓。

　　當女兒把這件事告訴我時，我想告訴她要寬容別人，多為別人想想，但我還是決定讓她親身體會一下被人寬容的滋味。當天晚上，女兒不小心把一碗飯打翻了，我知道教育女兒的時刻來了。於是，我大聲對她喊：「你怎麼搞的，吃飯也不好好吃，浪費糧食，罰你今天晚上不許吃飯了。」

　　女兒看到我這種態度，傷心地哭了起來：「我又不是故意的。」

　　這時，我溫柔地對她說：「誰都有不小心犯錯誤的時候，媽媽只是想告訴你，因為不小心犯了錯誤而不被人原諒是很不舒服的。這就像你不原諒你同桌同學的不小心，還讓老師責罵他一樣。你說，是嗎？」

女兒不好意思地低下了頭。

對於孩子來說，唯有切身體會，才能意識到換位思考的可貴。因此，必要的時候，家長也應該讓孩子受點「教訓」，這會給孩子留下特別深刻的印象，在今後的生活中，他們也會極力做到理直氣和，不過於苛責。

透過電視等媒介，讓孩子做角色轉換遊戲

日常生活中，家長與孩子一起經歷了一件事情或者一起看電視的時候，可以引導孩子想一想，如果出現類似的一幕，我會如何感想？我如果是他，我會怎麼做呢？此外，家庭成員之間還可以適當做角色互換，讓父母做「一日孩子」，讓孩子做「一日父母」，加強親身體驗，形成相互理解、相互體諒的良好氛圍。

總之，孩子在成長過程中會表現出以自我為中心、不理解別人、頤指氣使的行為特點來，這些是與孩子缺乏正確的引導有關係的，因缺乏認知，導致孩子行為上的偏頗，這一點是可以理解的。如果家長能循循善誘，讓孩子設身處地地體驗別人的感受，了解到自己的行為會給別人帶來怎樣的傷害，孩子就可以慢慢變得善解人意，能夠更多地體諒別人，寬容別人。

疏導孩子的仇恨心理

許多孩子在與朋友發生糾紛，或者在與朋友來往時受到不公平的待遇之後，通常都會產生仇恨、報復的心理。仇恨、報復心理是一種以攻擊方式對曾經給自己帶來不愉快的人發洩怨恨和心中不滿的情緒、危害健康的心理狀態。有仇恨、報復心理的人容易誤解他人的意思，對他人經常有戒備防範心理。任其發展的話，孩子的心胸會越來越狹窄，與人相處較難，

內心非常痛苦。一旦發現這樣的跡象，家長應及時予以疏導。

　　而要疏導孩子的仇恨心理，家長應從自身做起，調查資料表示，許多孩子的仇恨心理與家長有很大的關係，如家長性格暴躁，經常打罵孩子，會讓孩子滋生仇恨的心理；而家長自身的仇恨心理，也會影響到孩子，在孩子的內心埋下仇恨的伏筆；此外，家長的性格過於偏激、狹隘也是孩子與人相處容易產生仇恨心理的誘因。因此，要想剔除孩子內心的仇恨，讓孩子變得豁達、快樂，家長應做到以下幾方面：

不給孩子灌輸仇恨的情緒

　　很多家長因為自身婚姻的不幸，遷怒於對方，總在孩子面前把對方貶得一無是處，向孩子灌輸敵對的情緒。比如「你爸爸有了狐狸精，不要我們了！」「你媽媽是個沒有道德的女人」等。長期生活在這種仇恨的陰影裡，孩子會變得越來越孤僻，看事情也會越來越負面、偏激。這是許多單親家庭孩子性格偏離正常軌道的一個重要原因。因此，要想你的孩子健康地成長，家長不可向孩子灌輸仇恨的情緒。

　　在 2008 年美國大選中勝出的年輕總統歐巴馬，用他無與倫比的口才與性格魅力征服了大多數選民。很少有人知道，歐巴馬就是從一個單親家庭長大的。歐巴馬剛出生不到一年，他的爸爸老歐巴馬獲得了兩個求學機會，一個是紐約新學院大學提供的足夠一家三口在紐約生活的優厚獎學金，一個是去哈佛大學讀經濟學博士。老歐巴馬毫不猶豫地去了哈佛，他對妻子安說：「我怎麼能拒絕最好的教育呢？」這是 1961 年，而 1964 年，安提出離婚，老歐巴馬沒有異議。此後，老歐巴馬帶著另一位美國女子去了肯亞老家工作。

　　看起來，安有很多理由對老歐巴馬憤怒，她一邊帶兒子一邊求學，生

活非常拮据，而且自他們離婚後一直到 1982 年老歐巴馬遭遇車禍去世，歐巴馬只見過爸爸一次。此外，老歐巴馬也沒支付過撫養費，這個父親沒有盡過自己的責任。

然而，安沒有表現過對老歐巴馬的憤怒，也從來沒有在兒子面前說過爸爸的壞話。實際上，每當和兒子談起他的爸爸，安說的都是優點。她對歐巴馬說，他爸爸聰明、幽默，擅長樂器，有一副好嗓子……

安可能是天生豁達，所以只是向歐巴馬陳述事實，也可能是希望兒子能因爸爸而自豪，所以談的都是優點，但不管是什麼原因，她都收穫了很好的結果 —— 她說的老歐巴馬的這些優點，歐巴馬身上都有。

不僅如此，或許更重要的收穫是，媽媽這樣談到爸爸，在極大程度上減輕了父母離婚給歐巴馬帶來的心理上的衝擊。他的內心不僅沒有分裂，還學到了豁達，並且也學會了如何在糟糕的情形下看到積極的一面。這可能是歐巴馬現在展現出的樂觀性格的重要緣由。

每個孩子的心靈都是純潔無瑕的，身為家長，不能因為個人的問題在孩子的心靈上播下仇恨的種子，這對孩子的成長是非常不利的。一個充滿仇恨的孩子會因此而排斥一切事物，喪失人與人之間最基本的信任，從而養成孤僻、憂鬱的性格。而這無疑將會影響到他們以後的人際社交、家庭、事業。

冷靜處理孩子遭受的不公平待遇，教孩子學會寬容他人

一本雜誌曾刊登過這樣一個故事：

一天，在一個活動現場，一位滿臉歉意的工作人員，在安慰一個大約 4 歲的小孩。原來那天小孩較多，這個工作人員一時疏忽，就將這個小孩留在了網球場。等工作人員找到孩子後，小孩因為一人在偏遠的網球場，

受到驚嚇，哭得十分傷心。

不久，孩子的媽媽來了，看到哭得慘兮兮的孩子，她沒有因為心疼孩子而責備那個工作人員，而是蹲下來，一邊安慰受驚的孩子，一邊很理性地對她說：「已經沒事了，那個姐姐因為找不到你而非常緊張，並且十分難過，她不是故意的。現在你必須親親那個姐姐的臉頰。安慰她一下。」

4歲的小孩聽了媽媽的話，停止了哭泣，踮起腳尖，親了親蹲在她身旁的工作人員的臉頰，並且輕輕地告訴她說：「不要害怕，已經沒事了。」

這位媽媽是智慧的，她知道怎樣愛孩子，怎樣培養孩子的寬容之心。

孩子的寬容心是一種非常珍貴的感情，它主要表現為對別人過錯的原諒。富有寬容心的孩子往往心地善良，性情溫和，惹人喜愛；而缺乏寬容心的孩子往往性情怪誕，易走極端，不易與人相處。

現在的孩子有些是獨生子女，孩子在學校裡受了委屈。父母往往會心疼得不得了，於是便出現了這樣的教育現象：

一位家長很生氣地質問孩子：「到底誰打你了？」孩子一言不發，只知哭泣。「我們到學校去找他！」孩子還是呆立不動。「你怎麼和木頭一樣，他打你，你可以反擊！」「是我不小心碰到他……」「不小心碰到他，他就打你，你怎麼不還手呀！去找他……」

家長用這種以暴制暴的方式教育孩子，不僅不能使孩子正確處理與同學之間的關係，還會影響孩子將來對人際關係的處理，使孩子變得狹隘、小氣，甚至對待家人、朋友也是如此。因此，家長應從小教孩子學會寬容，不僅是為了孩子從小就能處理好人際關係，更是為孩子將來的發展奠定基礎。

用故事感化孩子，消除孩子的仇恨心理

「人非聖賢，孰能無過。」面對別人的錯誤時，家長不妨多用故事中的人物來感化孩子，教孩子以博大的胸懷寬容對方，避免怨恨消極情緒的產生，消除人為的緊張局面。

有一天，12歲的樂樂放學回到家，也沒和正在做晚餐的媽媽打招呼就悶頭進了臥室，一直到吃晚餐的時候才出來。媽媽覺得有些奇怪，就問他：「樂樂，怎麼了？誰惹你不高興了？」

樂樂恨恨地說：「今天在放學的路上，班長當著好多同學的面說我的壞話，弄得我很沒面子，我明天一定要報復他！」

媽媽聽了樂樂的話，放下手中的筷子，拉著兒子的手說：「吃飯前，媽媽先和你講個故事。」

從小就愛聽故事的樂樂一下子高興了起來。

希臘神話中有一位力大無窮的英雄叫海克力斯（Hercules）。有一天，海克力斯在山路上行走時，發現路中間有個袋子似的東西很礙腳，便踢了它一腳。誰知那東西不但沒有被踢開反而膨脹起來。海克力斯有點生氣，便狠狠踩了一腳，想把它踩破，哪知那東西不但沒踩破反而又膨脹了許多。海克力斯惱羞成怒，拿起一根大木棒狠砸起來，那東西竟然加倍地膨脹，最後大到把路都堵死了。

一位聖人路過，連忙對海克力斯說：「朋友，快別動它，忽略它，離開它遠去吧！它叫仇恨袋，你不犯它，它便小如當初，你的心裡記著它，侵犯它，它就會膨脹起來，擋住你前進的路，與你敵對到底！」

說完這個故事，媽媽意味深長地說：「孩子，仇恨正如海克力斯所遇到的那個袋子，開始很小，如果你忽略它，它就會自行消失；如果你總是想著它，它就會在你心裡不斷膨脹。人的心中一旦充滿了仇恨，就再也裝

不下別的東西。這種狀態下，人最容易失去理智。你想想，你願意如此嗎？」

樂樂眨了眨眼睛說：「不願意！」

「那你想想你該怎麼做呢？」

「我想好了，做人不要太小氣，寬容別人就是寬容自己，我不想為雞毛蒜皮的事情壞了自己的好心情！」

引導孩子化解矛盾，消除仇恨

一位媽媽這樣介紹她的教子心得：兒子晨晨經常跟我說，他們班級有一個同學很有力氣，是他們班級的「小霸王」。這個「霸王」經常堵在教室門口不讓晨晨出門。

一個下雨天，我開車去接晨晨放學。當我撐傘來到學校門口時，發現晨晨說的那個「小霸王」正在教室門口著急地四處張望著，原來他今天忘了帶雨傘。

於是，我走到他身邊對他說：「小朋友，一起上車吧，我順路送你回家。」晨晨急忙和我使眼色，意思是不要載他。我裝作看不見，堅持讓晨晨把這個同學叫上車，並順路把他送到家。

這個「小霸王」到家時，高興地說謝謝我和晨晨。到家後，我故意問晨晨：「你為什麼不讓我送那位沒帶傘的同學回家呀？」

「因為他總是欺負我，我討厭他。」兒子很有理地說。

「他欺負你，你不理他，是不是你們永遠是仇家呢？如果你在他有困難的時候幫助他，你們是不是有可能成為好朋友呀？」我開導兒子。

兒子似懂非懂地點點頭。

正如我和兒子講的那樣，在這件小事之後，這個「小霸王」同學主

動把晨晨當做他的好朋友，再也不欺負晨晨了，兩個孩子後來還成了好朋友。

　　這位媽媽無疑是明智的，她用自己的行動告訴孩子以德報怨，才能為自己贏得他人的尊重。如果一個人總是生活在仇恨中，對自己對他人都是不利的。讓孩子從小就明白這個道理，有利於孩子養成豁達、樂觀的個性。

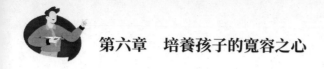

第六章　培養孩子的寬容之心

第七章　善於交際的孩子更有潛力

　　21 世紀對人的綜合素養和基本能力提出了較高的要求，它要求每一個人既要具備競爭的意識，也要具有合作的精神，更要具備與人溝通、交流的能力。

　　事實證明，如果一個人有良好的交際能力，那麼他將在競爭中立於不敗之地，反之就可能被社會淘汰。正因為如此，家長應從小培養孩子的社交能力。

第七章　善於交際的孩子更有潛力

交際能力關係到孩子的未來

　　在生活中，我們見過太多所謂的「才子」。他們從小就功課好，考試分數高，一路順風地進了國立大學，贏得了不少人的羨慕。可是，等他們走向社會以後，這些曾經的「才子」卻成了名副其實的「愁子」了。這類人都有一個共同的特點，就是智商高、EQ低，人際社交能力差。

　　記得一位哲人說過：「人生的美好是人情的美好，人生的豐富是人際關係的豐富。一個人的成敗、得失、愛恨、悲歡，都和他的人際社交能力有著莫大的關係。」人緣好的人，無論是在事業上還是在生活中，別人都願意幫助他：他困難的時候，有人幫助；他落水的時候，有人伸手；他歡樂的時候，有人祝賀；他悲傷的時候，有人安慰……從某種意義上說，這個世界上與成功有關的「好東西」，大都是給人緣好的人所準備的。反之，一個人如果不善於與人交際，人緣差，他即便擁有再高的才華，也常常會錯失成功的良機。

　　霍華德‧加德納（Howard Gardner）是美國哈佛大學教育研究所的教授，他是一個在國際上享有盛譽的心理學家和教育學家。他曾經追蹤研究了很多孩子，發現那些從小學業成績優秀的學生，長大以後卻反而不是最有成就的人，那些在社會上取得了莫大成就的人，學生時的成績普遍是前中段。一開始，加德納覺得很費解，為什麼那些學業成績最好的孩子反而不是最有成就的呢？

　　經過反覆的調查，他才明白了其中的蹊蹺。原來，那些成績排名前列的孩子學習雖然很好，但因為他們把自己全部的精力都放在書本上，結果變成了性格有些孤僻甚至怪異的「書呆子」，不善與人相處。當這些孩子踏入社會後，因為不善和別人合作，無法融入團隊，往往容易成為群體中

被孤立、被排擠的對象，得不到很多的支持與援助。而那些排名前中的孩子，成績雖然不是最好，但他們大多性格開朗、活潑，豁達大度，喜歡與別人合作，很容易和別人打成一片，可以輕而易舉地融入群體當中，可以借助群體的合力，從而使自己的努力事半功倍。

這裡有個故事：

老張夫婦倆都沒念過多少書，辛辛苦苦大半輩子也沒「混」出個名堂。老張做的是鉗工，老婆原先是紡織廠的女工，後來離職再就業，成了公車的售票員，夫婦倆吃夠了沒知識的痛苦，決心不能讓兒子小張「再走自己的老路」。於是，他們拚命供小張讀書。而小張也不負眾望，從小學到高中一路走來，成績都相當優秀，最後，他以優秀的成績考上了某國立大學。

兒子上了國立大學，父母的心願終於變成了現實。老張夫婦還沒為此高興幾天，就接到了小張的壞消息：和同學吵架了。原來，從小就生活在父母羽翼下的小張，無論什麼事情都由父母包辦。父母處處讓著他、護著他，他只需要一心一意讀書就行了。

以前，他每天除了吃飯、睡覺，其他的時間幾乎都花在課業上了，和別人沒有什麼交際。在大學裡，環境變了，什麼事情都需要自己去面對，小張一下子感到非常不適應，不懂得如何和他人相處。大學住的是多人宿舍，同學之間難免會有一些摩擦。

結果，不到一個學期，小張就把宿舍裡的其他 7 位同學都得罪了。同學們都有意疏遠他，以避免彼此產生糾紛。由於沒有朋友，小張形單影隻，有事只會打電話給媽媽訴苦……

其實，對那些能夠很好地與別人交際的孩子來說，同學之間的事情都是一些很容易處理的小事。相互協商一下，彼此退讓一下，也就解決了。

第七章　善於交際的孩子更有潛力

可是對小張來說，因為父母從來沒有引導他去掌握這些人與人之間交際的常識，培養他這些最基本的社會行為能力，導致他不懂人情世故，讓自己陷入了孤獨的困境裡。從小張身上，我們親眼目睹了一個高分低能的「才子」演變成「愁子」的全過程。

正因為與人交際的能力如此重要，難怪石油大王洛克斐勒（John Davison Rockefeller）說：「與得到其他本領相比，我願意付出更大的代價來獲取與人相處的本領。」而美國前總統羅斯福則說得更直截了當：「在成功的公式中，最重要的一項因素是與人相處。」

此外，善於與別人交流、交際的孩子，可以得到更多的感情的交流，更多的快樂。心理學家發現，善於交際的孩子容易形成快樂健康的性格。如果孩子總是被拋棄、被拒絕於群體之外，就會產生孤獨感，感情會受到壓抑。久而久之，他們會不願意開放自己的心靈，感到寂寞、空虛和無聊，始終處於孤獨、封閉、退縮的狀態，如同置身於一個「孤島」之上。這種狀態對孩子的身心發展會產生十分不利的影響。

現代社會，人際社交能力已經成為個人事業成功、生活幸福的重要因素。事實證明，凡有大成就的人都具有良好的人際社交能力。

對於孩子來說，交際能力應從小培養起。一個人緣好、社交能力強的孩子，必定人格健全、性格和善、口才優秀。家長是孩子的第一個交流對象，也是孩子的啟蒙老師。家長應積極、主動地與孩子進行交流，及時滿足孩子的各種需求，協助、引導孩子學會如何與人交際，這些都是家長義不容辭的責任。

鼓勵孩子學會與人交際

任何人都是社會的人，人既然存在於這個社會，必然要與人交際，處理各種人際關係。良好的社會交際能力對成人來說極為重要，對孩子來說同樣如此。對於孩子來說，從小形成一定的交際能力，不僅是時代的需要，更是提升人才素養的迫切要求。

那麼，家長應如何培養孩子的交際能力呢？以下幾點建議，僅供各位家長參考：

要了解到孩子需要與人交際

每個人都希望有人與他進行交流，從而擺脫孤獨與寂寞；希望參與群體活動，加入某一群體，並為之所接納，從而獲得歸屬感。孩子也一樣，與同伴交際是孩子的天性。由於年齡、智力、身心發展水準相近，孩子與同伴有相同或相近的興趣，在交際時更容易產生共鳴，而與大人交際是達不到這種效果的。

同伴交際可以鍛鍊孩子自主、獨立的能力，與同伴之間可以相互學習、取長補短，這都是父母所不能替代的。缺乏與同伴交際的經驗可能造成孩子成年後的人際社交適應不良。沒有正常的同伴交際，不能和他人建立友情，孩子會產生孤獨的感受和孤僻的行為，久而久之，對孩子身心健康的發展不好。

與同伴交際為孩子提供了獨立應對世界、獨立處理問題的機會，因此與同伴的交際是孩子鍛鍊獨立能力的最好時機也是孩子很好的學習方式。每個孩子都有自己的優點和長處，同伴交際給孩子們提供了相互學習和取長補短的機會。事實證明，建立積極的同伴交際是改善孩子不良心理狀態

和不良行為習慣的最佳矯正方案與策略之一。良好的同伴交際可以預防孩子出現各種不良的心理問題。

提供交際的環境，培養孩子的交際能力

家長應主動為孩子創設交際的環境，提供交際的機會，如：家長可以讓孩子將自己的同伴帶到家裡來玩，此時家長要熱情接待小客人，倒水或飲料，也可以作簡單的交談，等小客人走時，要客氣送別，歡迎下次再來。這樣做實質是給孩子做出表率，使孩子在潛移默化中受到教育，形成良好的行為規範。有了良好的行為規範後，家長還要為孩子提供交際的機會。如家中來客人時，要主動、有禮貌地跟客人打招呼或交談，如果有朋友同往，要鼓勵孩子拿出玩具和朋友一起玩，這樣，孩子的交際能力就會逐漸提升。

家長要樹立正確的家庭教育觀

家長要注意多表揚孩子那些符合社會期望的「好行為」，如合作與分享行為，而不鼓勵孩子那些「不好的行為」，如攻擊性、獨自遊戲和目中無人等。古代著名的「孔融讓梨」的故事，就是一個很好的實例。當家裡吃好吃的東西時，可以讓孩子充當分東西人的角色；當孩子有機會與別的孩子一起玩時，鼓勵孩子想到別人，謙讓別人等。讓孩子們聚在一起社交、遊戲、玩樂、唱歌，使孩子們從中學習與人交際的技能，給他們創造和諧的環境，讓他們自由發展、自由交際。

透過遊戲培養孩子的交際能力

遊戲是孩子最喜愛的活動方式，家長可以帶孩子或邀請鄰居家的孩子來自家玩，或到戶外參與孩子們的遊戲，在玩中給孩子提出要求，使孩子

在遊戲過程中體驗分享的樂趣。如告訴孩子們一起玩玩具時，不要爭，不要搶，要學會謙讓；堆積木時，要告訴孩子團結同伴，和夥伴友好相處，若是孩子這樣做了，其他小朋友也會這樣做，長此以往，同伴之間就會建立起一種和諧、親密的關係。

家長也可以和孩子共同玩角色遊戲「辦家家酒」，家長扮客人或主人，在敲門的過程中使孩子懂得如何接待人，一個細微的舉止，一句「請進、請坐、你好……」既發展了口語表達能力，又使孩子學會了合作，增加了社會交際的經驗。

教會孩子基本的交際技能

對於孩子來說，經常性地進行交際訓練是非常有必要的。有些社會技能是必須「教給」孩子的。如，怎樣參與到別人的遊戲活動去；怎樣對同伴的友善行為做出回報；怎樣與同伴分享食物、玩具；怎樣給予同伴關心、幫助和同情；在這些時候應該說什麼話，做出什麼樣的表情和動作……經常向孩子講述這些，比單純讓孩子模仿別人效果要好得多。

在孩子能夠用口語表情達意的同時，家長應培養孩子良好的語言表達修養，如用自然、溫和的態度說話，不粗暴地命令、呵斥他人，也不撒嬌，不以哭鬧威脅同伴。這既是交際的基本要求，也是有效溝通感情資訊所必須的。

一般來說，家長應從以下幾方面入手教給孩子基本的交際技能：

✧ 使孩子養成有禮貌的習慣，學會尊重別人、平等待人。父母可以要求孩子在交際中對同伴採取友好的態度，不逞強、不霸道。例如：不要和同伴爭著玩遊戲中的主角，不欺負弱小的孩子，友好的對待每一個人。用商量、請求的口吻與人說話，無意傷人時要道歉，請求原諒，

如果玩他人的玩具時應說：「可以請你把玩具借我玩一玩，好嗎？」別人給了自己玩具時應說：「謝謝！」不小心把別人的東西弄翻了要說：「對不起，我不是故意的」等。

✧ 要教孩子學會忍讓。在交際中，遇到與自己意願相悖的事時，能暫時克服自己的願望，尊重多數人的意願。例如：幾個孩子商量要玩什麼遊戲，大家都說玩「扮家家酒」，而自己卻想玩另一個遊戲，此時要克服自己的願望和夥伴們一起高高興興地玩「扮家家酒」的遊戲。

✧ 讓孩子學會遵守群體規則。孩子們在交際時，會制訂一些規則約束每個人的行為，誰破壞了這些規則便會遭到群體的排斥。只有能夠遵守群體規則的孩子，才能得到大家的喜愛。

✧ 培養孩子樂於助人的素養。樂於助人的孩子總會有許多朋友，更善於和他人交際。

總之，交際既是人的需求，也是現代社會對人的要求。從教育者的立場上看，家長希望孩子能與他人交際，並希望孩子有較強的交際能力，不願看到孩子沒有朋友，也不願意孩子孤單。老師更希望每個孩子都能夠與朋友友好相處、互相關心、互相幫助、團結合作。因此，家長應配合老師加強對孩子交際能力的培養，使孩子成為順應時代發展的人。

教孩子學會分享

日本作家森村誠一說過：「幸福越是與人分享，它的價值便越會增加。」所以說，「分」的人是幸福的，因為他實現了自己存在的價值；「享」的人是快樂的，因為他感受到了真愛和友誼。

曾經有個男孩子對老師說：「我不快樂！雖然我家有兩個保姆，上百

本兒童書籍和數不清的玩具。可是，我就是不快樂！」

於是老師就問他：「你把這些書分給沒有書的朋友看過嗎？」

「沒有。」

「那你把那些玩具分給別人玩過嗎？」

「也沒有。」

「你的壓歲錢用來幫助過有困難的同學嗎？」

「更沒有了。」

「所以你不快樂！」老師這樣對他說，「如果你能把這些東西拿出來和別的朋友分享，快樂自然就會來到你的身邊！」

這次談話後，孩子了解到貧困地區有許多愛學習的孩子沒錢買課外書時，他真的很吃驚，就和媽媽一起捐出五千塊錢，希望捐書給幾所偏鄉小學。

幾個月之後，男孩真的收到了上百封偏鄉孩子的來信，男孩的校長驚訝不已，以為這個男孩做了什麼驚天動地的「大事」。

在這些信中，偏鄉孩子對男孩表達了最樸實的感謝，說他們從來沒有看到過這麼多的書，還說這些書讓他們產生了許許多多美麗的夢想，給他們帶來了不曾有過的快樂，更說他們一定會好好讀書……

男孩被感動了！他忽然覺得，自己是多麼的重要，自己的這些書是多麼的神奇！

慢慢地，男孩變得快樂了！他還和媽媽商量好，每年都要省下一些錢來捐書，送給偏鄉的孩子。第二年，他們又捐了 20 本書……

分享是快樂的大門，學會分享，懂得分享的孩子就進入了快樂城堡；獨享是痛苦的大門，只去獨享，只會獨享的孩子就走進了痛苦的泥淖。所以，讓孩子學會分享，是讓孩子學會交際，變得快樂的必要手段。

那麼，家長應該怎樣讓孩子學會分享並樂於分享呢？

幫助孩子建立滿足感

在物質比較豐裕的今天，這點不難辦到。以自我為中心的前提是匱乏，所以當你讓孩子感到滿足，在他獲得滿足感後，孩子自私的想法就會淡化。比如：孩子只有一顆糖果，他當然不會喜歡把它分給別人，但是如果他有很多的糖果，他就會留出自己的部分，樂意讓別人去分享剩下的部分，當他體驗到分享的快樂時，就會逐步減少他自己的分量甚至完全和人共用，從而實現由物質滿足向精神滿足的轉化。

張媽媽經常在放學接兒子的時候，幫兒子帶很多小零食，要他分給小朋友們。剛開始兒子不肯，媽媽告訴他家裡還有很多很多，他才放心了：看到朋友們拿到東西的喜悅，孩子慢慢開始變得熱心了，開始主動給每個小朋友分發食物。

透過換位思考，引導孩子與他人分享

從孩子懂事開始，家長就要讓孩子學著與別人分享東西。比如：在餐桌上，家長可以讓孩子學著給長輩夾菜；鼓勵孩子幫爸爸媽媽拿東西；教孩子給客人讓座，讓孩子做這些力所能及的事，從中品味做了有益於他人的事而帶來的喜悅。

有位母親是這樣教育孩子與人分享的：

週末，媽媽帶小小去公園遊玩。小小又累又渴，要求坐在路邊的椅子上喝點東西。

媽媽幫小小拿出了一袋餅乾和牛奶。這時，媽媽看見一個小女孩也坐在旁邊，正看著小小吃餅乾。媽媽知道，小女孩也餓了，也許和她一起來的大人去幫她買吃的了。

媽媽對小小說：「兒子，給小妹妹吃點餅乾。好嗎？」

「不，我要自己吃！」小小顯然有點不樂意了。

媽媽耐心地引導小小：「寶貝，如果媽媽有事不在這裡，這位小妹妹有餅乾吃，你想不想吃呢？」

「想吃。」小小幾乎是毫不猶豫地回答。

「這就對了，現在你拿一些餅乾給小妹妹吃，下次媽媽不在你身邊的時候，小妹妹也會把好吃的東西分給你吃的。」

小小看了看媽媽，又看了看小妹妹，終於把自己的餅乾送到了小妹妹的跟前。

大多數孩子不願意把自己的東西分給別人，但他卻希望能夠分享到他人的東西。家長應該充分了解孩子希望獲得他人東西的心理特徵，透過換位思考，讓孩子站在他人的角度去思考問題，引導孩子與他人分享自己的東西。

讓孩子多結識大方的同齡朋友

大人有大人的世界，孩子有孩子的世界。大人的榜樣是很重要的，而同儕對孩子的影響往往更實在，孩子會下意識地向同儕學習和比較。如果孩子身邊的朋友大都是大方、不計較的好孩子，那麼自己的孩子也不會太差！因為環境是影響孩子成長的很重要的因素。

讓孩子之間互通有無

有一個媽媽為了讓孩子學會更好地分享，是這麼做的：

只要給孩子買了他喜歡的玩具、圖卡或者圖書，這位家長都鼓勵孩子帶到學校去，並且鼓勵他與其他孩子交換自己的玩具、圖卡或者圖書。媽媽教育她的孩子說：「只要你把自己喜歡的玩具借給別人玩，那麼，別人

也會把好玩的玩具送給你玩，這樣你們就有很多的好玩的玩具可以玩，也有很多的圖書和圖卡可以看。」

慢慢地，這個孩子嘗到了分享的甜頭，以後，不用媽媽提醒，他都會把新買的玩具帶到學校，跟其他小朋友分享。

讓孩子與自己的家人一起分享

日常生活中，許多家長寧可自己受苦也不願讓孩子吃苦，好吃的、好玩的、好用的統統都讓孩子去享受。

我們經常會看到這樣的一幕：孩子誠心誠意地請爸爸媽媽或者爺爺奶奶一塊吃好東西，長輩們卻堅決推辭，說：「你吃，你是孩子，我們是大人，大人不吃！」或者說，「讓你吃你就吃！」就這樣，孩子與人分享的好意被父母給扼殺了。久而久之，孩子也就失去謙讓與分享的習慣了。

因此，要想培養孩子與他人分享的習慣，最重要的是家長首先要學會坦然地與孩子分享，成為與孩子分享的夥伴，讓孩子接受和別人分享的事實，讓孩子去發現分享過程中的樂趣和成就感。比如在家裡，父母可以讓孩子為每個家庭成員分蘋果、分橘子等，教孩子學會敬老，先分給爺爺奶奶等長輩，再分給爸爸媽媽，然後才分給自己。在分東西的過程當中，孩子不僅學會了與人分享，而且明白了應該尊敬長輩、關心父母的傳統美德。

要有意識地對孩子進行「分享訓練」

在生活中你是否經常見到這樣的一幕：

小寶貝正吃著自己最喜歡的東西，奶奶假意試探說：「乖乖，給奶奶吃一點。」小寶貝乖巧地跑到奶奶跟前，拿著餅乾往奶奶嘴裡送，奶奶假裝咬了一口，說：「乖乖好乖，奶奶不吃，你吃吧！」孩子一看，自己的東西不但沒有被奶奶吃掉，還得到讚美，心裡喜孜孜的。接下來，為了測

試孩子是否真的「大方」，爺爺、姑姑、爸爸、媽媽都會如此訓練一番。而孩子每次都很大方地配合大人們的「讚美。」孩子料定，大人是不會真正吃自己的食物的。

孩子在「分享」遊戲中，並未真正學會分享，而是意識到獨享是自己的專權。這對孩子的成長是不利的。因此，要想培養孩子的分享意識，請家長不要跟孩子玩「假吃真表揚」的遊戲。

當然，在教育孩子學習與人分享時，家長要注意一定的原則和技巧，比如要讓自己的孩子和別的孩子分享他所喜愛的玩具，切忌對他進行強迫，也無須向他講一些空洞的大道理。不妨這樣跟他說：「你玩一下，讓他玩一下，輪流一起玩，你們都高興，不是很好嗎？」這樣適當地引導孩子。能讓孩子感到分享對他不是一種剝奪，而是一種增添更多樂趣的機會。當孩子較小時，家長不妨就對孩子進行這方面的「分享訓練」。比如：當孩子手中拿著畫冊時，家長可以拿著一個玩具，然後溫柔地、慢慢地遞給他玩具，並從其手中取走畫冊。這樣透過反覆訓練，孩子便學會了互惠與信任。此外，家長還可以從側面出發，想一些比較特別的點子，讓孩子體驗到與人一起分享時可以玩出一些新的花樣，可以體驗更多的快樂，這樣能吸引孩子自動嘗試與朋友分享。

從小培養孩子的合作能力

有人曾說過：「在文明世界中的人們，真正需要學會的本領是有成效的合作本領，以及教會別人也這樣做的本領。」合作是人類活動的基本形式之一。21 世紀是競爭激烈的時代，對人的合作能力提出了更高的要求。因合作而安身立命，因合作而完善人生的經歷，相信每一位年輕的家長都

第七章　善於交際的孩子更有潛力

曾親身體驗過。孩子雖然年紀小，但合作的重要程序卻絲毫不減，無論是擁有現在的快樂童年，還是順利地適應未來的社會生活，都需要他們具備良好的合作精神及必要的行為經驗。歐洲心理學家阿德勒（Alfred Adler）說：「假使一個兒童未曾學會合作之道，他必然走向孤僻之道，並產生牢固的自卑情緒。」

現在的有些孩子是獨生子女，家長的過度溺愛容易讓一些孩子養成以自我為中心的習氣，這對他們今後的發展是不利的。因為，一個缺乏合作精神的孩子不僅在事業上不會有所建樹，就連適應社會都很困難。身為家長，應從小培養孩子的合作意識和合作能力，使他們在「合作中學習，在合作中快樂的成長。」

那麼，家長應如何培養孩子的合作能力呢？

✧ **激發孩子的興趣，培養合作意識**：每個孩子天生就有很強的好奇心，家長要充分利用孩子的這一好奇心，讓孩子感到與人合作是一件有趣的事，從小培養他們的合作意識。

✧ **注意培養孩子良好的性格**：心理學家研究發現，一般情況下，有良好性格的孩子合作意識與合作能力都比較強，這種良好性格包括開朗、自信、友愛、平等以及探索精神，具有這種素養的孩子會主動與別人合作，而且會合作得很好。所以，培養孩子良好的性格是邁向合作的必備條件。

✧ **及時糾正孩子的不良習慣**：由於家長的溺愛、嬌生慣養，導致許多孩子處處以自我為中心，任性、攻擊性行為較多，不願與人合作。還有的孩子受家長不良教育思想的影響，對小朋友不友善，如家長告訴孩子「別人打你，你就打他」，使孩子在與人合作中處處逞強、霸道。

所以，發現孩子這方面存在問題，就要及時採取恰當的方法，糾正孩子的不良習慣。

✧ **讓孩子學會悅納別人**：所謂悅納別人，是指自己從內心深處真正地願意接受別人。從實質上來講，合作是雙方長處的珠聯璧合，也是雙方短處的相互遏止。因此，只有相互認知到對方的長處，欣賞對方的長處，合作才有了真正的動力和基礎。所以家長要常和孩子講，不能因為別人有這個缺點或那個毛病，就嫌棄他、疏遠他。在日常生活中，家長要教育孩子善於發現別人的長處，對於別人的長處要誠心誠意地加以讚美。此外，家長自己平時在工作和生活中，也應堅持以這種態度來對待他人，成為孩子的表率。

✧ **讓孩子多參加有利於產生合作關係的活動**：家長可以讓孩子玩一些諸如共同堆積木、拼圖等需要合作的活動，還要鼓勵孩子參與如足球、籃球、排球、跳繩等體能活動。這些活動既有團體之間的對抗與競爭，又有團體內部的協調與一致，這就更有利於培養孩子的合作精神。

✧ **幫助孩子形成很好的合作態度**：一般在體育遊戲和角色遊戲中，孩子們的合作都比較好，但是在建構遊戲中，往往會產生一些不愉快。究其原因，都是合作態度的問題，因為矛盾往往發生在遊戲材料比較缺乏時，孩子們會將一部分遊戲材料據為己有，擔心一合作，就沒自己的份了。這時候，就需要家長與老師及時引導，幫助孩子消除一些顧慮，必要時家長或者老師可以參加到遊戲中，示範合作，引導拒絕合作的孩子與自己一起遊戲，讓孩子逐步形成良好的合作態度。

✧ **教給孩子正確的合作方法**：合作不是一個人的事情，所以不能隨心所欲。為了讓孩子更好地學會合作，家長應在具體的活動中教給孩子正確的合作方法。

第七章　善於交際的孩子更有潛力

有一位幼兒老師是這麼教孩子合作的方法的：在一次教學活動延伸中，我讓孩子們分組合作作畫，給一棵大樹添畫樹葉，結果只有一組孩子在真正地合作，他們在商量分工，分別完成大樹的某一部分。而其餘幾組幼兒雖然都在同一棵樹上作畫，但卻在各行其是，並未真正合作。我便讓合作得較好的孩子向大家介紹他們的方法，然後再進行示範合作，結果孩子們馬上就明白該怎樣和別人合作了。

由此可見，在活動中教給孩子正確的合作方法非常重要，這能讓孩子更好地學以致用，在今後的活動中懂得如何合作。

✧ **幫孩子解決合作中遇到的問題**：在遊戲活動中，大多孩子遇到糾紛時，找不到很好的解決方法，不是告狀就是吵鬧，這時就需要家長幫助孩子解決他們之間的矛盾。而且要採取一種孩子喜歡並樂於接受的方式，不要傷害孩子的自尊心。

✧ **向孩子充分展示合作的成果**：家長應充分肯定孩子的每一次合作，哪怕是一點點成果，也要展示給孩子，讓他們體驗合作的快樂和成功，激發孩子們還想合作的願望，在家長與老師的積極引導和充分肯定中，孩子的合作意識和能力才能不斷提升。

綜上所述，孩子合作交際能力的培養在孩子的發展中有著非常重要的作用。因此，身為家長，要鼓勵孩子學會合作，不能太溺愛自己的孩子，要積極地創造條件引導孩子去交際、去合作，多啟發他們，讓孩子從小與同齡孩子多接觸，適應群體生活，使孩子具備積極向上的心理，活潑、快樂、健康地茁壯成長！

讓孩子自己解決與同伴的糾紛

孩子們在一起玩樂的時候，經常會遇到一些小矛盾、小衝突，而這也是大人最為頭疼的一個問題！一方面是因為家長怕孩子因為爭吵最後大打出手，傷害到孩子自己或對方；另一方面大人會覺得這是孩子在給自己惹麻煩；更重要的是，如果大人參與到孩子的矛盾、衝突中，可能會因此傷了兩家大人的和氣。所以，家長往往以訓斥或打孩子的方法而制止孩子之間的爭吵。

其實，孩子們在一起玩樂，有衝突、爭吵是普遍而自然的現象。有些孩子絕是獨生子女，他們可能個性倔強，是每個家庭中的「特殊人物」，所以容易形成不合群、只顧自己、獨占一切的壞習慣。他們在一起玩樂時，爭吵是難免的，從孩子心理上講，他們往往以自己為中心，不了解別人的心理和要求，不容易接納同伴的意見，常常是透過爭吵的形式來爭辯說理，來了解對方的想法。另一方面，孩子透過爭吵來激發自己表達內心世界的語言，從爭吵中學習說話，學會忍讓、寬容、接納別人。孩子一般不會像大人一樣因利益衝突而記恨對方，他們爭吵以後會馬上和好，往往大人氣還沒消，孩子們又一起玩了。

因此，家長應該放手讓孩子自己去解決糾紛。對於孩子來說，解決衝突的過程，正是他們健康成長、走向成熟的過程。

當孩子和他的同伴爭吵或者向家長訴說自己與同伴之間的矛盾時，家長應鼓勵孩子去面對它，指導孩子自己去解決它，而不是迴避它，更不宜動輒由家長代替孩子解決問題。有些時候，家長的參與反而會使火上加油！

一個春和日麗的早晨，曉南的媽媽在樓上做家事，她 10 歲的兒子曉南在社區裡和朋友們玩。

第七章　善於交際的孩子更有潛力

　　曉南的媽媽整理居家後，就推開窗戶想看看孩子在外玩樂的情況。不料，她正好看見兒子正在和一個個頭高一點的孩子在吵架，而且越吵越凶，聲音很大聲。

　　曉南的媽媽急忙跑下樓探看究竟，到現場一問，原來孩子們爭吵的「導火線」是「四驅車」比賽。曉南認為是自己的車子先到達終點的，可是，那個高個的男孩卻說是他的「四驅車」先到達終點的，並嘲笑曉南的「四驅車」是「慢吞吞」。更可氣的是，其他的小孩子偏偏也說是那個高個子男孩贏了。

　　曉南正在勢單力薄之際，看見媽媽來了，漲得通紅的小臉一下子變得慘白，委屈的淚水忍不住掉了下來，繼而「哇哇」地哭了起來。

　　看到這種情形，曉南的媽媽有些生氣了，真想訓斥那個不講理的孩子一頓，替兒子出出氣。但她忍了忍，轉念一想，自己一個大人和孩子們吵架有點不好。

　　於是她強壓怒火，拉著兒子說：「南南，走，我們回家，不要和他玩！」

　　但曉南人小骨頭硬，站著沒動，偏偏不回家，非要人家「服輸」不可。

　　媽媽勸曉南：「輸了就輸了，改天媽媽幫你買更好的再跟他比賽。」可是曉南仍然不願意。無奈之下，曉南的媽媽只好說：「那好吧！那你自己想辦法解決吧，我回去了！但是不許哭，男子漢哭什麼哭！」說完，曉南的媽媽頭也不回地上樓了。

　　當她回到樓上重新推開窗戶時，發現曉南與那個男孩又重新玩起了「四驅賽車」！

　　曉南的媽媽看著看著，不禁笑了：「哎，我怎麼能跟孩子一個樣呢？」

讓孩子自己解決與同伴的糾紛

像曉南這樣的情況，在孩子的生活中經常出現。家長們應該明白，孩子們考慮問題的方式是不同於成年人的，一些在大人看起來很嚴重的事情，如因為爭吵而打架，在孩子看來，也許並沒有什麼大不了。但如果用大人的方式去解決問題，就可能會使問題複雜化、嚴重化！因此，家長發現孩子爭吵時，不要大驚小怪，更不要把大人之間的矛盾帶到孩子之間去。

有時候，原本不過是孩子們一時之氣引起的糾紛，經過雙方家長煞有介事的一折騰，反而升級為大人們之間的衝突。當孩子們和好之時，雙方家長卻還在互相怨恨。所以，明智的家長一般不會介入孩子之間的糾紛和衝突，他們會讓孩子自己去承擔責任，把解決問題的主動權留給孩子，讓他們自己想辦法，按照他們自己特有的方式解決衝突和糾紛。

其實，孩子自己解決衝突和糾紛，正是自我鍛鍊的絕佳機會。孩子們正是透過辯解、說理和爭吵，了解自己和他人，學會進攻與忍讓、鬥爭與妥協的藝術，學會如何去面對勝利與失敗。在解決與夥伴之間的衝突的過程中，能更好地獨立思考，使自己的社交能力不斷提升。同時，在解決糾紛的過程中，孩子慢慢地了解「自我」與「他人」的關係，知道蠻橫、不講理、任性和霸道，在社會上是行不通的。而且，孩子還可從中學會與人相處、妥善處理問題的方法。

每個孩子說到底都屬於社會，總有一天他會走向複雜的社會，到那時人際間的各種衝突遠比現在朋友之間的糾紛要複雜得多。父母不可能永遠充當孩子的「保護傘」。

因此，父母應拒絕替孩子「善後」，要及早放手，讓孩子自己做事自己擔當，靠自己的智慧去解決與同伴之間的衝突和糾紛，這才是最明智的做法。

第七章　善於交際的孩子更有潛力

訓練孩子的交際口才

口才是一種能力，也是一種資本。放眼政壇或商界的風雲人物，無人不是能言善辯的高手。我們無法想像：歐巴馬沒有良好口才可能戰勝麥凱恩登上總統的寶座？一些企業家沒有良好口才能說服投資人掏腰包、鼓勵員工跟隨自己？

良好的口才，給人帶來的不僅僅只是溝通的順暢，還能給人帶來自信與融洽的人際關係。一個人在眾人面前，若能夠清晰準確、生動形象地表達出自己的思想和意念，這個人的自信心必定會大增，性格也會越來越溫煦與美好。而人際關係和口才更是有直接的關係，「良言一句三冬暖，惡語傷人六月寒」。

毫無疑問，孩提時的口才與長大後的口才有著必然的連繫。因此，從小重視培養孩子的口才，等於為他將來走向社會打下了扎實的基礎。一個善於言談，口才突出的孩子能在人群裡做到談笑自如，幽默得體，贏得他人的喜歡。透過口才，這些孩子能迅速走進他人的心靈，為自己贏得更多的友誼與喝采。一個口才突出的孩子，長大以後，更容易從人群裡脫穎而出，為自己贏得更多的發展空間與成功的機遇。

神童甘羅不僅才思敏捷、聰慧過人，而且能言善辯，12歲就已經憑著卓越的口才被秦王破例拜為上卿（戰國時諸侯國最高的官職，相當於丞相）。

據說，這甘羅在祖父甘茂的教導下，自幼就智力超人，成了秦相呂不韋的賓客了。

有一次，呂不韋請張唐赴燕國為相，聯合燕國夾擊趙國，張唐因故稱病不肯出行，使得呂不韋很不高興。甘羅聞訊找到呂不韋，自告奮勇前去

勸說張唐。呂不韋見他小小年紀很不以為然。甘羅卻說：「項橐七歲能當孔子的老師，我現在都 12 歲了，不妨讓我試試！」呂不韋最後還是同意甘羅前去勸說張唐。甘羅讓張唐與白起比戰功，再讓張唐比較范雎與呂不韋的權勢，最後以白起不敢出征攻趙被范雎逐出咸陽死於杜郵的故事，威脅張唐，便之如夢初醒，立即整裝出發。

後來，甘羅先行一步到達趙國，憑著出色的計謀與口才，說服了趙國的國王讓出了五座城池給秦國。秦王不費一兵一卒就獲得了五座城池，自然大喜過望，他讚賞道：「你的智慧真是超出了你的年紀啊！」於是就封他為上卿。

連繫生活實際，我們必然能夠更加明白口才的重要性。人生而活在這個世界上，與他人有利益上的競爭與衝突是難免的。想要解決衝突和矛盾，單靠暴力手段，輕率、魯莽地行事是行不通的，而應該依靠智慧的頭腦、優秀的口才作為「戰鬥」的利器，這樣才能保證自己立於不敗之地。

身為家長，你不可能時時刻刻陪伴在孩子身邊，去幫助他們解決問題，唯一能做的，便是教給他們解決問題的能力。而從小努力培養孩子的口才，便是讓孩子解決問題、獲得成功的有效方法和直接途徑。

那麼，家長應如何訓練孩子的交際口才呢？專家建議，家長可以從以下幾方面對孩子進行口才訓練：

家長應該為孩子創造一個良好的語言環境

一般而言，語言環境對兒童語言的發展有著極為重要的作用。專家認為，懂得教育方法的父母（或老師）總是會為孩子創設一種寬鬆愉悅的精神環境，使孩子生活在濃濃的愛的氛圍中。這樣，孩子才會樂於與你交際，並接受你的語言訓練。

第七章　善於交際的孩子更有潛力

　　兒童學說話是從聽他人說話開始的，對於幼兒來說，要隨時為他提供聽他人說話的環境。最簡單的方法是隨時說著你正在做的事，如你在洗衣服，可對孩子說：「媽媽幫爸爸洗衣服。」你在看書，可以說：「媽媽在看書，寶寶長大了也要看書。」此外，還可以說孩子正在做的事。如孩子在吃蘋果，你說：「寶寶在吃蘋果，好吃嗎？」孩子在玩玩具，你可以說：「寶寶在玩積木，好乖！」這種語言環境的作用可開拓兒童的「聽、說系統」。

　　在訓練幼兒聽話能力的時候，父母可適時選用較慢、重複的話語對孩子說話，這有助於孩子理解和模仿父母的話語，對幼兒初期的語言發展很有好處。

　　要注意的是，父母說話時務必做到發音準確、清楚。因為孩子從小養成的語言習慣和發音特點，以後是很難改正的，要讓他們從小就規範化地使用語言，為將來的口語表達奠定基礎。

　　事實證明，讓孩子在童趣中學習語言是最好的教育方式。生活在單調環境中對孩子的語言發展不利，要創設不同的生活環境，讓孩子見得多、聽得多，才有「素材」可說。如三歲左右的小朋友常常分不清鞋子的左右。家長若只是單純地說教這是左腳鞋子，那是右腳鞋子，說得再多孩子可能還是分不清。這時，你可以編一個趣味十足的小故事：「寶貝你看，你的兩隻鞋子背對著背，都生氣了，它們為什麼不高興呢？因為啊，它們在說：『把我們穿錯了，我們要面對面。』」隨後，你可以幫孩子把穿錯的兩隻鞋對換，再說：「這樣，兩位好朋友正面對面地點頭微笑呢，它們為什麼會這麼高興？因為它們穿對了。」

　　你甚至還可以配上一張人物畫了的兩隻生氣鞋子的卡通漫畫，和一張正在微笑的兩隻鞋子的卡通漫畫，讓孩子邊看邊說。這樣，孩子不僅很快

就能分清左右鞋子，而且以後也會用這麼有趣的語言去和別人交流。

當然，隨著孩子年齡的增長，成人應該採取相對的談話方式和孩子進行交流，否則會使孩子的語言水準停留在幼稚的低水準階段。

為孩子制訂一個口才發展計畫

孩子好口才的養成不可能一蹴而就，需要階段性訓練，循序漸進地進行。身為父母，一定要掌握好孩子口才發展的尺度。在制訂計畫的時候，家長千萬不要忽略了孩子的意見。

當然，家長制訂計畫還需要考慮方法的趣味性以及時間的合理性，讓孩子在玩中學習，帶著愉快的心情進步。此外，兒童語言的發展計畫不要過於認真並嚴格遵循，這將讓孩子覺得口才訓練乏味、無聊，容易失去興趣。因此在制訂計畫之前，家長應該先了解孩子的語言水準、愛好興趣，實施一段後，然後根據執行情況及時調整。只有這樣才能達到事半功倍的效果。

用心傾聽孩子的心聲

德國教育學家卡爾・威特說：「我認為傾聽是一種非常好的教育方式。因為傾聽對孩子來說，是在表示尊重，表達關心，能促使孩子去認知自己的能力。如果孩子感到自己能自由地對任何事情提出自己的意見，而他又沒有受到輕視和奚落，他就會毫不遲疑、無所顧忌地發表自己的意見，先是在家裡，然後是學校，將來就可以在工作上，自信勇敢地正視和處理問題。」可以說，善於傾聽的父母，才能培養出善於表達思想的孩子。

第七章　善於交際的孩子更有潛力

讓孩子聽故事並學會講故事

　　每一個孩子都喜歡聽故事，這是因為故事具有生動的情節，典型的藝術形象和優美的語言，為孩子學習語言提供了豐富的材料。故事神奇的情節，能滿足兒童的好奇心。透過聆聽一個個生動有趣、富有懸念的故事，孩子的注意力集中了，詞彙量增加了，思維能力與想像能力都得到了很好的鍛鍊。同時，孩子的視野拓寬了、知識面也擴大了，並從中受到教育。所以，聽故事是孩子拓寬視野、豐富情感、訓練口語表達能力的最佳途徑之一。經常聽故事的孩子會變得更加愛思考、愛提問、愛表達。

　　此外，家長還應該鼓勵孩子在聽的基礎上學會講故事。讓孩子自己講故事，能很好地培養孩子的參與意識，鍛鍊孩子的語言表達能力。在「講」的過程中，孩子享受到了「講」的樂趣與「講」的成就感，這將為孩子口才的發展奠定良好的基礎。

鼓勵孩子多與同伴進行交流

　　每一個孩子都需要從朋友那裡獲得資訊，學習他們的經驗和智慧，學會與人溝通，協調與其他小朋友的關係。從某種意義上說，孩子的朋友就是孩子的小老師，朋友的聰明、勇敢，會啟發、激勵孩子；孩子從朋友身上，可以看到自己的優缺點。當然，孩子的朋友在孩子的言語發展過程中也有著重要作用。他們在一起相互交流自己的想法、看過的圖書、新奇的發現，以及孩子特有的語言等，孩子只有能和朋友們順暢的交流，才能融入其中。所以，孩子與同伴之間的交際是十分必要的，它不僅能使孩子將來更好地適應社會，對其健康成長也非常重要。正因為如此，父母應該鼓勵孩子多與同伴交流。

為孩子創造展示口才的機會

在生活中，我們經常看到這樣的現象：許多孩子在家人面前總喜歡滔滔不絕地說個不停，可是一到了親戚、朋友家裡，就十分扭捏，有時候甚至連基本的禮貌都忘了。這是為什麼呢？眾所周知，好口才始於交流，沒有一定的展示口才的空間和機會，孩子何來好口才呢？所以，家長應該主動為孩子創造交流的條件，給孩子展示口才的空間與機會，這樣，孩子在實踐中累積了足夠多的口才經驗，面對他人的時候就不會「無話可說了！」

綜上所述，孩子的交際口才是訓練出來的，一個擁有好口才的孩子，才能在與人交際的過程中贏得一席之地。

第七章　善於交際的孩子更有潛力

第八章　讓你的孩子樂觀、開朗

　　每一個家長都希望孩子開心快樂的成長，一個性格樂觀開朗的孩子，總是對自己的能力乃至生活充滿了信心，容易與周圍的人友好相處，對新鮮的事物有著強烈的探索欲望。培養孩子樂觀的性格，有利於孩子健康成長。

第八章　讓你的孩子樂觀、開朗

樂觀、開朗的力量

　　同一片天空，樂觀的雄鷹會說：「海闊憑魚躍，天高任鳥飛」。悲觀的雛鳥會說「前方路漫漫，何處才是我嚮往的天堂呢？」同樣在面臨人生的坎途時，樂觀的人會勇往直前，相信「山重水複疑無路，柳暗花明又一村」。而悲觀的人卻總認為自己不行，從而輕言放棄。殊不知連自己都信不過的人，成功又怎會垂青於他呢？其實，人與人之間只有很小的差異，即心態的差異，但這種差異卻會產生巨大的差別，即成功與失敗的差別。也就是說，心態決定成功。人的心理具有操縱人類命運的巨大能量。

　　有這樣一個故事：

　　美國有一對兄弟，一個出奇的樂觀，一個卻非常悲觀。

　　他們的父母希望兄弟倆的性格都能改變一些。

　　有一天，他們把那個樂觀的孩子鎖進了一間堆滿馬糞的屋子裡，把悲觀的孩子鎖進了一間放滿漂亮玩具的屋子裡。以為這樣便能讓孩子的性格有所改變。

　　一個小時後，他們的父母走進悲觀孩子的屋子時，發現這個孩子正坐在一個角落裡，一把鼻涕一把眼淚地在哭泣。原來，他不小心弄壞了玩具，他擔心父母會責罵自己。

　　當父母走進樂觀孩子的屋子時，卻發現孩子正在興奮地用一把小鏟子挖著馬糞，把散亂的馬糞鏟得乾乾淨淨。看到父母來了，樂觀的孩子高興地叫道：「爸爸，這裡有這麼多馬糞，快告訴我，你們把馬藏在哪裡了？」

　　這個樂觀的孩子就是後來的美國總統雷根。他從報童到好萊塢明星，再到州長，直至當上了美國總統。

樂觀、開朗的力量

雷根總統之所以能夠獲得成功，與他積極、樂觀的人生態度是分不開的。因為思想樂觀，情緒也就積極了；反之，思想悲觀，情緒也就消極了。樂觀、積極的心態能使人看到希望，激發自身的潛能，有助於克服困難，保持進取的旺盛鬥志。而消極的心態則使人沮喪、抱怨、失望，自我封閉，限制和扼殺自己的創造力。一位著名的政治家曾經說過：「要想征服世界，首先要征服自己的悲觀。」在人生中，悲觀的情緒籠罩著生命的各個階段，在孩子成長的過程中更是不可避免。戰勝悲觀的情緒，用開朗、樂觀的情緒支配自己的生命，就會發現生活真的很有趣。悲觀是一個幽靈，能征服自己的悲觀情緒、便能征服世界上的一切困難之事。人生中不可能沒有悲觀的情緒，重要的是擊敗它，征服它。

在阿拉巴馬，有一位農夫得了肺病。一天，他犁地的時候突然大出血。他的醫生告訴他，因為失血過多，他可能會死掉。

聽到這個消息，這位農夫著實傷心了一陣子，但他想，反正都是要死的，我這麼難過也是沒有用的，不如開心一點過完剩餘的時間。在這種心態的影響下，這個農夫居然一天天地康復了。醫生說這是一個奇蹟，只有農夫自己知道，這是樂觀的心態帶來的力量，因為樂觀，所以他戰勝了死神，贏得了新生。

樂觀的心態不僅有著與藥物甚至比藥物更好的療效，它與自信還如影隨形，對一個人的一生會產生極大的影響。面對困難，樂觀就像一副盔甲，抵擋它的進攻和侵蝕；面對困難，自信就像一把鑰匙，打開心鎖勇敢前進。

一位成功人士談及往事時說：「有些事不是我們做不好，只是我們害怕去做，認為自己做不到。如果我們樂觀、自信，就沒有什麼是做不到的。」

樂觀是一種良好的心態。在當今這個競爭激烈的時代，人才輩出，要想比他人更傑出，除了必備的知識技能外，還要有樂觀的心態，相信自

己，才能在生活的舞臺上盡情表現自己，展現自己。

　　樂觀是成功者點石成金的魔法石，是悲觀者畏懼不前的阻礙。成功的人將樂觀當做一種催化劑，督促自己去挑戰自己，挑戰對手，在挑戰中越挫越勇，也越來越樂觀。兒童心理學家馬丁・塞里格曼（Martin E.P. Seligman）認為，樂觀不但是迷人的性格特徵，還有更神奇的功能，它能使人對生活中的許多困難產生心理免疫力。

　　對於大多數孩子來說，樂觀的性格，決定著孩子的人生成敗。

　　我們經常會看到，有的孩子雖然只有五六歲，但神情很憂鬱，怕生人，怕說話，怕做錯事。在學校或幼兒園，熱鬧的地方找不到他的身影；在家裡，很少與父母說話，喜歡縮在自己的小房間裡。有的孩子缺乏自信，總以為自己各方面不夠優秀，別的孩子擁有的種種長處是不屬於他們的，以為生活中的一切快樂都是留給那些受老師、家長喜歡的孩子來享受的。這類孩子，長大之後極有可能成為悲觀主義者，甚至引發精神疾病。相反，樂觀的孩子活潑可愛，思維活躍，他們將來更可能成為事業上的成功者，幸福家庭的組織者。

　　樂觀的孩子更有包容心。他們能以幽默的眼光看待不愉快的事情，能體諒他人的難處。與人相處時，他們善於換位思考，所以會更多地看到別人的優點，更能包容別人缺點，他們不會因為他人曾經傷害了自己就耿耿於懷，跟自己過不去！

　　樂觀的孩子有顆積極向上的心，他們對未來充滿了信心和希望。他們能在困難中看到光明，在逆境中找到出路，盡快走出陰霾；而悲觀的孩子往往看不到前路，總覺得生活很慘澹，人生看不到希望，於是消極怠慢，「做一天和尚，撞一天鐘，得過且過！」

　　樂觀的孩子比較容易發揮自己的專長，他們能在生活中不斷激勵自己

的熱情，開掘自己的潛能；樂觀的孩子，還能吸引和感染周圍的人，使他人也變得開朗、樂觀起來，從而爭取他們的理解、支持與幫助。悲觀的孩子，不僅僅讓自己深陷於情緒的低谷中，憂鬱不安，還給人一種壓抑的感覺，所以沒有人喜歡與悲觀的人共處，以致自己也過得壓抑不堪！

　　樂觀、開朗對健康總有益。樂觀的孩子能保持一種良好的心態，他們總認為自己是幸運的，即使遭遇挫折，他還是堅信自己有能力改變現狀，他們會拿出自己最好的狀態與挫折鬥爭，直到把挫折打敗。因此，樂觀是孩子應對人生中悲傷、不幸、失敗、痛苦等不良事件的有力武器。這樣的孩子，在心態與身體上都更健康。而悲觀的孩子，容易滋生出消極的情緒和挫敗感，這兩種感情都有害健康。

　　樂觀還是成功的一大要訣。培養孩子的樂觀精神就是在點燃孩子對未來、對成功的希望之火。樂觀的孩子能從消極中找尋積極的一面，也會因此而讓自己擁有一片更廣闊的天空。

　　樂觀是孩子擁有的最大魅力，它遠比聰明、漂亮更重要。如果孩子沒有樂觀的性格，不能快樂地生活，即便把他培養成碩士、博士，他也難以擁有幸福的人生！

孩子為什麼悲觀

　　在生活中，我們經常看到這麼一些孩子，他們成天「愁眉緊鎖」一副「鬱鬱寡歡」的模樣。似乎總活在「無盡的擔憂」之中。讓他們開朗不起來的，可能只是「今天某某不理我了」、「今天考試考得不太好」、「今天媽媽批評我了」等小事情，但就是因為這麼一點小事，孩子都要「悲傷」一整天。

第八章　讓你的孩子樂觀、開朗

現象一：

小強是個有自尊心的孩子，但在父母面前卻有些抬不起頭來。爸爸媽媽都是國立大學的博士畢業生，他們對小強的學習要求標準很高，但小強的學業成績在班上卻總是處於中等水準。為此，小強總覺得有一種悲觀的情緒纏繞著自己，感覺無論自己如何努力，也達不到爸媽的要求。

現象二：

樂樂名叫「樂樂」，可實際上，他的心態並不「樂」。他總讓自己沉淪在悲觀的情緒中，一次沒考好，就認為以後都不會考好；讓他分析問題，他總會看到事情不好的一面；甚至帶他去看電影，看完電影讓他談談自己的感受，他也往往只是關心電影的負面內容。

為什麼這些孩子，在遇到問題的時候，第一時間想到的，總是事情糟糕的一面，總是得出否定的結論？而這種悲觀的情感和處世態度，顯然不是他們這個年紀的孩子該有的。那麼，是什麼導致孩子如此悲觀呢？歸納起來，原因有如下幾點：

✧ **受家長的情緒影響**：孩子的個性以及對待生活的態度，是在父母的影響下一點一點地培養起來的。父母用悲觀的態度對待生活，那孩子肯定不會看到生活中光明的一面；如果父母總能在困境中看到希望，那再大的困難在樂觀的孩子面前也會顯得微不足道。

如早晨醒來，媽媽看到外面正在下雨，便隨口說了一句：「這該死的天氣，又下雨了！」就是這一句話，就會讓孩子產生消極、悲觀的想法：下雨天很讓人煩。但是，面對下雨的天氣，如果媽媽說的是：「太好了，下雨了，小草、小花們又能喝到水了。」這時，媽媽就會給孩子一個樂觀的暗示：下雨對植物很有好處，雨水可以讓植物茁壯成長。

✧ **家長悲觀的心理暗示易挫傷孩子的自信心**：有些孩子學業成績不好，其他文藝方面的表現也不突出，於是，家長就對孩子表現出「失望」的情緒來，「哎，你這木頭腦袋呀，再怎麼努力也學不好！」悲觀的心理暗示，讓孩子認為，自己再怎麼努力也沒有用，索性不努力！反正自己比較笨嘛！類似這樣的孩子，因為看不到希望，所以就沒有進取心，成功的欲望也很低。

✧ **家庭不和睦給孩子的心靈蒙上了陰影**：有些家長的感情不和，動不動就吵架，這給孩子小小的心靈蒙上了悲傷的陰影，他們得不到關愛，也感覺不到家庭的溫暖。所以對什麼事情都特別悲觀。

✧ **目標確定得不合理**：心理學研究表示，當結果大於期望的目標時就會產生滿足的情緒體驗；當結果與期望目標相等時，就會覺得無所謂；當期望的目標過高，結果低於期望值時便會產生失望，從而引發悲觀情緒。

✧ **孩子的心理波動大**：人的情緒並非由環境和生理條件機械決定。對情緒有決定影響的是人的理想、信念和世界觀。人的人生觀、世界觀不同，其目的、動機就不同，意志的堅定程度、經受挫折的能力也不同。當個人的利益得不到滿足時，有些孩子就會向社會發洩不滿，使人生失去方向，繼而產生悲觀失望的情緒。

此外，諸多負面的生活經驗，如學業成績差、失去朋友等，都會讓孩子變得杞人憂天，凡事都往壞處想。

當然，沒有人是能夠每分每秒都快樂著的。不過，調查資料顯示，性格悲觀的孩子，相對於樂觀、開朗的孩子而言，更容易在學業上遭受失敗，更容易出現健康問題。

悲觀是一種消極、不愉快的情緒體驗，它的發生總是伴隨著生理和心理的變化。長期的悲觀情緒，一方面可使孩子的整個心理活動失去平衡；另一方面會造成孩子生理機制的紊亂，擾亂神經系統的調節能力，影響神經系統、消化系統、內分泌系統的功能，降低孩子的免疫力。

悲觀的孩子在每個機會中都看到了危難。因為悲觀，這些孩子很難看到生活中積極、光明的一面，所以變得鬱鬱寡歡。

悲觀的孩子意志消沉，沒有堅定的信念，遇到困難就開始懷疑自己的能力。長此以往，他就越來越難以認清自己的真正實力了。一個人無法發現潛藏在自己體內的那筆雄厚的財富，這才是最糟糕的事情。

總之，悲觀的情緒不但影響孩子的身心健康，還影響孩子的學習與個人的發展，因此，家長應幫助孩子改變悲觀的性格，讓孩子看到事物光明的一面。唯有如此，孩子才能擁有光明的未來！

開發孩子快樂的源泉

關愛孩子、尊重孩子、欣賞孩子，寬容孩子，激勵孩子、對孩子負責、讓孩子獲得快樂是每個家長義不容辭的責任。對於家長來說，要開發孩子快樂的源泉可以利用以下幾種方式：

教孩子學會笑

父母要「教」孩子笑，「教」孩子會笑，讓孩子由衷的、發自內心的笑，這種笑天真、爛漫、富有感染力，更充滿生機。

多問孩子快樂的事

孩子放學回家了，家長問他的第一句話會是什麼呢？有一位教育家調

查了許多家長，發現家長們的回答雖然多種多樣，但是，大多數的家長問的都是關於孩子的成績、作業、得分等情況，很少有家長問：「孩子，今天在學校快樂嗎？」「孩子，今天遇到什麼快樂的事沒有，快和爸爸媽媽說說，讓我們分享一下。」

事實上，從某種意義上說，家長的提問會引發孩子思考，家長剛開始這樣問的時候，許多孩子可能並不習慣，但是，過上一段時間，孩子就習慣了。

以後，孩子回家前，就會留意思考，想一想，「今天我遇到了那些快樂的事情？哪些事情是值得高興與記住的」。久而久之，一個快樂的孩子就培養出來了。

讓孩子在與其他孩子的玩樂中找到快樂

孩子的天性是玩，特別是與其他孩子玩。現在的家庭，大多數是獨生子女家庭，孩子先天性地失去了姐妹、兄弟間玩樂的快樂，加上孩子們從小作業多，升學的壓力大。而且很多家長自己也很忙，沒有多少時間陪孩子玩，導致孩子失去許多快樂。

要培養快樂的孩子，家長就要對孩子進行「放風」，擠出專門的時間，讓孩子與其他孩子一起玩，讓孩子回到他自己的「王國」去，成為真正回歸自然的孩子，讓他們真正體會到孩子的幸福和快樂。

讓孩子選擇他們自己的快樂

很多時候，家長往往會用自己的思維和眼光去看待問題，去要求自己的孩子。其實，孩子自己有自己的快樂思維、快樂方法以及快樂的感受。身為家長，不要把自己的感受強加給孩子。家長應把選擇快樂的權力還給孩子，讓孩子自己選擇快樂，選擇他們自己喜歡做的事。

引導孩子學會調節自己的情緒

隨著電視機、智慧型手機、電腦、平板等現代化設備的普及，隨著人們居住條件的逐漸單元化，隨著生活節奏的加快，人與人面對面的交流越來越少，孩子與外界接觸的機會也減少了。

不少孩子會因此感到孤獨。如果不及時進行情緒輔導，久而久之，孩子就會產生某些社交心理障礙，不願與人交際，變得膽小、羞怯、敏感，以至於性格更加孤僻，有的孩子會走向憂鬱、憂鬱，而失去快樂。

身為家長，應幫助、輔助、救助孩子走出孤獨，陪孩子一起走出孤獨。如創造條件，營造氛圍，有意識地引導、鼓勵、甚至陪同孩子參加一些群體活動。此外，家長還可以幫助孩子「找朋友」，教給孩子一些結交朋友的方法，多了解孩子的朋友，歡迎他的朋友來家玩，不要輕易否定孩子所結交的朋友。

另外，家長還應該給孩子提供展示自己的機會，讓孩子學會大膽展示自己，以贏得同伴的認可，一旦當孩子取得某種進步，即使是點點滴滴的微小進步，也要充分肯定，使孩子逐步樹立起自信心，從而形成快樂之源。

培養孩子樂觀的心態

在一次奧斯卡的頒獎典禮上，一位剛剛獲獎的女演員準備上臺領獎，也許是因為太興奮、太激動了，被自己的長裙絆住了腳，摔倒在舞臺邊上，此時全場靜默，因為還從來沒有人在這樣全球直播的盛大的晚會上跌倒過。

然而，出人意料的是，這位女演員非但沒有驚慌失措，還迅速地起身，從從容容地走到了舞臺中間。在從主持人手中接過話筒，發表獲獎感

言時，她真摯而感慨地說：「為了走到這個位置，實現我的夢想，我這一路走得艱辛坎坷，甚至有時跌跌撞撞。但是每一次我都是這樣，跌倒了，勇敢地站起來，繼續向前邁步。」機智、真誠的話語使她成為那個晚上最耀眼的明星。

這位女演員之所以能在當眾摔倒以後依然如此樂觀、幽默地解析「摔倒」與挫折的含義，不僅僅是因為她機敏過人，更因為她擁有樂觀、積極、平和的心態！這種樂觀的心態讓她能夠始終保持清醒的頭腦，積極的思維，在最短的時間找到最佳的解決辦法，並在最短的時間內採取行動，化解尷尬，走出窘境！

如果家長能從小有意識地培養孩子積極、樂觀的心態，讓孩子能夠坦然地面對自己每一次「跌倒」的經歷，何愁我們的孩子沒有一雙強勁的翅膀，在人生的天空裡自由翱翔？

孩子的樂觀首先來自家庭和諧、幸福的氣氛，來源於父母的樂觀、自信、幽默、豁達，來源於父母能夠切實地幫助孩子正確對待並戰勝他們面臨的困難，用自己的樂觀精神感染孩子。這樣，即使在他們以後的生活中碰到困難挫折，他也能始終保持健康的心態，具備心理承受力，克服困難，實現既定的目標，因為父母已使他相信在困難和挫折後面，還存在許多美好的東西。

那麼，如何培養孩子的樂觀的心態呢？以下幾方面可供參考：

給孩子一個快樂的家庭

家庭的氣氛、家庭成員之間的關係在很大程度上會影響孩子性格的形成。研究顯示，孩子在咿呀學語之前，就能感覺到周圍的情緒和氛圍，儘管當時他還不能用語言來表達。家庭和睦是培養孩子樂觀性格的一個主要

因素，而一個充滿了敵意甚至暴力的家庭，是絕對不可能培養出樂觀的孩子的。

因此，家長認為怎樣做能令人快樂，就應該身體力行去做，而且要向孩子解釋為什麼他們感到快樂。專家說：「緬懷以前快樂的日子並清楚地提出追求快樂是你的人生目標，是很重要的。」平時家長應該讓孩子明白，令人快樂的事情總是永久的、普遍的，一旦有不愉快的事情發生，那也只是暫時的，只要樂觀地對待，生活仍然是美好的。

不要對孩子控制過嚴

身為家長，當然不能對孩子不加管教、聽之任之，但是，「控制」過嚴卻又會壓制兒童天真爛漫的童心，對孩子的心理健康產生副作用。所以，不妨讓孩子在不同的年齡層擁有不同的選擇權。例如：對於兩三歲的孩子，應該允許他自己選擇早餐吃什麼，什麼時候喝牛奶，穿什麼衣服；對於四五歲的孩子，應該允許他在家長許可的範圍內挑選自己喜歡的玩具，選擇週末去哪裡玩；對於六七歲的孩子，應該允許他在一定的時間內選擇自己喜歡看的電視節目，什麼時候學習等；對於上小學的孩子，應該允許他結交朋友，帶朋友來家玩等。

多帶孩子到室外玩，見到陌生人也要讓他打招呼

很多家長都怕孩子被陌生人傷害，不讓孩子接觸陌生人，以至在孩子的世界中，陌生人越來越等同於壞人，其實在你關上這扇門的同時也關上了孩子的世界，有很多人是因為喜歡孩子才會主動上來打招呼，而且，孩子的成長過程中會接觸越來越多的人，應該讓他知道有好人也有壞人，而不是所有不認識的人都有可能是壞人。

鼓勵孩子多交朋友

父母要鼓勵孩子多交朋友，為孩子創造與同儕交際的機會，例如：帶孩子到鄰居家串門，邀請其他孩子到家裡來玩，讓孩子多到同學家去玩等。另外，父母可多做一些活動（如帶孩子外出遊玩）；也可讓孩子做一些創造性的活動（如利用廢物製作小作品，透過豐富孩子的精神生活，讓孩子在各種活動中體會到生活的樂趣，增強對生活的信心，培養孩子樂觀的心態。鼓勵孩子多交朋友，特別是同齡朋友。尤其是性格內向、憂鬱的孩子，更應多交一些性格開朗、樂觀的同齡朋友。

讓孩子愛好廣泛

開朗、樂觀的孩子心中的快樂源自多個方面。一個孩子如果僅有一種愛好，就很難保持長久的快樂。如只愛看電視的孩子如果當晚沒有合適的電視節目看，他就會鬱鬱寡歡。相反，如果孩子愛好廣泛，當孩子看不成電視時卻能讀書、看報或玩遊戲，同樣可以樂在其中。對只有一種愛好的孩子來說，鼓勵孩子培養廣泛的興趣更為必要，以免他們對某種愛好過度關心，而對其他活動興趣索然。另外，父母要鼓勵孩子廣泛地閱讀，讓孩子在閱讀中增加知識、昇華思想，可以選擇閱讀偉人的故事、童話、小說等文學作品。

生活不宜過度優裕

家長千萬別以為源源不斷地為孩子提供高檔玩具、美味食品和名牌時裝就會給他們帶來幸福。實際上，物質生活的奢華反而會使孩子產生一種貪得無厭的心理，而對物質的追求往往又難以自我滿足，這就是為何貪婪者大多並不快樂的真正原因，相反，那些過著普通生活的孩子往往只要得到一件玩具，就會玩得十分快活。

家長要注意自己的批評方式

　　父母批評孩子的方式正確與否，在很大程度上影響著孩子日後的性格是樂觀還是悲觀。因此，父母對孩子的批評應該恰如其分，不要把幾次小錯誤誇大成永久性的過失，應讓孩子體會到自己所犯的錯誤是可以改正的，並知道從何處著手改正。孩子對自己的評價很大程度上是建立在父母對他們的評價之上的，因此父母對孩子的言行應以欣賞、鼓勵為主，而且要善於發現孩子身上的優勢和亮點。

引導孩子擺脫困境

　　人不可能事事稱心如意，因而再樂觀的人也不可能「永遠快樂」。但樂觀者的可貴之處在於他們能很快從失意中重新振奮起來，並把沮喪丟在腦後。家長最好在孩子很小的時候就刻意培養他們應付困境乃至逆境的能力。當孩子遇到困境時，父母要多留心孩子的情緒變化，如果孩子悶悶不樂，父母無論自己多忙，也要擠出時間和孩子交談，教孩子學會忍耐和堅強面對，鼓勵孩子凡事多往好的方面想，要相信自己能夠解決所碰到的難題，而不要常往消極的方面想。

讓孩子擁有自信

　　自信的孩子往往開朗、樂觀，擁有自信與快樂性格的形成息息相關。對一個智力或能力都有限、充滿自卑的孩子，家長務必多多發現其長處，並適時地多表揚和鼓勵孩子。來自家長和親友的肯定有助於孩子克服自卑、樹立自信。

對孩子進行希望教育

　　樂觀的孩子往往對未來充滿了希望，悲觀的孩子則往往覺得未來沒有希望。因此，父母要對孩子進行希望教育。希望教育是一項細緻的工程，需要父母及時地感受到孩子的沮喪和憂愁，幫助孩子驅散心中的陰影。

　　一位外國大提琴家的童年故事就是一個絕好的例證：

　　有一天，他拖著比自己身體還高的大提琴，在走廊裡邁著輕快的步伐，心情顯然好極了。一位長者問到：「孩子，你這麼高興，是不是剛拉完大提琴？」

　　他的腳步並沒有停下，「不，我正要去拉。」

　　這個 7 歲的孩子懂得一個許多大人不懂的道理：音樂是一種愉快的享受，而不是不得不做的、必須忍受的工作。可見，父母要多引導孩子看到自己的進步和成績，鼓勵孩子想像自己的美好未來，讓孩子對自己的未來充滿希望。只要孩子對未來充滿了希望，必定會以樂觀的心態去面對生活中的各種事情。

　　當然，不管你採取什麼方法來教育孩子，只要讓你的孩子感到生活很幸福、很愉快，對未來充滿信心、對前途滿懷希望。那麼，你就是成功的家長。

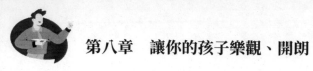

第八章　讓你的孩子樂觀、開朗

第九章　具有幽默感的孩子招人喜歡

　　一個具有幽默感的人，會時時發掘事情有趣的一面，並欣賞生活中輕鬆的一面，建立出自己幽默的生活態度。這樣的人，總是令人想去接近；這樣的人，使接近他的人也總是處於輕鬆、愉快的氣氛中⋯⋯

　　對於孩子來說，幽默不僅是一種可愛的個性，還是一種可貴的素養，可以這樣說，培養孩子的幽默感也是 EQ 教育的一種有機組成部分。

第九章　具有幽默感的孩子招人喜歡

幽默的神祕力量

　　幽默是一種人生態度，更是一種人生智慧，是一個人聰明睿智的表現。其心理基礎是樂觀、積極向上的心態。俄國文學家契訶夫（Anton Palovich Chekhov）說過：不懂得開玩笑的人，是沒有希望的人。可見，幽默的意義重大。

　　幽默是人際社交的潤滑劑。具有幽默感的人，往往是樂觀主義者，他們在為人處事方面比較靈活，能比較容易地與周圍的人相處。他們總善於運用幽默拉近自己與他人之間的距離，讓心與心之間變得更加默契！即便在與人交際過程中遇到誤會和矛盾，他們一樣能夠運用幽默化干戈為玉帛。讓人即便身處困境也不失面子。

　　一天，英國著名的文學家蕭伯納（George Bernard Shaw）在街上行走，被一個騎自行車的冒失鬼撞倒在地，幸好沒有受傷，只是虛驚一場。

　　騎車的人連忙扶起他，向他道歉。可是蕭伯納卻惋惜地說：「你的運氣不好，先生，如果你把我撞死了，你就可以名揚四海了。」

　　蕭伯納這句幽默的話，把他和肇事者雙方從不愉快、緊張的窘境中解放出來了，使得這場事故得到友好的處理。可以說，幽默是一種涵養，更是一種魅力。正如美國作家特魯說：「當我們需要把別人的態度從否定改變到肯定時，幽默力量具有說服效果，它幾乎是一種有效的處方。」他還說：「幽默幫助你解決社交問題。當你希望成為一個克服障礙、讓人喜歡和信任的人時，千萬別忽視這種神祕的力量。」

　　幽默不僅能化解矛盾和衝突，還是心靈溝通的藝術。人們憑藉幽默的力量，打碎自己的外殼，主動地與人交際，觸摸一顆顆隔閡的心，透過幽默，使對方感受到你的坦白、誠懇與善意。嚴肅的交談和例行公事般的來

往，往往給人一種載著假面具的感覺，也似乎只能讓他人了解自己的外表，卻無法探知自己的內心，這樣的交流是極難深入下去的，因為沒有心靈溝通的社交，不能算是成功的社交。幽默可以讓他人看到自己的另一面，一個更本質的、人性的、純樸的一面。每個人其實都有這樣的一面！

幽默的人能給他人帶來愉悅的感覺。和幽默風趣的人相處，人們能時刻感覺到輕鬆愉快，氣氛融洽。任何場合，只要有幽默的人參與，都會變得輕鬆熱鬧、和諧愉快。正因為如此，那些有幽默感的人總是更受他人的歡迎。相反，一個不苟言笑、缺乏幽默感的人，其人際關係有時也會大打折扣，人們見了他往往會「敬而遠之」。

幽默有助於人們形成良好融洽的人際氛圍，良好的人際關係又有助於事業的成功。美國卡內基大學的研究人員曾就「事業成功之因素」對上萬人進行調查，其結果是，在影響個人事業成功的因素中：技術和智慧所占比重為15%；良好的人際關係則占85%。因此，幽默也是事業成功的催化劑。

幽默還有助於緩和家庭矛盾，活躍家庭氣氛，使婚姻更加穩固，使家庭成員間更加平等、和諧，使家庭生活富有情趣和韻味。有幽默感的人的家庭總是和睦，一家人生活得其樂融融。

總之，幽默不但可以淡化消極情緒、消除人際矛盾、緩解緊張氣氛，還能表達人與人之間的真誠友愛，溝通心靈，拉近人與人之間的距離，填平人與人之間的鴻溝。

對於孩子來說，幽默同樣有著不可忽視的魅力。一個懂得幽默的孩子，能讓自己有一種無形的親和力，從而縮短與他人之間的距離，往往更受大家喜歡。

一般來說，具有幽默感的孩子都很樂觀，在生活中，他們能不斷地製

第九章　具有幽默感的孩子招人喜歡

造歡笑，讓周圍的人感到輕鬆愉快，自己也會富有成就感和自信。因此，具有幽默感的孩子，也較其他孩子容易獲得友誼。

有幽默感的孩子心胸也總是比較寬廣的，他們的耐挫折能力更強，能更好地應對生活和學習中的壓力和痛苦，更開心地生活。

對於孩子而言，教會了他幽默，也就是教會了他快樂面對挫折和失敗的本領，培養了他與人相處的能力。

一個孩子犯了一個小錯誤，媽媽生氣地舉起手：「把你打的屁股開花。」孩子瞪著眼睛看著媽媽，突然哈哈大笑了起來：「真的嗎？我的屁股會開出什麼花？你快打打看啊。」媽媽聽了一愣，也忍不住笑出了聲，和孩子一起樂成一團。

孩子從一句很平常的俗語中感受到了幽默，並營造出了有趣、輕鬆的氛圍，化解了媽媽的怒火，融洽了彼此之間的關係。這是孩子對有趣、可笑事物的一種愉悅的心理反應。

研究發現，孩子幽默感的發展與下面三個因素有關：

第一，語言認知能力。孩子的語言認知能力發展到某個程度後，當他聽到或看到某件有趣的事時，經過判斷，就會發出哈哈的笑聲。孩子的幽默感與成人的幽默感是不同的。

第二，父母的關懷。在 3 歲前得到父母疼愛與照顧的幼兒，會表現出比較好的幽默感。因此，要使孩子成為一個性情開朗、具有幽默感的人，父母應多給予孩子愛與關懷。

第三，愉快的學習氣氛。在孩子成長學習的過程中，若總是處於一個輕鬆、愉快的學習氛圍，會使孩子體驗到快樂，並促使他以快樂的心情來看待周圍的人或事物，有利於幽默感的形成。

儘管孩子的幽默程度因人而異，但每一個孩子都有欣賞幽默的才能。

因此，在生活中，多點幽默、多點寬容，能培養出孩子幽默的心。此外，有效的訓練，也能夠把幽默感變成孩子的生活習慣，並內化成孩子的性格。

孩子的幽默性格一旦形成，對其一生都將產生重要的影響。具有幽默感的孩子大多開朗活潑，往往更討老師的喜歡，人際關係也比沒有幽默感的孩子好得多。幽默還能幫助孩子更好地應對生活和學習中的壓力和痛苦，能較輕鬆地完成學業，進而擁有愉悅、幸福的人生。

美國家長鍾情於幽默教育

美國是一個崇尚幽默的國家，任何一份大報，每天至少有兩個整版的漫畫和幽默專欄。美國人說笑百無禁忌，不論是經理、主管，還是總統、上帝，都可以拿來開玩笑，他們不僅把幽默看做一種可愛的性格，而且視其為可貴的素養。

美國著名的五星上將麥克阿瑟將軍，在〈麥帥為子祈禱文〉中，除了求神賜他兒子「在軟弱時自強不屈；在畏懼時能勇敢面對自己；在誠實的失敗中能夠堅忍不拔；在勝利時又能謙遜溫和」之外，還向上帝祈求了一樣特殊的禮物——賜給他兒子以「充分的幽默感」。

由此可見，美國人對幽默的追求非同一般。美國人蘭尼·祖茲曾寫過一篇題為〈幽默競選〉的文章，以下是其中的一個片段：

女兒要競選學生會主席，今天所有的參選者要向全校師生發表競選演說。能否當選，今天的表現至關重要。女兒漂亮、口齒伶俐、鎮定而有吸引力。我知道她會講得很好，讓我緊張的是臺下的觀眾。校長事前規定，講演沒結束時，任何人不准鼓掌或起鬨，學生們似乎覺得這樣太無聊，故

第九章 具有幽默感的孩子招人喜歡

意跟校長唱對臺戲。好幾次，講演的同學話說了一半就被刺耳的口哨打斷了。

兩週前，當女兒請我幫她企劃競選策略的時候，我沒有緊張，我告訴她：「如果你真的，真的想當主席，最具號召力的辦法是使用幽默，能把所有的選民都逗樂，就贏定了。」做到這一點並不簡單，她的演說必須出人意料。「相信我，按我的計畫，你一定能大獲全勝。」我當時胸有成竹地對她說。

女兒的演講開始了，「我的名字叫布布妮，我在競選做你們的主席，」女兒的聲音很鎮定，「我想你們應該選我，因為……」她停下來，向臺下四周看了看。我等她說出下句，拿攝影機的手抖個不停。女兒從身後的背包掏出一個圓形塑膠便當，倒扣在頭上，用拳頭壓著鼻子，模仿機器人的聲音說：「因為，我是外星人，到地球來吃你們的午餐！」大家壓根兒沒想到她會說這麼一句，全場哄堂大笑。女兒等笑聲停止才慢條斯理地說：「不過別信我的話。你們應該問問那些跟我有相同生日的人，比如喬治·華盛頓。」說完，她背過身去，戴上了一副灰色的假髮。這會觀眾都充滿幹勁，等著看我的女兒還有什麼新花樣。「哦，老天，我的背真疼！」她用老年人沙啞的聲音嚷道，「我猜是因為我在地下躺了兩百多年的緣故！」

臺下又爆發出陣陣笑聲。我知道，她的幽默已經征服了所有觀眾，女兒贏定了。

演講快結束時，她提出如果自己當選後將做的種種改革，禮堂裡充滿了歡呼聲和掌聲。學生們又跺腳又拍椅子，場面幾乎失去控制。老師們（包括校長）光顧著揉肚子，根本顧不上維持秩序。而我的心也興奮得快炸開了。我把臉貼在攝影機上，這樣旁邊的家長就不會看到我悄悄流下的眼淚。我對女兒的幽默教育幫她初戰告捷。

事實上，在美國這樣的幽默教育是從孩子一出生就開始的。

在美國，很多家長在兒童教育專家的宣導下，甚至在嬰兒剛剛出世 6 週便開始對其進行獨特的「早期幽默感訓練」。一個典型的例子是：當家長故意抱著孩子做「下墜」動作時，一些孩子在體會下落感的同時，還會無師自通地意識到是大人在跟自己鬧著玩，小臉可能會漾起笑容！對這些天生就有較強幽默感的孩子，美國的家長們除了常跟他玩「下墜」遊戲外，還與他玩捉迷藏（如將一塊手帕遮住自己的臉，然後猛地抽走），孩子見了可能會發出會意的微笑。

1 歲左右的孩子對他人的臉部表情已十分敏感。在其學步摔倒時，美國的家長們大多是對他做個鬼臉以表示安撫。幽默的力量是無窮的，這個時候，孩子往往會被大人扮的鬼臉逗得破涕為笑。不僅如此，家長還鼓勵孩子們模仿做鬼臉，做得越怪異越能得到讚賞。

2 歲時的幼兒已能從身體或物品的不和諧中發現幽默。如大人把襪子「戴」在自己的手上，臉上則露出難受的表情。若孩子這時也學著把手套「穿」在腳上，家長不僅不對孩子橫加指責，相反還會跟孩子一起哈哈大笑。

3 歲幼兒的智力，已發展到能了解概念不和諧中潛藏的幽默。當爸爸故意手拎著媽媽小巧的女式皮包或媽媽故意戴上爸爸粗大的男式手錶時，孩子見了即會一邊搖頭一邊大笑不止。美國家長往往默許孩子裝模作樣地戴上爺爺的大禮帽，手持拐杖，行步蹣跚，從模仿中體會幽默的快樂。

4 歲左右的幼兒特別喜歡「扮家家酒」，或扮演卡通人物。當美國人發現自己的兒子與鄰居小女孩正在十分投入地扮演王子和公主時，不僅不阻攔，自己還可能客串壞蛋之類的小角色，添油加醋地讓氣氛更為生動、活潑。

第九章　具有幽默感的孩子招人喜歡

等孩子長到 5~6 歲時，便可能對語言中的幽默十分敏感。這時，美國家長會利用同音異義詞和雙關語的巧用及繞口令等的學習，增強孩子的幽默感。

7 歲的孩子大多已上學。他們往往喜歡講笑話、聽笑話。有些笑話雖不夠高雅，但大人們一般不去粗暴地批評乃至責備。他們認為，此時的孩子，尤其是那些調皮的男孩，往往會透過笑話或惡作劇來「平衡」或「調節」自己的心態。儘管其中的幽默可能讓大人們不快甚至難堪，但大人理應包容。原因很簡單：這是孩子成長過程的一個組成部分！此時若大人能正確引導，讓孩子們知道什麼是粗俗，什麼是幽默，才是明智之舉。

8 歲以後的孩子已初具幽默感。美國的家長常常傾聽孩子們講述有關學校生活的小笑話，並發出會心的歡笑，對孩子的幽默感做出肯定的表示。此外，大人們還常常引導孩子們編幽默故事，改編電影、電視劇的情節或添加令人捧腹的結局。

當孩子進入小學高年級時，學校常常會組辦有關「幽默故事」寫作或講述的比賽。對於這類能達到增強孩子幽默感的活動，家長們大多予以無保留的支持。

在美國，美國人可以不在意別人罵他無賴、頑固、奸詐，但絕對無法忍受別人批評他「沒有幽默感」，在他們的眼中，「沒有幽默感」簡直代表著做人的失敗，不受歡迎甚至是令人討厭。

培養孩子的幽默感並不難

生活中，很多家長看到其他的孩子很有幽默、風趣，所到之處都能帶來朗朗的笑聲，內心甚是羨慕。他們甚至會抱怨自己的孩子木訥、難以調教、不懂得幽默。實際上，幽默感是可以透過後天的不斷學習、訓練、培

養而逐步提升的。身為家長，要做的就是根據孩子當前的需要，抓住時機進行滲透和引導，啟發孩子發散思維，幫助他們學會運用幽默。

那麼，家長該如何培養孩子的幽默感呢？

為孩子創設幽默的環境

讓孩子在有幽默感的環境中生活是培養幽默感的最好辦法。家長每天和孩子生活在一起，最有條件向孩子撒播幽默的種子。在孩子一籌莫展時、遭遇挫折時以及提醒孩子應該怎樣做或制止孩子的某些行為時，家長都可以靈活運用幽默的方法。例如：有個孩子照顧的一盆花快乾了，家長幽默地說：「哎呀，你沒讓它喝水，它沒營養！」這個孩子恍然大悟，隨即也幽默地說：「看來要加強營養啦！」後來，他幫花施肥、澆水，這盆植物長得很好了。

幽默可以代替缺乏親切感的批評，可以代替沒味道的提醒和多餘的嘮叨。它給孩子帶來了新奇和樂趣，它可以讓孩子愉快地接受家長的指導。

盡早培養孩子的幽默感

孩子是最富有幽默天性的，他們的幽默是最自然、最坦率、最美好的語言。孩子在不會說話走路時，父母就可以用扮鬼臉、做各種誇張的表情、用手帕蒙住臉等來吸引孩子的注意，引發孩子的樂趣。剛開始，孩子可能只是對幽默刺激做出反應，時間久了，孩子會發出「咯咯」的笑聲，甚至模仿這種做法，這可以說是幽默的啟蒙。

培養孩子充滿自信、積極樂觀的心態

幽默的心理基礎是樂觀、積極向上的心態。要培養孩子抵抗挫折的能力，讓孩子不怕失敗，能看到事情積極的一面，而不是一味地悲觀失望。

第九章　具有幽默感的孩子招人喜歡

真正幽默的人，不怕別人嘲笑，而且非常善於自嘲，這種自嘲實際上是建立在自信的基礎上的。在日常生活中，我們要引導孩子建立自信，特別是一些內向的孩子，要經常引導他從實踐中獲得成功的體驗，看到自身的力量，這樣，他們才會有幽默的資本。

讓孩子學會寬容

幽默的孩子應具有寬容的心，家長要教育孩子在與人交際時愉悅相處、寬容待人，用幽默解決矛盾糾紛、用幽默提出與對方分享的要求、用幽默提出批評建議。

讓生活充滿笑聲

一個幽默的孩子肯定是愛笑的孩子，愛笑的孩子往往善於發現幽默和製造幽默。在日常生活中，家長可多和孩子玩一些有趣的情境遊戲，如躲貓貓、扮鬼臉、找寶貝，讓孩子在遊戲中充滿開心的笑聲。

富有幽默感的語言應該以不傷害他人為原則，以禮貌為基礎；富有幽默感的動作應以不涉及危險動作為原則。家長與孩子說笑話或表演滑稽的動作時，要考慮孩子的年紀。因為大人認為好笑的語言或動作，孩子不見得有同感。但孩子認為好笑的語言或動作，即使大人覺得不好笑，也要陪孩子一起笑。

讓孩子用心去感悟生活

生活中的幽默無處不在，只是我們缺乏發現幽默的眼睛。家長應引導孩子用心去觀察、感悟生活，培養對事物的洞察力，用自己的視角去看世界，不因循守舊，這是提升幽默的一個重要方面。

多讓孩子講有趣的事

　　孩子對發生在自己身邊的有趣的事，總是很有表達的欲望。這時家長需要做的，就是認真傾聽，並發出會心的歡笑。如果孩子有足夠的幽默感，大人還可引導他們編幽默故事，給課本、電影或電視劇改編甚至添加令人捧腹的結局。

豐富孩子的語言表達能力

　　豐富的詞彙有助於表達幽默的想法。如果詞彙貧乏，語言的表現能力太差，那也無法達到幽默的效果。父母平時可以多和孩子講一些幽默故事、機智故事、腦筋急轉彎等，訓練孩子思維的敏捷性，豐富孩子的詞彙。父母在希望孩子具有幽默感的同時，請別忘記自己孩子的個性特點。有的孩子比較活潑，有的孩子比較內向，他們所表現出的幽默感的形式也會有所不同，有的比較外露，有的比較含蓄。幽默來自人豐富的內涵，隨著知識面拓寬、閱歷增加，舉止談吐自然會有所改變。父母們不要操之過急，要耐心豐富兒童的內心世界。真正的幽默是自然而然表現出來的，千萬不要為了幽默而幽默。

注重日常生活中的點滴培養

　　兒童幽默感的培養可隨時在日常生活中進行。如飯前飯後，請小朋友說謎語、講笑話；針對某件事或某個情節讓孩子編一句有趣的話；抓住別人幽默風趣的話進行即時評論等。此外，在孩子與同伴的交際發生困難時，家長可以引導孩子學習用幽默的方法自主解決困難；告訴孩子需請同伴幫忙時如何運用幽默等。讓孩子在生活中學習和運用幽默，促進交際能力的提升。

第九章　具有幽默感的孩子招人喜歡

鼓勵和強化孩子的幽默

　　鼓勵孩子大膽地表現幽默，讓孩子大聲地說笑，為孩子搭建一個可以自由表現幽默的舞臺，對孩子的幽默培養很重要。而當孩子說出一些好聽的話或者做出一些有趣的動作時，別忘了給孩子一些掌聲，讓孩子和自己都輕鬆一下。

　　而且，父母要用藝術的眼光，將孩子的幽默故事加以擴大並提煉，讓它們在合適的場合加以重現，以強化其幽默感，讓孩子意識到這就是幽默。

孩子的幽默需要家長的薰陶

　　有的孩子從小就對幽默表現出極強的理解力和表現力。有一位爸爸帶著兒子氣喘吁吁地爬到山頂。爸爸說：「快看哪，我們腳下的那片平原景色多棒！」兒子微笑著回答道：「既然下面的景色好，我們為什麼要花3個小時爬到上面來呢？」一句話逗得爸爸媽媽大笑起來。

　　實際上，每個家長都希望自己的孩子能灑脫地面對生活、學習及將來在工作中遇到的問題。所以，幫助孩子開發幽默感，保持家庭中的幽默氣氛很重要。以下是一位媽媽的經驗：

　　在兒子6歲的時候，一天，丈夫因公司加班，夜裡很晚才回來。他問兒子幾點睡的，我說：「9點就睡了。睡前我和他講了一個笑話：饅頭和麵條打仗，饅頭被麵條狠狠地打了一頓，打得遍體鱗傷。饅頭心想，有朝一日，我一定要報仇。一天饅頭看見泡麵了，不分青紅皂白地把泡麵一頓痛打，泡麵帶著哭腔說：『我倆無冤無仇，你為什麼要打我呀？』饅頭氣呼呼地說：『你以為你燙了髮，我就不認識你了？』」

　　丈夫聽到這裡，哈哈大笑，把兒子笑醒了。他只穿著小內褲從他的房

間跑來，他爸爸說：「臭小子，你以為你穿衣服我就不認識你了？」類似這樣的對話在我家裡經常有，使家裡的氣氛比較活躍、輕鬆，兒子也變得更加幽默了。同時在與孩子的交流中，我們從孩子身上也獲得了許多智慧。

幽默感來源於良好的心態、樂觀的個性。父母要想讓孩子擁有良好的心態，一定要使自己在生活中充滿豐富的幽默感，並且在與人們的交際中取得大家的信任和支持，為孩子做出榜樣。

有幾位媽媽帶著自己的孩子到郊外春遊，其中一個孩子被蜜蜂蜇了一口，頓時臉上起了一個小包包，小女孩哭個不停，任憑其他人怎麼勸也無濟於事。

正在大家束手無策時，她媽媽趕過來，一邊摟著女兒一邊說：「寶貝，別哭了，誰叫我的寶貝長得跟花兒一樣漂亮！你看，你把蜜蜂都弄糊塗了！」小女孩聽了，噗哧樂了，又高高興興和其他小朋友玩去了。

可見，如果家長懂得營造一種幽默的語言風格，不但能讓孩子輕鬆快樂，更能讓孩子在潛移默化中學會幽默的表達方式。

當然，透過講幽默笑話、跟孩子一起看幽默短劇、玩幽默遊戲等方式同樣也能給孩子幽默的薰陶，使孩子的身心得到輕鬆、和諧的發展。

總之，一個富有幽默感的孩子是家長培養出來的。如果你希望自己的孩子幽默、樂觀、表達能力強，那麼就從小培養孩子幽默的性格吧。

和孩子一起玩幽默遊戲

很多家長可能都注意到這種情況，在平常的生活中，具有幽默感的孩子大多開朗活潑，更容易融入周圍的環境，為周圍人群所接受。同時，具

第九章　具有幽默感的孩子招人喜歡

有幽默感的孩子也比較容易從各種消極情緒中擺脫出來，不會長久地沉溺於各種不良情緒中不能自拔，將來也就能擁有更加快樂的人生。據研究表示，人的幽默感大約有 30% 是與生俱來的，其餘的 70% 則須靠後天培養。要培養孩子的幽默感，家長還可以經常與孩子一起玩幽默遊戲。

這是因為遊戲是幼兒最喜愛的活動，也是最能調動幼兒的主動性、激發幼兒創造精神的活動。幼兒對遊戲充滿著本能的興趣。下面這些有趣的小遊戲，可以幫助父母更好地培養孩子的幽默感。

遊戲一：做鬼臉（適合零歲以上的新生兒）

研究表示，剛剛出生 2 天的新生兒就能模仿成人簡單的臉部表情，一些有趣的臉部表情是培養孩子幽默感的重要方式之一。

遊戲方法：

1. 對著孩子吐舌頭，觀看孩子的反應。注意吐舌頭時，速度要比較慢，以便孩子能夠完整地觀察到父母吐舌頭的全過程，並學習模仿。
2. 瞪著眼睛，用力鼓起腮幫子，將孩子的兩隻小手放在腮幫子兩側，輕輕地擠壓腮幫子，然後往外吐氣。
3. 讓孩子抓父母的耳朵，當他抓到耳朵時，對著他吐出舌頭。
4. 讓孩子去摸父母的鼻子，當他摸到鼻子時，用力皺眉，縮緊鼻子上部的肌肉。

遊戲小叮嚀：和比較小的孩子做這個遊戲時，父母處於主導地位，重點在於吸引孩子的注意，讓他從這種遊戲中獲得一些愉快的體驗，並嘗試學習父母的動作；和大一點的孩子遊戲時，要讓孩子成為遊戲的主導者，重點在於鼓勵他創造性地玩出更多的花樣。

遊戲二：搔癢癢（適合一歲以上的嬰兒）

讓孩子開心地笑是培養幽默感的第一步。孩子天性好動，花樣翻新的動作會帶給他更多新鮮感，提升他參與的積極性，讓他在活動中笑聲不斷。

遊戲方法：

1. 將孩子抱在懷裡，搔他癢癢，讓他在父母的懷裡嬉笑著掙扎躲閃。然後停一會兒，當他期待父母再次胳癢癢時，繼續遊戲。

2. 和孩子面對面坐在床上，以孩子伸直胳膊，其手指尖恰好碰到你為宜。父母身體前傾和孩子搔癢，直到孩子仰身倒在床上，然後父母坐直，等待孩子來搔癢癢。如此反覆。也可以不設規則，大家看準機會出擊，訓練孩子的反應能力。

3. 和孩子面對面站著，伸出胳膊胳他搔癢，追著他跑。反過來，當孩子追著父母跑時，為了增加遊戲的趣味性，父母可以假裝跑不過，讓他搔癢癢，然後縮成一團，不停地掙扎，用顯得一敗塗地的樣子來逗他開心。

4. 父母裝出一副嚇人的模樣，張牙舞爪地假裝要搔癢，但不是真的搔他癢。讓他體驗到不同的幽默方式。

遊戲小叮嚀：和孩子玩這個遊戲時，除了實實在在搔他癢癢之外，更多地要透過各種誇張的表情與動作來增強遊戲的趣味性，讓他在父母這樣的反應中學會表達自己的幽默感。此外，和孩子嬉鬧時要有張有弛，免得孩子過於興奮而被嗆到或者擦撞。

遊戲三：裝傻（適合 2 歲以上的幼兒）

一些超乎尋常的行為與語言裡面常常包含了更多的幽默元素。故意出錯，一些看起來毫無意義但是與平時表現截然不同的行為都是訓練孩子幽

默感的好素材。

遊戲方法：

1. 和孩子一起發出一些傻乎乎的聲音，比如「哇啦啦啦」、「嗯……」、「哞……」，然後大家一起哈哈大笑。

2. 做一些違反常規的動作，比如假裝搞錯了，把襪子當手套戴在手上，在孩子面前走來走去，然後恍然大悟似的發現自己的錯誤，裝出一臉羞愧難當的模樣。

3. 故意說錯話，比如把「媽媽」說成「爸爸」，「爸爸」說成「寶寶」，「電冰箱」說成「電視機」等，說的人一本正經，旁邊別的大人則哈哈大笑。聽到別人笑，說的人則故意裝出一副不知道大家為什麼哈哈大笑的樣子，傻傻地追問：「你們笑什麼？快告訴我，你們笑什麼？」

4. 故意做錯事或者說錯話，然後自己恍然大悟地說：「哦，我說錯了。」「呀，我又做錯了。」假裝明白自己錯在哪裡，並且一副十分懊悔犯了錯誤的樣子，但是就是不改正，偏偏總在犯同樣的錯誤。

遊戲小叮嚀：設計這種遊戲時，最好能有些喜劇性的衝突效果，以增強遊戲的幽默成分。在和孩子遊戲時，父母要全副身心地投入，不能以敷衍的方式來對待孩子。

除此之外，父母還可以和孩子玩些語言遊戲，如同音異義詞和雙關語的巧用，繞口令的學習，都能使他們感到趣味盎然。與此同時，也應鼓勵孩子學習猜謎，甚至由孩子自己編一些簡單的文字謎語。

第十章　挫折是人生的一筆財富

　　每個孩子都是父母的「心肝寶貝」，而父母都無一例外地希望能為自己的「寶貝」鋪墊一條寬敞、平坦的大路，希望孩子在自己的指引與幫助下，能少走一些彎路。

　　然而，一帆風順的人生是沒有的，每個孩子在成長的過程中，在他們通往成功的路途中，都不可避免地要經歷許多挫折與坎坷。挫折與坎坷無疑是一塊「磨刀石」，生命只有經歷了它的打磨，才能閃耀出奪目的光芒。

　　身為家長，我們應該放手讓孩子自己去經歷挫折，因為，只有經受了挫折，孩子的雙腿才會更加有力，人生的足跡才能更加扎實。

第十章　挫折是人生的一筆財富

有一種祝福叫挫折

有這樣一個故事：

有兩個農夫在各自的田地裡許著願。

一個農夫說要他的地裡不要大風雨、不要下雪、不要地震、不要乾旱、不要冰雹、不要蟲害。

另一個農夫說，這些都沒關係，只要我能看著我的麥子還存在、還活著就行。

結果，那一年，天氣都隨了他們的願，那個什麼都不要的農夫，麥穗果然結得很大很多，但是麥穗裡面卻沒有一粒麥子，全部是空的。而另一個農夫，看上去只是短短的麥穗，但是裡面卻是豐滿的果實。

第一個農夫始終想不明白，為什麼自己這般「呵護」麥子，反倒沒有讓麥子生出「感激」之情，結出豐碩的果實；而另一個農夫的那些飽受風雨侵襲過的麥子，卻能夠無怨無悔地獻上豐碩的果實？這是多麼不公平呀！

其實，道理很簡單，溫室裡的鮮花生命力永遠比不上山間的野草，沒有經歷過風雨的麥苗決然不會為了生存努力尋求發展。只有在惡劣環境中生存起來的麥苗，才能在挫折與磨難中不斷充實自己，完善自己，從而收穫秋日的豐盈。植物如此，動物亦然：

在非洲大草原的奧蘭治河兩岸，生活著許多羚羊。動物學家們發現了一個奇怪的現象：東岸的羚羊不僅奔跑速度比西岸的羚羊快，而且繁殖能力也比西岸的羚羊強。

為了研究兩岸羚羊的不同之處，動物學家們在兩岸各捕捉了 10 隻羚羊，然後把牠們分別送到對岸。

一年後，由東岸送到西岸的羚羊繁殖到了 14 隻，而由西岸送到東岸

的羚羊則只剩下 3 隻。這是什麼原因呢？動物學家們百思不得其解。

經過反覆研究，動物學家們終於找到了原因。

原來，東岸不僅生活著羚羊，在附近還生活著一群狼，為了不被狼吃掉，東岸的羚羊不得不每天練習奔跑，使自己強健起來；而西岸的羚羊因為沒有狼群的威脅，過著安逸的生活，結果，牠們的奔跑能力不斷降低，而身體強度也隨之下降了。

調查結束，動物學家們恍然大悟，原來「物競天擇」說的就是這樣一個道理呀！只有在挫折與磨難中艱難生存下來的物種，才能擁有更加頑強的生命力！

此時此刻，聰明的家長們是否已經從上面這兩個樸素的故事中理解了「挫折」的真正意義？那麼，請反省我們對孩子的教育吧，很多情況下，我們是否就像那個好心的農夫一樣，不忍心讓孩子吃苦、讓孩子受累，不忍心讓孩子遭遇人生的風雨！我們總是像「老母雞」保護「小雞」一樣，怕孩子受到一點委屈，把孩子藏在自己的身後！以為這樣做，就能讓孩子少遭受一點苦！殊不知，家長的這種做法，不但讓孩子失去了在挫折中成長的機會，而且還對孩子個性、心理有著十分不利的影響。挫折是一種寶貴的財富，孩子要健康成長，就應學會樂觀面對挫折，接受挫折。只有不斷經受困難和挫折的孩子，才具有堅強的意志和強大的生存能力。同樣，一個經得起挫折的孩子，才能生存得更好！

對於孩子來說，「挫折」具有以下的價值：

✧ **挫折有助於自信心的培養**：一個自信的人通常會表現出勇敢、堅韌、樂觀等行為特點，它是一個人走向成功的必備素養之一。當孩子遭遇挫折的時候，就會產生不愉快的情感體驗，此時，家長就改用一些鼓勵的話語激勵孩子戰勝挫折，並幫助孩子分析受挫的原因，使他能夠

第十章　挫折是人生的一筆財富

充滿信心地迎接挫折，戰勝挫折，慢慢養成自信的個性特點。

✧ **挫折有助於孩子堅強意志力的培養**：為培養孩子堅強的意志，家長可以利用自然挫折或人為設置的挫折來磨練孩子，培養他勇於競爭、勇於奮鬥的頑強性格。

✧ **挫折有利於增強孩子的心理承受力**：遭遇挫折，有的人會沮喪，焦慮，逃避；有的人會積極、勇敢地面對。家長應教育孩子以積極、樂觀的心態去面對挫折，戰勝挫折。對於那些無法短時間或透過個人努力克服的挫折，應讓孩子學會運用自我安慰等方法來緩解自己心中的壓力與不快，以此培養孩子自我緩解心理壓力的能力，培養其自信與樂觀的素養。

身為家長，不但要充分了解到「挫折」的價值，還應該在日常生活中注意培養孩子的抗挫折能力。這樣，孩子才會在遇到挫折時表現出堅強、勇敢、自信的精神，用自己的力量和智慧去克服人生中一個又一個困難和挫折，一步步走向成熟，走向成功。

美國總統甘迺迪（John Fitzgerald Kennedy）的爸爸從小就注意對兒子獨立性格和精神特質的培養。

有一次他趕著馬車帶兒子出去遊玩。經過一個轉彎處，因為馬車速度非常快，馬車猛地把小甘迺迪甩了出去。當馬車停住時，小甘迺迪以為他爸爸會下來把他扶起來，但他爸爸卻坐在車上悠閒地掏出菸吸起來。

小甘迺迪叫道：「爸爸，快來扶我。」

「你摔疼了嗎？」

「是的，我自己感覺已站不起來了。」小甘迺迪帶著哭腔說。

「那也要堅持站起來，重新爬上馬車。」

小甘迺迪掙扎著自己站了起來，搖搖晃晃地走近馬車，艱難地爬了上去。

他爸爸搖動著鞭子問：「你知道為什麼讓你這麼做嗎？」

兒子搖了搖頭。

他爸爸接著說：「人生就是這樣，跌倒，爬起來，奔跑；再跌倒，再爬起來，再奔跑。在任何時候都要靠自己，沒人會去扶你的。」

小甘迺迪聽了，似懂非懂地點點頭！

不過，從那以後，他對大人的依賴性明顯少了很多！遇到事情，也不是總是光顧著哭鼻子！因為知道沒有人可以幫助自己，他必須想辦法解決自己遇到的問題！

顯然，甘迺迪總統並非不愛自己的孩子，事實上，正因為他深愛著自己的孩子，知道挫折是人生必經的難關，所以才不斷地磨礪孩子的意志，讓孩子摔倒了自己重新爬起來！因為「人生就是這樣，跌倒，爬起來，奔跑，再跌倒，再爬起來，再奔跑。在任何時候都要靠自己，沒人會去扶你的」！有過摔倒了自己爬起來的經歷以後，孩子才會變得更有韌性，承受力更強。這樣，當困難與苦難襲來時，孩子才不會手足無措！

當孩子面對挫折時，家長的正確做法應該是：

✧ 不要憐憫與擔心孩子。不必擔憂孩子會因為一次挫敗，就永遠退縮不前。每個孩子內心深處，都有一個「自我幫助系統」，這樣的系統會在處理挫折的過程中，接納各式各樣處理不同危機的「方法」。這才正是挫折賦予孩子的未來本錢，它可以讓孩子從容地應對生活中的挫折與失敗。

✧ 讓孩子客觀地分析挫折與逆境，尋找有效的應對方法，養成勇於克服

第十章　挫折是人生的一筆財富

困難和開拓進取的優良素養，正確認知生活中的困難和逆境，提升心理承受力，保持積極進取的精神狀態。

✧ 幫助孩子正確認識挫折。家長可以給孩子講名人成功前的挫折經歷，或者是自己小時候的挫折故事，讓孩子懂得生活中隨時可能遇到挫折，只有克服困難，才能取得成功。

✧ 適當地設置一些困難，讓孩子體驗挫折。家長要適當地讓孩子吃點「苦頭」，切身體驗一下挫折，但更重要的是幫助孩子總結失敗的原因，鼓勵他再去嘗試。

在日常生活中，家長可以有意識地給孩子設置一些困難，如讓孩子自己穿衣、繫帶、鋪床、收拾玩具、解決難題等，鼓勵孩子自己的事情自己做，不會的事情學著做。

✧ 家長通達又樂觀，孩子受益更明顯。家長面對生活困難、工作壓力、鄰里糾紛、身體疾患等挫折性事件的態度如何，將直接影響對孩子抗挫折能力的培養。如果家長面對各種挫折，憂鬱寡歡，孩子則會變得心理黯然；而家長若以通達樂觀的心態面對生活中的各種困難，孩子則會學到如何戰勝挫折的經驗。所以，父母要清醒地意識到自己應做好孩子身邊的榜樣。面對挫折，不要灰心喪氣，牢騷飛滿天，而應冷靜應對。遇險泰然，遇難敢擔，遇病不憂，遇煩不怨，用自己的言行讓孩子懂得：只要堂堂正正做人，踏踏實實做事，勤勤懇懇生活，天塌下來也不怕，沒有過不了的困難。

社會競爭日益激烈，我們的孩子需要在與一個個挫折的碰撞中走向成熟，走向成功。挫折與機遇並存！讓我們精心護導孩子們在挫折中掌握每一個成功的機遇，永遠以積極的心態迎接挫折的挑戰，去執著地書寫人生成功的答案。

意志力是孩子成才的必備良藥

意志力是人類特有的一種心理現象，詞典上的解釋為「控制人的衝動和行動的力量」，是指人在達到某一目的的過程中，透過有意識地支配和調節自己的行為，從而克服各種困難來達到預期目的的心理過程。生活中，意志力無時無刻不在有著重要的作用。有著堅強意志力的人，總是能較好地控制自己的行為，不衝動行事；或者在遇到困難時勇敢地面對，尋找解決問題的方法，從而克服困難，因此，他們也就容易獲得成功。而那些缺乏意志力的人，則往往難以控制自己的行為，甚至在遇到困難時臨陣脫逃。意志力薄弱的人總是無法耐心地做完一件事，無法適應長期枯燥而艱苦的條件，因而也就難以取得成功。

意志力對人的一生來說具有非常重要的意義，它是人格中的重要組成因素，是獲得成功所必須具有的重要元素。意志力與人的智商無關，但卻可以發揮遠遠超出智商的強大作用。

有時候，成功不是靠知識儲備、能力大小來決定的，而在很大程度上依賴於堅強的意志力。美國著名心理學家班傑明·山繆·布魯姆（Benjamin Samuel Bloom）說：「世界上有 1% ～ 2% 智力超常的兒童，但是，如果他們意志力薄弱，不努力學習，長大以後也不可能有多大作為。」從小鍛鍊孩子的意志力，有助於讓孩子養成不懼困難的精神，能為孩子的一生奠定扎實的基礎。

在人生的道路上，榮譽和挫折是共生的。身為家長，我們沒有辦法避免孩子跌倒，但應鼓勵孩子跌倒後自己爬起來。成功的果實，只有堅持不懈地奮鬥，只有不斷地克服困難，不斷地吸取教訓，才能獲得。具體地說，家長可以從以下幾方面訓練孩子的意志力：

第十章　挫折是人生的一筆財富

培養良好的生活習慣

讓孩子養成有始有終的習慣對於增強意志力有非常重要的作用。在孩子小的時候，無論玩樂、看兒童書，還是學習、做事，家長都要要求他有始有終，並逐漸養成習慣。

培養孩子的耐心也很重要，因為有耐心也是意志力的一個重要一環。家長可以從日常生活中藉由「等」來培養孩子的意志力。

對聰明的孩子，家長需要特別注意對他們進行一些堅持性和吃苦精神的訓練，特別是一些簡單生活習慣的培養。

比如盡可能自始至終獨立完成某件事的整個過程，不可就簡避繁；一段時間內只專心做一件事情，以免心猿意馬；不能全憑興趣做事，適當做一些不願做的事情；學會抵制來自外在和內在的誘惑，集中注意力於當前做著的事情；學會吃苦，不怕簡單、枯燥和重複。

確定正確的行為目的

隨著孩子年齡的增長和知識經驗的不斷累積，他們的理解能力也在不斷增強，他們的行為在生活、學習和遊戲中會明顯地表現出一定的目的性。由於孩子年齡小，易受情緒、興趣等因素的影響，他們的行為目的往往不穩定。因此，父母必須根據孩子的這一心理特點，透過遊戲、娛樂、學習某種技巧等方式來幫助孩子確定正確的行為目的。需要注意的是，給孩子設定的目標一定要恰當，應該使孩子明白此目標不經過努力是達不到的。但太難或太易達到的目標都不能使孩子的意志力得到鍛鍊。

制訂了合理的目標後，父母就應該要求孩子堅決執行，直到實現為止，絕不可遷就，更不能半途而廢。

不要對孩子的一切事情全包

有的家長「心太軟」，進行「一條龍」、「全方位」、「系列化」服務，讓孩子飯來張口，衣來伸手，白天接送，晚上陪讀，直至填寫志願，「設計」前程，使孩子們成了「抱大的一代」，如同溫室中的花朵，患了「軟骨症」，見不了世面，經不了風雨。所以，父母要對孩子的事情適當放手，讓孩子自己去做，切記不要全包。

讓孩子從小事做起

著名文學家高爾基（Maxim Gorky）曾說：「哪怕對自己一點小的克制，都會使人變得強而有力。」因此，培養孩子的意志力要從「小的克制」入手。

千里之行，始於足下。從小事做起，持之以恆，是磨練意志的好方法。家長指導孩子經受意志鍛鍊須從點滴小事做起，並要善於利用身邊的小事情，有計畫地鍛鍊孩子的意志力。

培養堅強的意志，要隨著孩子的成長和進步，從小到大、從易到難、從低到高地磨練孩子，當他能夠迎接越來越大的困難和挑戰時，一個意志堅強的孩子就出現了。

必須讓孩子能夠獨立活動

在鍛鍊孩子意志力的過程中，讓孩子能夠獨立活動是父母必須注意的一項原則。如果孩子沒有強烈的獨立意識和獨立能力。鍛鍊意志力根本就無從談起。

父母可以讓孩子自己收拾玩具，自己穿衣，自己完成作業，甚至收拾自己的飯碗等。孩子在進行這些活動時，需要克服外部困難和內部障礙，但他也正是在這種過程中，使意志得到了鍛鍊。

第十章　挫折是人生的一筆財富

鼓勵孩子做好每一件事情

　　鼓勵孩子有始有終地做好每一件事情，是指導孩子經受意志鍛鍊的重要手段。孩子碰到困難想逃避這是正常現象，父母應該先幫助孩子了解困難的原因，然後鼓勵他想辦法克服困難，並把事情做好，而非立即逃避、退縮，如此才能培養孩子的毅力。

保護孩子的好奇心

　　保護孩子的好奇心對於培養孩子的意志力也是十分重要的，因為孩子對於自己感興趣的東西容易堅持。保護孩子的好奇心和探索、創意的精神，有利於幫助他們克服困難，堅持做自己喜歡的事情。孩子生來就具有強烈的好奇心、探索，和創意的精神，父母一定要善加保護孩子的這一先天優勢。如果孩子能永遠保持一顆探索之心，對探究未知的東西充滿興奮、衝動和熱情。那麼他們有什麼困難不能克服呢？

做孩子的表率

　　樂觀的父母培養樂觀的孩子，同樣，堅強的父母也會培養堅強的孩子。如果爸爸媽媽意志堅強，做事具有不怕困難、百折不撓的意志力，那麼孩子也會在耳濡目染、潛移默化的過程中逐步完善自己的意志素養。反之，如果爸爸媽媽懶懶散散，遇著困難繞道走，工作缺乏勤奮精神，生活懈怠，做事沒有信心，經常半途而廢，那麼孩子絕不會成為一個意志堅定的人。

鍛鍊孩子的「抗壓」能力

「心理承受能力」是一個的心理素養問題，它反映了一個人對待困難與挫折的理智程度，社會風險意識以及對自我思想、情緒、行為的控制能力。一個心理承受能力強的孩子能經得住挫折的打擊，並能沿著挫折的方向找到自己成功的目標。而一個心理承受能力弱的孩子一旦遇到困難與挫折，就無法承受，以致偏離正常的軌道。下面就是這樣一個活生生的例子：

小娜從小生活在優越的環境中，人漂亮、聰明，在小學時年年是「班長」、「模範生」，再加上父親是所在學校的校長，母親是教導主任，所以，她比一般的「模範生」更多了一份優越感。同學們羨慕、老師們關心、父母視若掌上明珠般的百般溺愛，使小娜從小就養成了唯我獨尊的個性。

進入國中後，小娜漸漸失去了原有的「優勢」，往日的光環也不再圍繞在她的頭上。在國中裡，她先後經歷了幾次挫折，首先是沒選上班長，緊接著「模範生」也沒有機會……這些變化讓從小備受呵護與讚美的小娜有些承受不住了！

慢慢地，小娜再也無法集中精力專心上課了，她變得萎靡不振。她的父母在百般無奈之下，只好讓她休學在家。

其實，每一位家長都疼愛自己的孩子，都會千方百計地為孩子創造良好、安寧的生活環境，和諧、溫暖的家庭氛圍。不管在學習上和生活上總是給孩子最好的，寧可委屈了自己，也絕不委屈孩子。小娜的爸爸媽媽也是如此，他們不僅在生活上把小娜照顧得無微不至，在學校裡也有意無意地利用自己的地位助長女兒高人一等的思想。一帆風順的小學生活使小娜的心理承受能力變得脆弱不堪，以至於經不起一點點的打擊。

第十章　挫折是人生的一筆財富

事實上，一個人只要參與社會生活，就會遇到各種壓力，困難和挫折。要想孩子堅強地走好成長的每一步，在未來社會的競爭與挑戰中立於不敗之地，明智的家長應該從小關心孩子的心理承受能力，培養孩子平和的心態，讓孩子在體驗中學會面對困難並戰勝困難，建立自信、樂觀的素養。孩子心理承受能力的培養，應該以良好行為習慣的養成為基礎，以心理健康教育為主要內容，循序漸進地進行。正確的做法是：

✧ **培養孩子的適應能力**：在日常生活中，家長要從現實出發來引導孩子，讓孩子坦然地面對現實，全方位地經受各種情感體驗，無論是快樂、自信、希望還是痛苦、失望、拒絕，都是孩子真實地去體驗，開放地去經歷。像小娜，如果她父母從小就注意從現實出發，讓她能像別的孩子那樣多經受幾次失望、痛苦，孩子在新環境中遇到困難時，和孩子一起分析原因，改進方法，使其盡快適應新環境，她也不至於休學。

✧ **讓孩子走出房門，到大自然的懷抱中去放鬆自己**：整天宅在屋裡的孩子，心裡也不會灑滿陽光。專家表示，當孩子壓力大時，改變環境可以幫孩子轉換心態。比如在節假日裡，舉家旅遊，或到郊區去遊玩，把各種壓力拋在一邊，給心情放個假。這樣既可以開拓孩子眼界，學到書本外的知識，也可以藉機親近大自然，讓父母和孩子負重的心輕鬆起來，把壓力都統統釋放。

✧ **父母要經常關心、鼓勵孩子**：父母每天要抽出一些時間，在輕鬆自如的氣氛中，和孩子推心置腹地談談學習、生活情況，鼓勵孩子不加掩飾地談自己遇到的困難、遭受的挫折；同時，父母也應該談談自己平時在工作、生活中遇到困難時是如何對待的；當孩子遇到困難時，父

母千萬不能大聲呵斥或粗暴責問，而應施以更多的關愛，如給孩子安慰，使她緊張的情緒得以鬆弛；或與孩子坐在一起，若無其事地跟她談心，讓孩子主動訴說自己的不幸與委屈，只要父母能認真地聽其傾訴，父母充滿愛的信任和鼓勵，就一定會鼓起孩子的勇氣，激發他的自尊和自信，使其盡快擺脫不愉快的情緒，高興地投入到學習、生活中去。

✧ **盡可能地讓孩子自己決定和處理自己的事**：身為家長，應盡量地讓孩子自己決定和處理自己的事。只要不是壞事，只要孩子能夠做到，就讓他們自己拿主意，自己去做。

✧ **盡量少奉承孩子**：許多孩子是在充滿奉承的環境中長大的，即使孩子做了一些他應該做的事，周圍的人總是讚不絕口；孩子犯了錯誤，家長怕「刺激」孩子，千方百計地幫孩子找藉口。這往往使孩子任性、虛榮、心理承受能力差。其實，家長應實事求是地要求孩子，讓孩子清楚什麼是對，什麼是錯，什麼應該做，什麼不應該做，從小就正視自己遇到的每一個問題，勇於面對不如意，勇於承擔責任。

✧ **聽音樂減壓**：當孩子有壓力時，家長可找一些舒緩的優美音樂和孩子一起聽。科學證明，音樂可以改變一個人的情緒，聽音樂已經被心理學家們確定為心理療養的一種方法。好的音樂可以讓人置身其中，隨著音調起伏，感受到樂曲中的真味，忘記自己的存在，在美妙的音樂中開始另一種想像的旅行，這和外出旅遊有異曲同工之妙。家長和孩子一起聽還可以讓孩子感受到別樣的親情。

✧ **及時地排解孩子的心理壓力**：有時孩子會面對一些自己無法承受的心理壓力。這時就特別需要老師和家長進行積極的排解和疏導。常用方法是：

· 跟孩子談心，解開他們思想上的疙瘩。

· 給孩子做出某些承諾，消除顧慮。

· 幫助孩子分析原因，解決問題。

· 鼓勵孩子堅強，自信，化解心理壓力。

· 善意地關心孩子的事，不論與心理壓力的成因有無直接關係，都會使孩子獲得信任感。

· 讓孩子從事一些體能方面的活動，轉移其注意力。

✧ **有目的地進行「心理操練」**：心理和生理一樣，必須透過一定的鍛鍊活動，以促進其健康。為培養孩子的承受能力，可有目的、有計畫地發展一些「心理操練」。比如：可在體能活動中有意識地培養孩子的意志心態；透過組織各種活動來樹立孩子的自信心；開展「生活自立能力比賽」等，使孩子樹立正確的競爭意識；有時，在孩子取得成績的時候可出點難題，在他們失敗，失意的時候給予鼓勵，教育孩子「得之不喜，失之不憂」，始終以平和、自然的心態參與生活和競爭，這樣才能夠經得起未來人生路上的風風雨雨。

培養孩子面對失敗不退縮的勇氣

馬丁‧塞里格曼在《樂觀兒童》中有一句這樣的話：「孩子要想成功，必須學會接受失敗，感覺痛苦，然後不斷努力，直至成功來臨，每一過程都不能迴避。失敗和痛苦是構成成功和喜悅最基本的元素。」任何一個人的成功，都要經歷失敗的洗禮，孩子也不例外。身為家長，我們應培養孩子面對失敗永不退縮的勇氣，並幫助孩子總結經驗教訓，建立適度期望水準，鼓勵孩子在挫折中奮起。而不是在孩子失敗時，旁敲側擊，嘲笑

奚落，這樣只會讓孩子產生反向心理，加重受挫的心理。

同時，家長也要讓孩子學會接受失敗，只有先承認並接受了失敗的現實，才能正視失敗，進而找到失敗的原因。在遭遇失敗的時候，是否具有不退縮的勇氣，是斷定一個人能否成才的關鍵。

林肯是美國最偉大的總統之一，但他更是一個從種種不幸、失敗中走出來的堅強的人。如果不是因為具有那種面對苦難，堅強以對的精神，他就不會在經歷了如此多的打擊之後，還能進駐白宮。

有人曾為林肯做過統計，說他一生只成功過 3 次，但失敗過 35 次，不過第 3 次的成功使他當上了美國總統。事實也的確如此。而最終使他得到命運的第三次垂青或者說爭取到第三次成功的，完全是他的堅強。在他競選參議員落選的時候，他就說過：「此路艱辛而泥濘，我一隻腳滑了一下，另一隻腳因而站不穩。但我緩口氣，告訴自己，這不過是滑一跤，並不是死去而爬不起來。」

只有面對任何困難都永遠堅強，面對任何失敗都不退縮的林肯才能說出這樣的豪言，也只有像林肯那樣，在跌倒無數次後，還能爬起來的人，才能登上金字塔的塔尖。

然而，在我們的生活中，卻有這麼一群孩子，他們的耐挫能力差，經不起失敗，一旦有一次考試成績不理想，就會消沉起來，變得一蹶不振、自暴自棄，失去進取的信心。更有甚者，還有一些孩子，因為承受不了失敗的打擊，釀成了輕身的悲劇！為什麼這些孩子的心理如此脆弱，經不起失敗呢？原因在於，現代的孩子大多是獨生子女，他們從小就生活在長輩們的悉心呵護下，為了避免讓孩子碰撞，家長們可謂費盡心機。家長的過度呵護，的確在很大程度上避免了孩子免受皮肉之苦，免受失敗的沮喪，但同時也剝奪了孩子遭遇挫折的機會和權利，以至於孩子們一遇到挫折就

成了「水煮的胡蘿蔔」，軟弱有餘，堅韌不足，形成了輸不起的個性。

　　要想讓你的孩子經得起失敗的考驗，在今後的事業上取得成功，家長應及時調整孩子的心態，鼓勵和支持孩子，讓他們以積極的心態正視「失敗」，培養他們接受挑戰的勇氣、信心和能力。

　　那麼，家長怎樣做才能幫助孩子在面對失敗時不退縮，有堅持下去的勇氣呢？

家長們應該端正自己的態度

　　當孩子為失敗而難過時，家長不應以憐憫的態度對待孩子，或者在孩子面前唉聲嘆氣，甚至劈頭蓋臉地責罵孩子。正確的方法是讓孩子明白，失敗沒什麼大不了的，學習、活動總有勝負、輸贏，人人都會碰到，因此，失敗了不要緊，重要的是自己對於失敗的態度！是後退還是前進？是怨天尤人、自暴自棄還是吸取經驗，繼續努力？只有懦弱的人才會唉聲嘆氣，怨天尤人，而勇敢、聰明的人一定會正視自己的失敗，從失敗中吸取教訓，繼續努力。

　　此外，家長還可以鼓勵孩子，告訴他們：「你現在雖然輸了，但是你很努力，只要找到失敗的原因並繼續努力，你一定會成功的，我們會為你的努力感到自豪！」

幫助孩子學會處理失敗後的情緒

　　許多孩子在經歷失敗以後，通常很容易就陷入膽怯和過多的自我批評的情緒之中！這個時候，他們可能一直在懊悔：「如果，⋯⋯可能不會失敗」。孩子會因此不斷地找理由責備自己，給自己造成很大的心理壓力。因此，經驗豐富的家長應該幫助孩子處理失敗後的情緒！讓孩子從失敗的

消極情緒中走出來！

　　有個孩子非常熱愛足球，有一次在跟別的學校比賽時，裁判誤判了他，說他故意撞人，罰他一張黃牌。結果孩子很不服氣，和裁判吵了起來。儘管後來比賽得以延續，但這個孩子在後面卻發揮得很不好，踢得一塌糊塗，結果這場比賽輸了。比賽結束後，其他人都走了，這個孩子待在球場裡不肯離開，他的爸爸媽媽一句話也不說，站在場外默默地等待，孩子在足球場上一次又一次狠狠地射門，直到射了 101 次，然後孩子什麼也沒說，和他的爸爸媽媽一起回家了。

　　上面故事中的父母很理性，除了等待，他們沒有採取任何行動安慰孩子，因為最終孩子要學會自己處理自己的情緒。當孩子面臨失敗時，給孩子一段心理的緩衝期和獨立時間是必須的，家長不必要急於介入，有些情緒過去了就過去了，不一定要很正式地處理。孩子會學會接受不願接受的東西。在這個過程中，孩子會變得堅強、寬容。如果遇到孩子無法自拔時，家長則可以稍稍指點一下。

讓孩子有負責的心態

　　「君子一言，駟馬難追」，對孩子而言，他們都希望得到別人的信任，自己說的話、做的事希望他人不要以懷疑的心態來看待，不然會讓他們覺得自己的存在不被肯定。讓孩子有負責的心態，就是讓孩子透過自己的行動來獲取別人的信任。針對這一點，家長可以讓孩子自己選擇做什麼，然後告訴他「這是你自己的選擇，你要相信自己，你一定能做好！」為了對得起自己的選擇，也為了得到他人的信任，孩子會默默地去承受，失敗了也會主動再去試一試。

第十章　挫折是人生的一筆財富

讓孩子大膽去說、去做

　　對於那些內向、軟弱，不愛說話的孩子，家長要避免對孩子說「你必須這樣做」、「你必須那樣做」、「你非做不可」之類的話，而要以探尋的方式啟發「你怎麼看」、「你是怎麼想的」、「你覺得該如何處理」，給孩子思考機會，給孩子表達自己意願的機會，讓孩子大膽地說，大膽地做。調查顯示：一般膽大的人，把挫折都看得很輕，面對失敗，他們比膽小的人更有勇氣堅持，毅力也強一些。家長透過這方面的訓練，能夠增強孩子面對失敗的勇氣。

幫孩子尋找失敗的原因

　　當孩子經歷失敗的時候，幫孩子找到失敗的原因也很重要，如果不知道原因就會始終是一種壓力。而且，只有找到失敗的原因，孩子才有超越失敗的可能。

　　失敗的原因可能有很多，或者是自己的能力不足，或者是經驗不夠，也可能是努力程度不夠，環境的條件不成熟等。家長可以幫助孩子分清哪些失敗是自己的原因，哪些是外在的原因；哪些失敗是可以避免的，哪些是不可避免的。這時候，家長不妨多聽聽孩子的想法，協助孩子一塊分析各方面存在的問題和可能。

鼓勵孩子進行改進

　　找到失敗的原因，如果是可以改變的，家長應該鼓勵孩子找到至少兩種相對的改變措施，然後試著去做，並檢驗效果。例如：孩子由於粗心大意把本來會做的題做錯了，還感到不服氣，而且會因此輕易原諒自己：「我考得不好，不是因為我學得不好，而是我不夠細心。」家長不能與孩子有同樣的想法，因為粗心大意是一個很不好的毛病，它反映出孩子比較

浮躁，缺乏耐心，學習不夠扎實。改掉粗心大意的方法很多，如臨摹、玩拼圖遊戲、玩數字遊戲等。家長可以根據自己孩子的特點幫助他找到適合他的改進措施。

讓孩子學會欣賞勝利者

有些家長為了安慰孩子，有時會不經意中貶低其他孩子或者流露出對結果的不屑、不滿。這些細小的行為都會被孩子觀察到，從而影響他們遭遇挫折後的心態。因此，家長應該在引導孩子承認對方的勝利之後，和孩子一起分析為什麼對方取得了勝利，最重要的要讓孩子自己說出勝利者獲勝的原因。當孩子長大後，他們會遇到各種競爭，學會在各種競爭中從容面對，並且欣賞對手，這也是他們人格完善、個人魅力的具體展現。

提升自己

家長在教會孩子如何欣賞對方的同時，應根據孩子的狀況分析他們的優點和弱點，讓孩子在競爭中知道如何提升自己。這樣，在孩子的眼裡，家長不純粹只是高高在上的家長，而是可以並肩作戰的、值得信賴的朋友。這樣的做法還能增進親子間的感情！

和孩子分享自己的失敗經驗

在日常生活中，家長也應樹立起時刻為孩子做典範的意識，不要流露出因害怕失敗而放棄的思想。當家長面臨一次次的失敗時，千萬不要流露出放棄的念想，而應以這樣一種語式對孩子說：「我這次還沒有學會，但我發現我能……我決定多向教練請教，加強練習，我相信我一定能學會的。」家長對失敗的態度，直接影響著孩子，所以，家長一定要給孩子樹立好的榜樣。

跟孩子一起尋找面對失敗的力量

當孩子失敗以後，他渴望得到安慰與鼓勵！因此，家就成了孩子的避風港！這個時候，家長為孩子營造一個溫馨、輕鬆、富有人情味的家庭氛圍是很有必要的！當然，除了讓孩子在情感上有一種歸依感、安全感外，家長還應該用自己積極的人生態度去感染孩子，訓練孩子積極樂觀的心態！這樣，孩子才能在失敗中成長起來！

此外，家長也可對孩子講述英雄人物失敗的故事，讓孩子從故事裡吸取面對失敗不退縮的力量和勇氣。

挫折教育，家長應避免的盲點

早在兩千多年前，孔子和孟子就從自己的教育實踐中，得出了「艱難困苦能催人立志、逼人自強、迫人生智、導人修德」的育人規律，挫折和挫折教育能造化出「擔當大任」、「定國安邦」的特殊人才。

當今社會，獨生子女家庭較多，家長對子女百般呵護甚至溺愛，直接導致了有的孩子因為一些小挫折就發生心理扭曲，出現了蹺課、犯罪、自殺等現象，嚴重影響兒童正常、健康的成長，所以，在家庭中實施挫折教育勢在必行。

隨著社會的發展，越來越多的家長也開始重視對孩子進行挫折教育，但在此過程中存在一定的盲點。具體表現在：

對挫折教育的消極認知

為了不讓我們的孩子一受挫就敗，而是耐挫耐磨，經得起生活中的各種困難和挑戰。首先要轉變家長對挫折的消極認知。

　　長期以來家長們普遍深信，兒童年齡小心理承受力差，因而只能接受良好的環境，誤以為「挫折」只能使孩子痛苦、緊張，故而把挫折看成是百害而無一利、必須給予杜絕的東西，這種觀念直接影響了兒童身心的健康發展。其實，一個人受點挫折，尤其是早期受一些挫折，很有好處。孩子遭受挫折的經歷有利於培養他的良好品德，有利於發展他的非智力因素，有利於豐富他的知識，提升他的能力。故家長應正確看待挫折的教育價值，把它看成是磨練意志、提升適應力和競爭力的有力武器。

挫折教育 = 吃苦教育

　　很多家長誤認為，挫折教育就是吃苦教育。於是，以吃苦教育為主的各種夏令營熱起來了：去曠野跋涉、到深山探險、調查農村人民的生活、尋訪邊緣的窮山村。這些活動對於幫助生活在富裕物質生活中的孩子客觀全面地了解社會、培養吃苦耐勞的精神是很有積極作用的。但是，我們也不能過高的估計這種教育方式的作用。因為它只是挫折教育中的一個方面。

　　挫折教育的目的是讓孩子在體驗中學會面對困難並戰勝挫折，培養孩子的一種耐挫折能力。它不僅包括吃苦教育、生存教育、社會教育、心理教育，也包括獨立、勇氣、意志及心理承受力等方面的培養。也就是說，挫折教育的內容是多方面的，它的目的不只是讓孩子吃點苦、受點挫折，而是不時地、潛移默化地從各方面著手培養孩子的抗挫折能力和耐挫折能力。挫折教育並不是一朝一夕的事，也不是單靠幾件事就能見效的，應該在生活中的各方各面有意識地進行，堅持不懈地培養孩子的抗挫折能力，最終讓孩子擁有強勁的翅膀，能在人生的天空中自由翱翔！

第十章 挫折是人生的一筆財富

挫折教育就是不打不成器

傳統的兒童教育把「打」作為一種教育的法寶，「不打不成器」、「不打不成人，打到做官人」，這些都成了勸學的諺語、教育的格言。至今一些自認為懂得挫折教育的家長還認為，挫折教育就是批評、罰站、不給飯吃，與孩子唱反調，讓孩子服輸等，甚至有的家長認為孩子是必須打的，不打不成器。其實這種強行措施不僅很難生效，而且往往會加重孩子的叛逆心理。在這種教育方式下，孩子的發展受到了很大的壓制，並易產生心理障礙。在許多對於兒童的心理調查結果中，我們可以看到，現在有心理障礙的兒童已經占有很大的比例。在這些可憐的孩子中，有很多人的行為就是家長和老師嚴厲的懲罰教育所產生的後果。可見，對孩子的挫折教育過了頭，也不利於孩子的成長，反而會埋下精神障礙的禍根。

過度預期孩子的能力

有些家長過於自信地看待自己的孩子，經常對孩子說「你肯定是第一名」、「我最希望你考一百分」等，久而久之，孩子就會覺得只有第一名，爸媽才會喜歡，如果做不到，就不喜歡他了，這反而會使他不願意面對挫折和失敗。

嘲笑孩子

孩子缺乏經驗，遭遇挫折是難免的。大人不應嘲笑孩子，或責怪孩子這裡錯那裡錯，而應該平時多注意培養，使孩子養成勝不驕、敗不餒的素養，並在克服困難方面為孩子樹立榜樣。

缺乏挫折心理疏導

　　很多家長因觀念上的原因，以為挫折教育僅僅是讓孩子吃點苦，接受一下失敗，他們往往只把挫折擺在了孩子的面前，卻忽略了如何在心理上引導孩子正確面對挫折和挫折之後該怎樣去做。這導致許多小學生在競爭失敗之後拒絕參加任何比賽；中學生因為受不了學習的打擊而輕生的事件時有發生；大學生因為承受不了激烈競爭的壓力而自毀前程的也屢見不鮮。

　　挫折教育並不僅僅是為了讓孩子在失敗中體會經受挫折的苦痛，然後拒絕競爭。因此，當孩子經歷了挫折以後，家長對孩子進行一定的心理疏導是相當有必要的。

　　其實，挫折教育要做的也僅僅是還生活本來面目，身為家長，不要竭力粉飾和掩蓋挫折，而要讓孩子在挫折中學經驗，從而學習戰勝挫折的本領。家長應對孩子進行有效教育，而不是苛刻的批評、高聲謾罵和嚴厲的責打或者與孩子唱反調。只有這樣，挫折教育才能獲得預期的效果，也只有這樣，孩子才能因為挫折變得茁壯堅強！

第十章　挫折是人生的一筆財富

第十一章　別讓情緒左右孩子

　　情緒是人的心理活動的重要表現，它產生於人的內心需要是否得到滿足。孩子平常表現出的喜、怒、哀、懼正是情緒的四種基本表現，不同的境遇使孩子有不同的情緒表現，不同興趣志向的孩子有不同的情緒反映。

　　積極的情緒對孩子的身心發展有促進作用，有助於孩子潛力的發揮；消極的情緒則可能讓孩子的心理失去平衡，甚至影響他未來的生活和事業。

　　因此，培養孩子學會調節和控制自己的情緒，經常保持積極的情緒，對孩子的一生的成長、發展都是十分重要的。

第十一章　別讓情緒左右孩子

不良的情緒對孩子的危害

在每個人的一生當中，都會遇到這樣或者那樣的矛盾和問題，因為這些矛盾與問題，一些不良的情緒，如焦慮、憂鬱、緊張、恐懼、憤怒、嫉妒、脾氣暴躁等應運而生。不良的情緒會給孩子帶來一系列的危害。具體表現在：

不良的情緒影響身體健康

生理學家認為：人的心與人的身組成了生命的整體，二者之間又是相互調節與被調節，作用與被作用的關係。情緒的好壞會直接影響身體的健康。

煩躁、壓抑、憤怒、恐懼、焦慮等不良情緒會使人產生某種身體疾病，如高血壓、糖尿病、冠心病、消化性潰瘍、過敏性結腸炎、癌症等。對已患了某種疾病的人會進一步加劇生理功能紊亂，降低對疾病的抵抗力，加速原有疾病的進一步惡化。同時，還會導致注意力、記憶力、思考力等功能的減退。

不良的情緒影響心理健康

一個人的情緒如果長期保持消極狀態，並且不能及時進行自我調節，會妨礙個體正常的心理健康，導致其悲觀失望，對一切都毫無興趣和熱情，對生活失去信心；同時導致其社會功能的下降，如上學、上班、家務、社交能力削弱；如果進一步發展，嚴重的憂鬱情緒得不到有效的干預，容易釀成自殺或傷害他人的悲劇。

隨著不良情緒的持續發展，還會誘導某些精神障礙，如精神分裂症、雙向情感障礙、痴呆、強迫症、恐降症、疑病症等，後果不堪設想。

不良情緒影響孩子的學習生活

影響孩子學習的因素有智慧、體能、注意力、動機、情緒、學習的方法、環境、教導的方式、教案設計及教導者的態度等，其中情緒因素的影響頗大，卻常被忽略。

有不良情緒的孩子，可能做出各種令老師和家長疑惑或困擾的行為，但因往往不被了解而遭受責罰，從而使得問題變得更糟。

不良的情緒影響孩子的身高

有小兒科醫生發現，身材矮小的兒童常伴有心理障礙，並且由於身材矮小產生自卑感、自信心不足而採取躲避、排斥的方法脫離群體。這些不良情緒均會影響兒童生長激素的正常分泌和身體長高。

不良的情緒影響孩子的生活品質

不良情緒不但影響人們的生活品質，還會影響人際社交，會破壞周圍人的好心情，導致人際關係緊張或惡化。對於正在成長的孩子，生活在壞情緒環境當中，會潛移默化地影響孩子的健康情緒發展，甚至導致其不良行為或人格障礙。

情緒對一個人一生的發展有著至關重要的作用，能夠對情緒進行控制的人往往能很巧妙地處理自我的心理危機，化解各種煩惱，從而做自己情緒的主人，那麼，他們的成功也就很容易了。但是，一個總是被情緒所困的人，卻無法讓自己的心智擺脫情緒的困擾，也不能完全釋放自己的潛能。因為，不良情緒總是讓人失去理智，失去正常的思維能力，失去判斷是非的智慧。

現實生活中，每個人的情緒都會時好時壞。可是，我們必須學會控制

自己的情緒。卡內基說：「學會控制情緒是我們成功和快樂的要訣。」日本殿堂級電影導演黑澤明曾說：「情緒失控的人，不能對事物有更全面、更準確的了解，也不能理智地面對生活中的種種考驗。要想掌握自己的命運，贏得成功的人生，一定要學會控制自己的情緒。」

孩子的心理健康和生理健康同等重要。身為家長，不但要意識到不良情緒對孩子的危害，還要根據實際情況，循循善誘，耐心引導，給孩子營造一個良好的環境，讓他們盡情宣洩自己的情緒，讓孩子平心靜氣地走出不良情緒的漩渦，擁有一個快樂而健康的童年。

讓衝動的孩子學會理智

雜誌曾刊登過這麼一篇文章：一個常常登臺領獎的小學生竟成了「殺人犯」，就是因為他的一時衝動。

阿明是個小學六年級的學生，他的學業成績頂呱呱，老師和家長都表揚他，以至於阿明養成了驕傲自滿、不可一世的個性。稍有不稱心的事，就驕橫無理，一觸即發。

在一次文藝演出時，拿著表演用的大刀的小東不小心把阿明最愛穿的愛迪達衣服劃破了，兩人發生了爭執。阿明被憤怒沖昏了頭，抄起旁邊的鐵棍將小東打得頭破血流，倒地不起。最後，阿明受到了法律的嚴懲。

培根曾經說：「衝動就像地雷，碰到任何東西都一起毀滅。」故事中的阿明就是因為一時的衝動，害了別人，也毀了自己一生！這樣的代價太過慘痛了。

生活中，像阿明這樣喜歡衝動的孩子有很多，在他們衝動時，總是很難控制自己的情緒，因而失去理智，做出令人失望的事。孩子偶爾衝動在所難免，如果經常出現衝動、逆反的情況，其危害就不容忽視了。

衝動不利於身心健康

人在衝動、發怒時，體內的各個內臟與組織極度興奮，會消耗體液中的大量氧氣，造成大腦缺氧，為了補充大腦所需要的氧氣，大量的血液湧向大腦，使腦血管的壓力激增。在大腦缺氧以及腦血管壓力劇增的情形下，人的思維會變得簡單粗暴。此外，人在衝動、發怒時，精神心理會過度緊張，造成心臟、胃腸以及內分泌系統功能的失常，時間長了，必然會引起多種疾病，對身心健康大為不利。

衝動影響人際關係

衝動的人往往脾氣比較暴躁，與其他人交際容易產生矛盾。而引起矛盾的誘因多數是因為一些小事，話不投機半句多，輕者發生爭吵，重者拳頭相向。在一個群體裡面，孩子必須和周圍的人進行接觸，如果因為衝動和別人鬧得不愉快，勢必影響一個群體的團結。大家在一個環境裡生活，都希望有一個和睦相處的氛圍，更希望得到周圍人的尊重和理解。而性格衝動的孩子往往以聲壓人，以拳服人，動不動就跟周圍的人過不去，別人自然會厭煩他，對他敬而遠之，長此以往，不僅得不到周圍人的尊敬和理解，還會失去真正的朋友和友誼，以致感到孤獨和寂寞。

衝動的孩子難以獲得進步

每個人都長期生活在一個團隊裡，都想在這個群體裡獲得進步，取得好成績。但如果孩子的性格過於衝動，就很難獲得進步。

一方面，衝動的孩子容易受挫折。有的孩子在平時的學習、生活中都表現不錯，就是愛衝動，他們脾氣比較暴躁，經常和周圍的人爭吵，甚至打架……這樣的孩子輕則受批評，重則挨處分，這樣，個人的成長、進步

自然會受到影響。

　　另一方面，性格衝動的孩子很難得到老師喜歡，長大以後更難得到主管的認可。每個群體都有嚴格的紀律，性格衝動的孩子往往沒有辦法忍受紀律的約束，受到批評或者委屈時，會變得衝動，喜歡和他人鬥嘴，次數多了，必定引起反感，這對孩子的發展是不好的。

衝動的孩子容易走向犯罪的道路

　　在所有導致嚴重後果的衝動中，對社會、對自己危害最大的莫過於「衝動殺人」。在網路上以「衝動殺人」為關鍵字搜索文章，有 8,280,000 篇相關條目大都為衝動而動手的。阿明就是這樣一個例子，無數痛苦的事實與血淋淋的教訓，一再告誡家長：一定要改變孩子性格衝動這個弱點，否則就會成為「魔鬼」的代言人。

　　一般來說，孩子容易衝動的因素主要有兩大方面，既有生理因素，也有社會因素。

　　生理因素是指孩子中樞神經系統的發育不夠完善，特別是大腦皮質興奮和抑制過程還很不平衡。因此，一旦他們緊張、受到刺激，就會非常激動而不能自制。比如：三四歲的孩子，神經系統的興奮過程和抑制過程雖然都有發展，但興奮過程仍占優勢，所以這個年齡的孩子在行為上容易引起興奮，不能約束自己，很容易做出衝動行為。

　　社會因素往往是因為家長對孩子百依百順，或過度地「保護」和限制孩子，使他的衝動行為得以強化。比如：不允許孩子與朋友在一起玩等，時間長了，孩子會很封閉，缺乏群體合作的體驗，於是就形成了「以自我為中心」的思想，一旦有什麼不滿就會表現衝動。此外，環境的不良刺激，如家庭氣氛的緊張，家長對待孩子教育的不一致，缺乏雙親的愛以及

遇有疾病或外傷的打擊等都會導致孩子的衝動行為。

當然，除了生理因素和社會因素之外，還有孩子自身的因素。孩子的情感是不穩定的，好衝動，遇到喜歡的事就開心，遇到厭惡的事就不高興，他們不能有意識地控制和調節自己的情感，如幾分鐘前還在大哭大鬧，幾分鐘後就「雨過天晴」，笑聲朗朗了。

當孩子因衝動而失去理智時，很多家長可能會手足無措，不知道該如何是好。專家建議，對待愛衝動的孩子，家長不妨試用以下幾種方式：

✧ **冷靜處理**：比如有的孩子會出現「人來瘋」現象，家裡一來客人，他就十分衝動，什麼都不顧了。父母一時也難以說服他，這時可採取冷處理，不理他，等客人走後，再對他實施適合的教育。

✧ **以身作則，言傳身教**：家長應以身作則，做到言傳身教，給孩子樹立良好的榜樣。比如：家長應善於調整控制自己的舉止行為，堅持正面教育的原則，改掉那種動輒打罵的衝動教育方法。

✧ **耐心引導**：如果孩子出於好奇心而引起衝動，把東西弄壞了，家長不要打罵孩子，而應耐心地引導他，和他講清楚東西損壞了是很可惜的，要求他以後做事要細心、認真，並啟發和幫助他對感興趣的事情進行探索。

✧ **轉移孩子的注意力**：比如兩個孩子正為爭一個玩具而哭泣時，你可以用另一種遊戲轉移孩子的注意力。當孩子融入另一種遊戲的快樂中，就會破涕為笑。

✧ **告訴孩子遇事三思而後行**：家長應教給孩子，在做出行動之前要多思考，耐心地從多角度考慮，多問幾個為什麼，不要急著行動。

✧ **教孩子學會忍耐**：一個人情緒容易失控，主要是「忍」字功做得不到家。所以修練忍耐功夫是自制的有效措施。當孩子情緒激動的時候，

告訴他一些可以控制情緒的方法，比如可以在心中默數「一、二、三……」再問問自己是否真的值得生氣，也可以透過掐自己的「虎口」穴位以制怒。

✧ **父母的管教方式要一致**：面對孩子衝動時，父母一個唱白臉一個唱紅臉是很不好的，這會讓辨別力不強的孩子陷入迷茫，因此，父母對孩子的管教一定要一致。同時，要讓孩子懂得為所欲為的做法是絕對不允許的。同時父母要有修養，不急躁、不憤怒，要用冷靜、理智的態度來對待孩子。

✧ **教給孩子控制情緒的方法**：家長應教給孩子，當「血液又開始湧向四肢」時，可以選用以下方法來平靜心情：

· 深呼吸，直至冷靜下來。慢慢地、深深地吸氣，讓氣充滿整個肺部。把一隻手放在腹部，確保你的呼吸方法正確。

· 自言自語。比如對自己說「我正在冷靜。」、「一切都會過去的。」

· 採用水療法。讓孩子洗個熱水盆浴，可能會讓孩子的怒氣和焦慮隨浴液的泡沫一起消失。

此外，家長還可以讓孩子嘗試美國心理學家唐納·艾登的方法：想著不愉快的事，同時把指尖放在眉毛上方的額頭上，大拇指按著太陽穴，深吸氣。據艾登說，這樣做只要幾分鐘，血液就會重回大腦皮質，人就能更冷靜地思考了。

總之，家長只有認真對待孩子的衝動，才能避免他們因衝動而失去理智，惹出禍端。父母可營造安靜平和的家庭氣氛，減少或杜絕一些暴力刺激的來源，使孩子在平和安靜的氣氛中靜心進行閱讀或手工製作類的活動，從而減少產生衝動行為的可能性。

讓孩子學會發洩不良情緒

　　在當今社會，越來越多的孩子被診斷出有憂鬱傾向，這些孩子與那些喜歡用大吵大鬧來宣洩情緒的孩子恰好相反，他們如果心裡不快，既不表露，亦不向人表達，屬於壓抑情緒型，旁人無法知道他的想法。

　　孩子不善於表露情緒除與個人性格有關外，也可能與家長過往在處理孩子情緒問題時，過於苛責和不諒解有關，以致孩子因為家長的責罰而不敢和不願表達自己的情緒。如有些家長不喜歡孩子亂發脾氣，當孩子發脾氣時，家長往往會火冒三丈，大聲訓斥孩子立即停止吵鬧，甚至一巴掌打過去。因為有過類似的經歷，導致一些孩子不願表達自己的情緒，壓抑慣了，導致一些孩子性格憂鬱沮喪，心理不太正常。

　　專家表示，這類孩子是最令人擔憂的，因為當他們遇上困難和不快時，身邊的人無法知曉，結果可能會因情緒得不到正確的宣洩而出事。

　　所以，如果你的孩子不善於表達自己的情緒，身為家長，要學會耐心引導，給予時間讓孩子慢慢說出內心的感受，這個時候家長的關心和支持很重要。對於不易接納孩子負面情緒的家長來說，必須在認同孩子情緒方面做出改善，有時孩子向父母表達不悅，只為了找個對象宣洩，所以，家長需留心自己是否給了孩子太多不必要的訓示，或出乎孩子意料之外的責難。

　　家長要明白孩子也有充滿負面情緒的時候，在孩子發洩其心中不悅情緒時，只要沒做出傷己傷人和破壞東西的事情，家長就應該讓孩子用自己的方法來宣洩情緒。專家認為，讓孩子宣洩情緒的較有效的方法如下幾種：

讓孩子盡情地哭

哭是孩子情緒宣洩的一條重要管道。有人說過，家長對孩子最殘忍的事莫過於不讓孩子眼眶裡的淚水往下流。幾乎所有的家長都不捨得讓自己的孩子哭泣，更不曾引導孩子用哭來宣洩自己的情緒。

當孩子遭遇恐懼、委屈、憤怒時，常常會用哭來表達內心的感受，此時，家長不要哄勸孩子停止哭泣或者強行壓制孩子不許哭。因為哭泣可以讓在緊張狀態中的孩子變得輕鬆。

雖然哭是孩子情緒宣洩的一條重要管道，是孩子情緒的自然流露，但絕不是唯一的管道，而且也不是最好的管道。因為這種方式有時得不到周圍人的同情和理解，相反，常會使人感到煩躁不安。因此，引導孩子哭泣也要適可而止。

讓孩子把自己的情緒畫出來或者寫出來

專家認為，讓孩子以畫畫或文字來表達當時的心情，能幫助孩子很好地宣洩自己的不良情緒。因為在這個過程中，孩子可以有機會重組事件經過，並有機會做出檢討和反思。

鼓勵孩子把不良的情緒「說」出來

傾訴是緩解壓力的重要途徑，如果不能讓孩子學會傾訴，那麼，久而久之，孩子遇到什麼事情都不願向家長及他人傾訴，而是把心事悶在心裡，這樣就會造成孩子的心理危機。

傾訴可以緩解人的壓力，讓人把緊張的情緒釋放出來。要讓孩子學會透過這種途徑來排解情緒，在遇到衝突或挫折時，要鼓勵、引導孩子將事由或心中的感受告訴他人，以尋得同情、理解、安慰和支持。孩子對成人

有很大的依賴性，成人對孩子表現出的同情或寬慰會緩解甚至清除孩子的心理緊張和情緒不安，即使在孩子傾訴並不合乎情理的情況下，家長也要耐心地聽下去，至少要保持沉默，等待孩子情緒的風雨過後，再與他細細理論。

幫孩子轉移不良的情緒

　　轉移也是孩子宣洩情緒的良好途徑。當孩子遇到衝突和挫折時，不要讓孩子過多關心所遭遇的事情，而要引導其從這種情境中擺脫出去，盡早投入到自己感興趣的活動中去。例如：孩子因為與其他孩子出現爭執而受到老師批評，家長不要指責孩子不聽話，而要和孩子談談心，講講老師為什麼要批評他，然後，可以讓他到室外去踢一下球，在劇烈運動中將累積的情緒能量發散到其他地方。

　　此外，家長還可以在不同的情況下，給予孩子情緒上的梳理與指導，這樣，孩子才能學會控制和表達自己的情緒，成為真正快樂的人。例如：

✧ **當孩子憤怒時：**

・ 堅持要求孩子用語言而不是用動作來表達憤怒。當孩子生氣時，鼓勵他大聲講出來，並盡可能說出原因。

・ 幫助孩子找到憤怒的原因。孩子有時需要成人的提示來回想自己生氣的理由，如：「你是不是因為小華拿走了你的小汽車才對他發火？」

・ 對孩子的情緒表示理解。如：「我知道你等得有些不耐煩了，可沒辦法，誰都得這樣。」

・ 禁止孩子在發怒時打人。一旦出現這種行為，家長應立即給予勸阻與適當的懲罰。

· 鼓勵孩子直截了當地表達自己的願望，而不是用委曲和抱怨的消極態度。如孩子告狀說：「他打我……」你可以回答說：「大聲告訴他別再打你。」再比如孩子告狀說：「麗麗騎走了我的自行車！」你可以說：「你去問問她，現在能否把車還回來。告訴她那車是你的，你想把它要回來。」

· 為孩子做個榜樣。家長生氣時要講出來，以免控制不住時突然大發雷霆。家長不用在孩子面前掩飾自己憤怒的情緒，讓孩子從你身上學到如何恰當地表達自己的憤怒。但切記，不要用侮辱性的話對孩子表達你的情緒。

✧ **當孩子恐懼時**：一個人若不知道害怕，就很容易遇到危險，但恐懼過多，也難以過正常的生活。讓孩子克服恐懼心理的關鍵在於，幫助他對引起恐懼的因素進行理智思考，具體做法是：

· 充分理解孩子的恐懼。三四歲的兒童已開始關心周圍的世界，由此會產生許多擔憂和恐懼。這時候的孩子，會經常無根據地對人或事產生懼怕心理。對此，家長應表示理解。

· 與孩子討論他所懼怕的事情。如果孩子對現實生活中的事物（如火災、地震等）感到恐懼，家長可以針對這些事情與孩子進行討論，告訴他在這樣的事情發生時，有哪些措施可以保護自己和家人不受傷害。

· 如果孩子對幻想的東西產生恐懼，應明確告訴他這樣的東西是根本不存在的。

· 如果孩子在一段時間裡經常害怕，但又說不出為什麼，應耐心地傾聽孩子的談話，從中找到困擾他的原因。

　　了解到你的孩子在生活中同樣存在壓力，耐心地和他們一起分析解決這些問題，對每位父母來說都是必要的。身為家長，應了解孩子情緒變化的特點，尤其應了解自己的孩子情緒變化的特殊性，有了具體的分析、具體的措施，只要注重從正面培養孩子良好的情緒，掌握調節孩子情緒的必要手段和方法，你的孩子就一定能夠具有健康的心理，健全的人格，良好的素養，從而終生受益。

激發孩子良好的情緒

　　良好的情緒、情感是形成孩子健康人格的重要條件之一。良好的情緒可以提升大腦和整個神經系統的活動，有益於孩子的健康成長，更有益於孩子良好性格的形成。孩子如果經常處於一種積極樂觀的情緒中，就會形成活潑開朗、善良、富於同情心的性格特徵。那麼，如何培養孩子良好的情緒呢？

◇ 家長要正確理解對孩子的愛，要理智地去愛孩子，滿足孩子合理的要求，而不是過度的溺愛和無原則的遷就。

　　對孩子的保護和幫助是必要的，但不能過度。只要不是太危險的事就應該讓孩子去做，去嘗試。家長常常覺得應盡量滿足孩子，讓孩子快樂幸福。但如果讓孩子長時間生活在一種特別幸福的空間裡，孩子對幸福的感覺就會越來越淡漠，逐漸變得畏縮、停滯不前。

◇ 讓孩子對合理的要求有選擇的權利。當然，孩子年齡小，判斷和選擇的能力都是很弱的，家長可以幫助孩子分析，引導他做選擇，這樣可以保護孩子的自尊心、自信心，使孩子的主動性、積極性得到很好發揮。這裡特別要強調的是，家長在培養孩子的興趣方面一定要尊重孩

子的選擇，只有這樣，這種興趣才能成為孩子真正持久的愛好，為活潑開朗的性格提供精神動力。

✧ 要調動孩子積極的情緒必須注意調整孩子的心態。孩子年齡小，自我控制能力很弱，自我調節能力也很弱，家長要教給孩子學會調節自己的情緒，保證孩子心情舒暢。特別是當孩子遇到困難時，別忘了要引導他以積極的態度去克服。

✧ 應根據孩子個體情況有針對性地進行教育。好動、好奇、好模仿是孩子們性格的共性，但每個孩子仍有個人的性格特徵，所以家長要注意分析自己孩子的性格特點，有針對性地做工作。

如果孩子自制能力較好，但行動畏怯，就要多肯定他的成績，培養他的自信心，激發他活動的積極性；如果孩子不專心、難於安定，就要培養他專心、認真、耐心做事的習慣；如果孩子反應遲緩、沉默寡言，就要鼓勵他多參加群體活動，引導他多與其他孩子交朋友，激發他參加各種活動的興趣。

✧ 要激發孩子良好的情緒，家長還應該避免在孩子出現情緒或行為問題時，出現以下錯誤的處理方式：

· **用有吸引力的事物使孩子終止某些消極的情緒**：如見到孩子悲傷時，馬上去買孩子喜歡吃或玩的東西，只要孩子停止那種消極的情緒，什麼條件都答應；或者不管孩子的情緒如何，刻意壓制其情緒的爆發，甚至對他們說：「如果你想別人看得起你，最好把這些不好的情緒埋在心裡。」

· **用責備、恐嚇或打罵來終止孩子的消極情緒**：這類家長把注意力放在孩子的情緒或發洩情緒的行為上，不去深究孩子產生情緒的原因，甚至動輒以批評的態度對待孩子產生的情緒。就算有時主動

了解原因也只是為了做出反應：「合理」的原因會得到諒解，稍微「不合理」的原因會受到責備，而非常「不合理」的原因會受到嚴懲。

· **當孩子出現消極的情緒時，冷漠對待**：這類家長雖然接受孩子的情緒表現，卻不做出積極的反應或加以引導。他們不關心孩子情緒的變化，常會讓孩子感到孤獨和無助。

· **說教**：這類家長不注意孩子情緒或行為的原因，反覆埋怨或囉唆地說教一番。他們的行為極易引起孩子的反抗或厭惡心理。

以上幾種處理方式，都對孩子 EQ 的發展不利，必須加以克服。

要想妥善處理孩子的情緒，提升孩子的 EQ，家長必須善於透過情感上的共鳴來培養孩子感覺他人情緒的能力。如看到孩子流淚，就能設身處地地想像孩子的處境並感受其悲痛；看到孩子生氣，則感受到其失敗或憤怒。家長接受並與孩子分享這種感受，會使孩子更有信心面對困難，因為孩子感到身邊有可信賴之人的支持。家長不責備孩子，不嘲笑孩子的情緒，不主觀地否定孩子的意向，不拒絕他們的要求，孩子就會讓家長了解他們的內心世界。只要孩子覺得家長與自己的立場是一致的，就願意與家長一塊解決問題，接納家長的意見。這樣才有益於激發孩子的良好情緒。

家長應積極應對孩子的壞脾氣

場景一：一次，州州媽媽帶著 3 歲的州州逛商場，她打算為自己選衣服，州州卻吵著要去買玩具。媽媽說買完衣服，再去看玩具，可是，州州非要堅持現在就去，還坐到地上號啕大哭，弄得媽媽十分難堪。

場景二：淼淼過生日時，請了很多小朋友到家裡玩。小朋友們爭搶淼

淼的新玩具，不知是誰不小心把玩具摔壞了，淼淼大發雷霆，不停責怪小朋友。媽媽勸他，淼淼還跟媽媽鬧了起來。

場景三：丁丁爸爸在家趕寫一篇文章，丁丁非要爸爸陪他玩。爸爸不答應，丁丁就不停地哭喊，還亂扔東西，爸爸發火了。這時丁丁的奶奶趕緊過來袒護孫子，丁丁更是鬧翻了天。

孩子養成亂發脾氣的壞習慣是爸爸媽媽所不希望看到的。孩子亂發脾氣會影響其人際社交等各方面能力的發展，不利於孩子今後的成長。

孩子亂發脾氣的原因

✧ **自身的的原因**：3 歲以後，孩子的獨立性和自我意識有了明顯的增強，有了自己的一些主見，但因為語言發展不成熟，還不能很好地表達自己的願望和需求，只能以「發脾氣」的方式達到目的。

✧ **家長過度遷就孩子，放任、溺愛孩子**：一些家長平常過度縱容孩子，孩子要什麼就給買什麼，導致孩子不懂得怎麼控制自己的情緒，如果遭到拒絕，他們就亂發脾氣，以此達到自己的目的。尤其是當孩子第一次發脾氣沒有引起大人的重視，就會一而再、再而三地亂發脾氣，形成習慣。

✧ **家長的虛榮，促成了孩子的壞脾氣**：由於爸爸媽媽的虛榮心，總要使孩子在任何物質享受上超過別人。別的孩子有的自己孩子要有，別的孩子沒有的，自己孩子也要有。爸爸媽媽省吃儉用，給孩子買鋼琴、大提琴，即使自己的孩子沒興趣，也要滿足爸爸媽媽的虛榮心，在不知不覺中使孩子滋生了自高自大的心態，總以為自己高人一等，在家中不服爸爸媽媽管教，在學校不聽老師教導，形成了以「我」為中心，一切按「我」的意願去做的習慣，一旦不順他的心，他就會亂發脾氣。

✧ **家長的教育態度過於嚴厲**：一些家長對孩子的教育方式比較粗暴，動不動就訓斥孩子，使孩子對各種事情沒有任何解釋和發言權，這樣會使孩子減少或缺乏學習用語言正確表達情感的機會，這就有可能使孩子最終學會粗暴待人等不良習慣。

孩子亂發脾氣的控制和糾正方法

孩子不良的情緒妨礙他的健康性格的成長，家長一定要給予重視。要想幫助孩子快樂成長，關鍵是幫助孩子學會調整自己的情緒。對情緒的認知和表現，會影響孩子的做事態度與做事方法。因此，當孩子亂發脾氣、無法控制自己的情緒時，家長可以採取以下方法加以控制和糾正：

✧ 當你發現孩子要發脾氣時，不妨先發制人。孩子在一些地方特別容易發脾氣，如在商店裡或家裡來客人時，家長在這些場合往往態度過於溫和、妥協，使孩子有可乘之機。所以，越是這樣的場合越要態度堅決，使孩子不敢再利用這些機會提要求。

　　如果家長控制得當，很多孩子有過一兩次經驗後，很快就會糾正亂發脾氣的行為。

✧ 孩子發脾氣的時候最好的辦法是冷落孩子，發完脾氣後教育孩子。「媽媽不喜歡你發脾氣，你想哭就哭吧，什麼時候不哭了，媽媽才會理你」。一定不要因心疼孩子或別的原因放棄原則。

　　由於孩子對自己情緒的控制能力比較差，他們時不時地發「小脾氣」是常見的事情，有時不見得是什麼異常現象，也不需要特別地加以「控制」，大人採取視而不見的冷處理辦法，孩子的脾氣可能很快就煙消雲散。

✧ 孩子發作之後，對其加以適當的懲罰，你可以讓他道歉，保證以後不

再這樣做。如果這次是重犯錯誤，還可以給予一些具體的處罰，如不許玩玩具，不許看電視等。總之，要讓孩子感到發脾氣帶來的後果簡直糟透了，以後再也不能這樣做了。

✧ 把握一切機會，對孩子進行教育。家長要經常對孩子說：人的很多願望是無法實現的，有的時候，我們必須學會控制自己的欲望。當孩子放棄了自己不合理的要求時，家長應及時給予表揚和鼓勵，讓他的心裡產生一種愉悅感，促使他產生更多的積極行為。

✧ 如果孩子之間發生了爭吵打鬧，最好的辦法是引導他們辯明是非後自己去解決問題。如果吵鬧得不可開交，只要不出現危險或互相傷害，家長就不要急著去阻止，而要先讓孩子平心靜氣地安定下來，再讓他們各自講出自己的理由。

家長可以透過孩子的訴說，觀察孩子的交際行為，了解孩子的社會交際處理能力，以便發現問題及時糾正，並引導孩子設身處地地去理解對方的理由、接納對方的意見，最終達到互相諒解、握手言和。

✧ 當孩子固執亂發脾氣時，家長應立即指出他的錯誤，直到孩子「軟」下來。而當孩子有所進步，如同樣一件事，孩子在以前會亂發脾氣，現在不再亂發脾氣或亂發脾氣減輕了，家長要及時給予表揚和鼓勵，希望孩子能堅持下去。長此以往，孩子正確的行為得到鞏固，錯誤的行為會逐漸消除。

✧ 讓孩子參加一些「磨性子」的活動。比如：讓孩子參加學校或校外的書畫興趣班，在書畫練習中陶冶性情；讓孩子一起剝毛豆，理韭菜，參加諸如此類的家務勞動，可以培養孩子的耐力和毅力；在週休日，與孩子一起進行登山、遠足等活動，磨練孩子的意志，增強其自我控制能力。許多事實證明，這些活動實施一年後，愛發脾氣的孩子都有

了不同程度的進步。

✧ 教育孩子學會自我控制。孩子自制力一般都很差，當他發脾氣時，
你可以這樣告訴他：當他想要發脾氣時，可反覆默念「不要發火」、
「沒什麼要緊的」等放鬆的語句；或者讓他到外面去玩，這樣「氣」
頭一過，也就不存在發脾氣的事了。

✧ 少責備，多讚揚。孩子發脾氣時，不要過多責難，更不應實行體罰。
那樣做的效果只會適得其反。父母應更多地關心孩子平和的行為，並
就這些行為加以讚揚，投去讚許的笑容，讓孩子在不知不覺中培養平
和的個性。千萬不能讓孩子時時提心吊膽，總是擔心自己又做出激烈
的讓父母討厭的行為。孩子越是提心吊膽，就越容易出格，越容易發
脾氣。

另外，家長要讓孩子明白，發脾氣不但於事無補，而且還會越鬧越
僵，甚至一發不可收拾。當孩子發脾氣時，不妨讓他換位思考一下，如果
別人對他發脾氣，他的心裡會是什麼感覺。讓孩子想想發脾氣的後果，學
會「三思而後行」，他的脾氣就會慢慢平息下來。

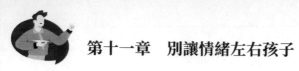 第十一章　別讓情緒左右孩子

第十二章　誠信為孩子贏得成功的機遇

俗話說：「人無信不立」，誠信是人類交際的紐帶，也是一個人應有的品行。特別是在今天這個競爭與合作的社會裡，這種品行就顯得尤為可貴了。

一個誠實、言必有信、一諾千金的人不但能贏得他人的信任，還能為自己贏得更多的機遇。相反，一個人如果喜歡撒謊，對自己說過的話不守信用，遲早要失去他人對自己的信任，從而導致信譽危機，這樣的人是很難在社會上立足的！可以說，誠實、守信是一個人立足於社會的扎實基石。建立與培育誠信的品德要從童年開始。

第十二章　誠信為孩子贏得成功的機遇

誠信是一種美好的德行

古往今來，有很多關於「誠實、守信」的故事。

有一位國王張榜求賢，準備選一個誠實的人，為他徵收稅款。為了保證這個人對國王盡忠盡職，不貪汙，不弄虛作假，一位謀士為國王獻了一計。

第二天，所有應徵者都被喚到王宮，謀士要他們一一從走廊單獨過去見國王。走廊裡光線暗淡，所有應徵者都順利通過走廊，來到國王面前。國王說：「來吧，先生們，拉起手來跳個舞。我想知道誰的舞姿最優美。」

在豪華的宮殿上，當音樂響起時，絕大多數應徵者頓時傻了眼，臉色漸漸由白變紅，羞愧難當。這時，只有一個人毫無顧忌地跳起歡快的舞蹈，顯得那麼輕鬆自如、充滿自信。

聰明的謀士指著那個正在翩翩起舞的人說：「陛下，這就是您要找的誠實人。」

原來，謀士在光線暗淡的走廊上放了好幾筐金幣，凡是單獨穿過走廊在自己衣袋中裝上金幣的人，就不敢跳舞。因為一跳舞，衣袋中的金幣就會叮噹作響。只有那個誠實的人單獨穿過走廊時，沒有把金幣裝入腰包，當然就不怕跳舞露餡了。

國王走下寶座，拉著那個誠實的人，高興地說：「你能夠不為金錢所動，真是好樣的。」

這個故事為我們揭示了一個道理：誠實是可貴的。

誠實是做人的基本準則，是一個人最重要的素養，是一切美德的根本。在競爭日益激烈的社會，誠信不但是人性優點的基礎，而且是立足社會的基石。對於孩子來說，誠實、守信是最珍貴的品德，有了它，孩子不但人格高尚，受人歡迎和敬重，還會因此得到許多難得的機會，獲得成功。

　　信用即契約。在現代社會中，無論是生產、交換，還是分配、消費，每一個環節都離不開信用。在人與人之間的交際和共處過程中，規定和秩序往往是靠守信來堅守的。不管是在哪一個時代或者哪一個社會，不管是在哪一個行業或者哪一個領域，不同的人都因為講信用而得到不同的好處。比如生意人講誠信會給他帶來更多的財富。朋友之間講誠信會讓他得到更多的知心朋友。上級對下屬講誠信會贏得下屬的信任……

　　一個誠實、守信用的人能做到承諾時要實事求是，並努力兌現。因為守信用，他獲得了朋友的信任，所以人際關係比較融洽，在身心上比較愉悅，這有助於他更加高效地學習或者工作。相反，一個不守信用的人必定會失去朋友的信任，從而導致人際關係的惡化，最終不僅僅是失去朋友，還會因此弄得身心俱疲，失去生活的樂趣和自信。

　　守信的人也比較容易得到「機會」的垂青，所以相對「幸運」！反之，一個不守信用的人，總是因小失大，不但會因為不守信失去他人的信賴，失去成功的可能，還可能導致一些不良的後果產生，對自己的人生無益！

　　如果我們的孩子能從小養成誠信的好習慣，必定能為自己的人生開創更加平坦的道路，獲得更多成功的機會！

撒謊屬於「魔鬼」的行徑

　　在德國，曾發生過一個令人震驚的故事：

　　1946 年 7 月 4 日，凱爾采市的幾百名市民衝向街頭，追趕著一些猶太人，見了就打、就殺。有的猶太人被抓到帕蘭蒂大街 7 號的一幢房子裡活活打死。這場殘忍的屠殺從早上 10 點持續到下午 4 點，有四十多人被殺害，其中 2 人因為被誤認為是猶太人而被打死。

此時，德國法西斯已滅亡一年多了。

　　那麼，是什麼人重演了這場悲劇，原因是什麼？說來也許令人難以置信，這次屠殺竟是由於一個孩子的謊言引起的。

　　赫里安是一個鞋匠的孩子，當時他和父母剛從鄉村搬到凱爾采市，對城裡的生活很不習慣，他想回家找朋友去玩。7 月 1 日，他偷偷回到鄉村小朋友之中，3 天後他又溜回城裡。回來後，父親狠狠地揍了他一頓，並大聲責問：「你這頑皮鬼，這幾天跑到哪裡去了？是不是被猶太人拐去了？」孩子見爸爸這副凶神惡煞的模樣，就順水推舟地「承認」了這幾天是被猶太人拐了去，還謊稱猶太人把他拐到帕蘭蒂大街 7 號的一個地窖裡虐待他。

　　正在氣頭上的父親立即到警察局報了案。在回家的路上，認識的人好奇地問父子倆發生了什麼事，他們就繪聲繪色地把赫里安被猶太人拐去的事情講了出來。這些人聽了之後，異常憤怒，聲言要對猶太人報復，當時，雖然第二次世界大戰已結束了，但德國法西斯的排猶思潮陰雲未散。就這樣，捏造的「事實」在幾小時內一傳十，十傳百，越傳越走樣，甚至傳說赫里安被猶太人殺害了。一場對猶太人的屠殺慘劇就這樣釀成了。

　　如今，帕蘭蒂大街 7 號這幢房子已被改為紀念館，目的是讓世人記住謊言給人們造成的傷害。而已經 60 歲的赫里安每當回想起這段往事，就有一種負罪感。

　　一個小小的謊言竟會釀成如此慘絕人寰的悲劇。這難道不讓我們引以為戒嗎？也許你會說這種事情之所以發生那是因為事出有因，但是，在現實生活中，孩子的謊言即便還沒有這麼大的「殺傷力」，但一樣是一種欺騙，它不僅影響孩子健全人格的發展，還影響孩子的人際社交與今後的生活；嚴重的話，還可能導致犯罪行為的發生。具體表現在以下幾個方面：

　　說謊讓孩子自尊受損。孩子因為說謊又被人識破，就可能導致下不了臺，在眾人面前失去自尊。一個人一旦失去自尊心，不看重自己，就可能自暴自棄，什麼事都做得出來。

　　說謊還會喪失信用、得不到別人的同情與幫助。它不僅害了別人，也害了自己。在家裡說謊傷害父母；在學校裡說謊辜負了老師的期望。最終，被謊言所傷害的不是別人，而是自己，因為自己將從此不被信任，被他人所鄙視。說謊讓孩子失去美好的素養，迷失自己的本性。因為讓謊言蒙住了自己的眼睛，因為怕被點破謊言露餡，所以，孩子得不斷用新的謊話遮掩它，這樣，不要說被孩子騙了的人，即使是他自己的日子也會過得亂七八糟。這些謊言一個接一個地犯下去。最終會把孩子引到一條不歸路上，甚至斷送了自己的一生，到那時候後悔也來不及了。

　　說謊導致心靈的折磨與煎熬。當孩子透過說謊達到目的之後，因為擔心自己的謊言露餡，所以總被恐懼所折磨。因此他們的心靈總是痛苦的，沒有什麼幸福可言。

　　而且，相關研究顯示，說謊對身體健康還有壞處。學者們在調查研究中發現，一個人說謊時，他的神經系統將受到不良影響。說謊常常引起人的交感神經興奮，使大腦的正常功能不能完全發揮，容易造成神經系統疾病或精神障礙。如果緊張情緒長時間得不到消除，脈搏跳動頻率就會加快，血壓上升，呼吸頻率加快，並使體內白血球的數目減少。調查還表示：經常說謊的人，要比其他人更容易患高血壓、消化不良、胃潰瘍、便祕、皮膚過敏、偏頭痛、關節痛等疾病。即使一個人是在無惡意地說謊，也會使體內神經細胞受到不良的干擾，對身體健康不利。

　　總之，說謊的後果非常嚴重，它絕不是偶然說說的，如果一個人慣於用謊言欺騙別人，必定是從小就已經養成了這種習慣。為了讓孩子的雙眼

不因此蒙塵，更為了孩子的健康成長，每一個家長都有責任培養孩子誠實、不說謊的習慣。

剖析孩子愛撒謊的原因

每個家長都希望自己的孩子具有誠信的良好品格，不喜歡孩子撒謊。然而，在現實生活中，孩子撒謊卻成了一種很普遍的現象。

現象一：

這天早上，黃志超沒有交數學作業，老師問他：「為什麼沒交作業？」黃志超說：「我昨天做完了，忘記放書包裡了。』

老師看他一臉坦誠的模樣，便說：「那你明天把作業帶來吧。」

這時，黃志超的同桌立刻站起來說：「老師，他說謊，作業就在他書包裡，他一個字也沒寫。」

現象二：

開學時始，四年級四班還是沿用上學期的班級幹部，王大偉擔任國語課小老師。這天，王大偉的爸爸問他：「你們選出班級幹部了嗎？」王大偉驕傲地說：「我被同學們選上當副班長了。」

王大偉的爸爸聽了，高興地拍拍兒子的肩膀：「真不錯！好好努力哦！」

王大偉甚是自得地點了點頭。

後來，王大偉的爸爸從老師處了解到這純屬是王大偉自己捏造出來的。很生氣，也很困惑，不知兒子為何說謊。

其實，孩子並非生來就會撒謊，他們的天性是純真而直率的，他們不會隱瞞自己的意圖，不會掩飾自己的情緒。但因為種種原因，使有些孩子

把說謊當成了一種習慣。他們回家晚了怕父母責罵時會撒謊，想幫同學過生日買禮物沒錢時會撒謊，考試考不好時會撒謊，不想寫作業、想出去玩的時候也會撒謊……為此，家長們非常頭疼。

孩子撒謊的種類有很多，但總體上可以分為兩種 —— 無意撒謊和故意撒謊。無意撒謊，多發生在學齡前兒童身上。由於這個年齡階段的孩子還小，有時他們分辨不清楚想像與現實，就會出現撒謊的現象。如到了晚上，孩子不肯進被窩，說被窩裡有老虎，媽媽告訴他沒有，他卻好像真的看到一樣。事實上，這是孩子白天在動物園或者畫報上看到了老虎。這個階段的孩子都是這樣的，想像與現實很容易混淆，並且有時想像還會脫離現實。這時家長不必大驚小怪，更不能認為孩子是在說謊，因為這些是「無意撒謊」。只要大人對孩子講清道理，他們會很快改正過來的。

值得家長注意的是「有意撒謊」。如孩子做錯事後，怕老師責罵、同學們看不起、挨家長的打罵，所以隱瞞自己的錯誤，並對大家說謊話。面對這樣的謊話，家長們就要慎重對待了。一般來說，導致孩子有意撒謊的原因有如下幾個方面：

模仿大人

雖然沒有一個家長故意去教孩子說假話，即使經常說謊的家長也並不喜歡自己的孩子說謊。但如果家長在和孩子相處中，為了哄孩子聽話，經常用一些假話來騙他或者是家長經常對別人說假話，不時地被孩子耳聞目睹，孩子就會慢慢學會說假話。還有一種情況，是家長出於成人社會裡的某種掩飾需求，經常說些虛飾的話，雖說並無道德上的不妥，只是一種社會交際技巧，但如果被年齡尚小的孩子注意到，也會給孩子留下說假話的印象，教會他們說假話。

第十二章　誠信為孩子贏得成功的機遇

小明的媽媽是一位主管幹部。一天，媽媽正在敷面膜，外面傳來門鈴聲。媽媽讓小明去開門，並教他說：「媽媽不在家。」小明這樣做了。但是，他迷惘地問媽媽：「你明明在家，為什麼說不在呢？」

媽媽笑笑說：「你沒看到媽媽忙著嗎？我不希望別人打擾我！」一次，兩次，多次遇到這種情況以後，小明便認為媽媽撒謊是一種應付的技巧，其實撒謊也不是什麼大錯誤。於是，他也開始用這種技巧應付媽媽了。

怕「壓力」

有些家長比較嚴厲，對孩子的每一種過錯都不輕易放過，都要批評指責，甚至打罵；或者是家長太強勢，說一不二，不尊重孩子的想法，不體恤孩子的一些願望。這些都會造成孩子的情緒經常性地緊張和不平衡，他們為了逃避處罰、達成願望或取得平衡，就去說假話。

小寧從媽媽口袋裡拿了錢去買文具。媽媽發現錢少了。就問小寧，同時還說：「如果是你拿的，說實話，我就不打你。」小寧以為坦白了就可以不挨打了，於是便承認了。媽媽得知孩子的偷竊行為，氣上心頭，完全忘記了許下的諾言，照著小寧的屁股就是打了好幾下。媽媽食言了，下一次遇到同樣的情況，孩子為了不被挨打，肯定不會說真話了。

所以，有些時候，孩子的謊言往往是被父母逼出來的。

逃避現實

有時小孩子為了不願意做或不能做某事時，便叫頭疼呀！肚子疼呀！用各種謊言去欺騙父母或老師，這種謊言又往往得到父母或老師的同情，因此以後便也常說謊去推諉了。

好虛名，要面子

一件事本來不是孩子做好的，但說是他做的，可以得到獎賞，面子光彩，於是孩子說謊了；事本來是孩子做的，但做得不好，怕丟臉，於是他說那件事不是他做的，也說謊了。

貪利

很多小孩子因為嘴饞，要吃東西，隨便說謊；也有些小孩子為了要得到很高的分數或獎品，便在考試時作弊，還硬說自己的本領高人一等。這都是為了貪利的緣故。

此外，家長的引導不當也可能導致孩子撒謊。

媽媽問 5 歲的青青：「你喜歡媽媽，還是喜歡爸爸？」青青說：「喜歡爸爸。」這時，媽媽板起臉孔，教訓她：「沒良心的東西，從小到大我最疼你，為你買吃的、買穿的，你卻喜歡爸爸！」青青一看這情況，馬上改口說：「我喜歡媽媽，媽媽好！」於是，媽媽笑得嘴都咧開了，又是抱又是親。從此，青青學會了看什麼人說什麼話，當著媽媽說媽媽好，當著爸爸說爸爸好！

事實證明，每個孩子小的時候都曾或多或少地對別人說過謊話。面對說謊的孩子，家長們不要太焦急，只有了解了謊話的種類和孩子撒謊的原因，才能對症下藥，從而對孩子進行正確的引導。只要家長引導得當，孩子都能改掉撒謊的壞毛病，養成誠實守信的好習慣。

冷靜處理孩子撒謊的行為

故事一：

9 歲的小女孩軒軒學業成績中等，但是體育特別好，尤其是跑步很突出。上學以來，每次運動會都得獎，她也對自己非常自信。

一天，軒軒特別高興地跑回家，剛進門，就飛到媽媽的面前，興奮地說：「媽媽，我們今天開運動會了，我參加了 100 公尺、400 公尺、800 公尺比賽，都得了第四名，但是跳遠得了第一名。」

軒軒的媽媽聽了特別高興，鼓勵她說：「下次我們好好練練，一定能進前三名。」

巧的是，第二天，軒軒的媽媽正好到學校有事。老師跟她說：「軒軒沒有參加今年的運動會，因為預選賽落選了，情緒有點低落，讓她明年好好準備一下，爭取參加，她還是挺有潛力的。」軒軒的媽媽愣住了，她很悲哀，也很困惑，不明白自己的孩子為什麼要撒謊。

故事二：

軍軍是一個 7 歲的小男孩，剛進入一家寄宿學校上學。負責軍軍生活的老師對軍軍非常關心，對他照顧得無微不至。可是，沒想到的是，在軍軍上學一個月後，軍軍回家告訴媽媽：「生活老師對我太苛刻了。」媽媽很生氣，隨即找到學校，可是經過了解和調查，生活老師對軍軍其實是很慈愛的。媽媽知道誤會了生活老師，趕緊向生活老師道歉。

回到家，媽媽問軍軍為什麼要撒謊？軍軍則很不好意思地說：「我只是開個玩笑而已！」媽媽聽了，氣得直翻「白眼」！

站在家長的立場上剖析兩個媽媽的心理與表現，我們是完全能夠理解她們的無奈與不安的。畢竟每個家長都希望自己的孩子誠實、不說謊。也

正因為如此，當孩子出現了撒謊的現象時，這些家長就會覺得天都要塌下來了。

　　事實上，身為家長，當知道孩子說謊的時候，不要著急，也不必失措，應該冷靜行事，千萬不可因為氣憤而亂了陣腳，更不能盲目地指責。以下做法可供參考：

✧ **及早發現，及時教育**：有的孩子在最初說謊時沒有什麼動機，只是在比較緊張的情況下，怕遭到責罵才說謊，如果家長沒有識破，孩子會很得意，以後會接著說謊；但是如果家長識破了孩子的謊言，並對孩子進行教育，那麼孩子也就不敢再輕易說謊了。所以及早發現孩子說謊，及時對其進行教育，是很有必要的。

✧ **以真誠打動孩子**：家長要和孩子一起分析說謊的危害，讓他明白自己說謊，父母是會傷心的。讓孩子從感性的角度去理解說謊給他人帶來的心靈傷害。懂得為了不讓家長傷心，養成不說謊的好習慣。

✧ **引導孩子了解說謊的不良後果**：家長可以透過電視、書本等媒介引導孩子一起去了解生活中一些虛假、說謊的現象，比如那些貪官為什麼會進了監獄，是因為他們貪汙、說謊，給他人、給社會帶了巨大的損失等。讓孩子明白說謊的行為是不可取的。

✧ **要鼓勵孩子說老實話**：孩子有了過錯，當他如實向父母彙報以後，父母在處理上，應該明顯地和他說謊時不同。錯誤自然要批評，因為這種批評是讓孩子明是非、辨善惡，是對他一輩子負責。但另一方面，父母不但不能由於孩子承認過錯而加重責罰，還要對這種老實認錯的行為給予表揚，讓他體驗到誠實的可貴。

✧ **適當懲戒**：有些父母採取懲戒的方法糾正孩子的說謊。這種為「戒」而「罰」，也是愛的基本方式之一，然而這又是一種最令人棘手和帶

第十二章 誠信為孩子贏得成功的機遇

有風險的愛，因為孩子容易抵觸施加懲戒的人。但是，如果你的懲戒出於愛心，又執行得合理、巧妙，事後講清道理，孩子會受益很大，並心悅誠服。我們可以創造一些有效的措施，來懲罰孩子說謊，如朗誦一個講誠實的故事，抄寫一段論誠實的名人名言，寫一篇討論誠實問題的日記或文章，取消一次外出遊玩的安排等。

✧ **要提升孩子各方面的能力**：有些孩子做錯事、撒謊跟他個人的某方面能力有關，比如孩子撒謊的內容常常與念書和做功課有關，因為孩子的念書不好或功課存在問題，所以撒謊。同樣的，如果他的學習好了，當然也就沒有必要說謊了。所以培養孩子良好的學習能力可以有效地避免孩子說謊。同樣，培養孩子其他方面的能力，也可有效地減少孩子說謊的可能。

另外，要特別重視撒謊屢犯的孩子。如果孩子經常說謊，大人就要高度重視了，父母要認真分析孩子說謊的原因，應及時揭穿，讓孩子知道謊話騙不了父母。否則孩子就會覺得父母是「好騙的」、「可欺的」，繼而膽子越來越大，謊話越說越多。

當然，要想孩子不說謊，家長還需要注意自己的原則，做到：

✧ **要滿足孩子合理的願望和要求**：對孩子提出的合理要求要盡量滿足，如一時無法滿足，必須向孩子說明理由。如果對他們的願望與要求不分青紅皂白地一律不予理睬或一味拒絕，就容易使他們說謊或背著家長做壞事。

✧ **正確對待孩子的過錯**：孩子或因自制力弱，或因年幼無知，或其他偶然的原因，常會出現差錯。對此，家長要冷靜對待。孩子犯了錯誤，家長要本著關心愛護的原則，態度溫和地鼓勵孩子承認錯誤，幫助孩

子找出錯誤的根源，改正錯誤。這樣，孩子會信賴你，親近你，勇於向你說真話。

✧ **忌打罵與不分場合的批評**：孩子正是因為擔心懲罰才說謊的，家長的打罵只會讓孩子更加不敢說真話，只有做到心懷寬容，對於孩子的誠實多鼓勵、表揚，才能讓孩子勇於承認錯誤，勇於說真話。也才能真正領略到說真話的好處。而不分場合的批評將嚴重傷害孩子的自尊心。這樣，孩子以後在人前將抬不起頭來，更會因此失去他人的信任，遭到夥伴的嘲笑。

✧ **要針對孩子的特點**：對孩子的要求，要適應各個年齡層生理、心理發展的程度，不能過高、過急。否則，孩子會感到有壓力，促使他不自覺地隱瞞和掩飾真相，助長說謊的習慣。

✧ **不要當場揭穿孩子的謊言**：孩子都有自尊心，雖然他的謊言十分拙劣，但家長還是盡量不要當場揭穿他的謊言。不如對事件來個冷處理，給孩子保留自尊，在事後不久再幫助孩子反省。

總之，家長應該讓孩子了解到，撒謊是不對的（除了某些善意的謊言），只有誠實的孩子在面對自己的錯誤時，才能勇敢面對，不輕言放棄，也不會欺騙別人，更不會走入極端。孩子了解到撒謊的惡果，才能避免其不良行為的發生，這對孩子的成長來說，是有利的！

讓孩子做一個誠實、守信的人

生活中，常有家長抱怨，自己的孩子不能說到做到，明明說好要去寫作業的，但是作業還沒有寫完，只要一有「誘惑」就把自己的承諾忘得一乾二淨。答應爸爸媽媽的事情，只要不提醒，別想他們能夠自覺去完成。

凡事都有因果，如果想了解造成孩子不能「守信」的原因所在，家長要先追究一下自己的責任、自己的教育方式。

那麼，身為家長，如何才能引導孩子成為一個誠信的人呢？建議如下：

給孩子樹立誠信的榜樣

父母作為孩子最直接、最親近的老師，應該為孩子達到良好的榜樣作用。要從自身做起，做一個誠實守信的人，用自己的言傳身教來影響孩子。在日常生活中，一旦允諾給孩子什麼，就要努力兌現。

曾子是著名的思想家。有一次，他的妻子要出門，兒子要跟著一起去。她覺得孩子跟著很不方便，想讓孩子留在家裡，於是對兒子說：「好兒子，你別哭，你在家裡等著，媽媽回來殺豬給你燉肉吃。」兒子聽說有肉吃，就答應留在家裡。曾子把這一切看在眼裡，記在心裡。

當曾子的妻子回到家時，看到曾子正在磨刀。就問曾子磨刀做什麼。曾子說：「殺豬給兒子燉肉吃。」妻子說：「那只是說說哄孩子高興的。怎麼能當真呢？」

曾子語重心長地對妻子說：「你要知道，孩子是欺騙不得的。如果父母說話不算數，孩子長大後就不會講信用。」於是。曾子與妻子一起把豬殺了，為兒子做了香噴噴的燉肉吃。

在日常生活中，我們經常會聽到媽媽這樣警告孩子：「如果你再撒謊，我就用針把你的嘴縫起來。」但有人問這位母親：「如果孩子真的撒謊了。你真會縫上他的嘴嗎？」顯然，這位媽媽對孩子說的話本身就是不實際的，用這種方式來教導孩子是非常不可取的。

要糾正孩子的不守信用行為，家長首先要做到言行一致。孩子的模仿

能力很強，很容易受到某種行為的暗示。如果家長言行不一，不履行承諾，孩子就會受到暗示，跟著模仿。例如：家長如果答應了孩子星期天帶他到公園去玩，就一定要去。如果臨時有事，也要先考慮事情重不重要，若不重要，就要堅守諾言；如果事情確實比較重要，一定要向孩子說明情況，並爭取以後補上去公園的活動。

讓孩子樹立誠信觀

孩子的思想是單純的，父母要給他們樹立一種誠信為人的觀念。教育他們與朋友交際要真心，對老師、父母不說假話，作業不抄襲，考試不作弊，對待他人要懂得「己所不欲，勿施於人」的道理，答應別人的事情就要做到，做不到就不要輕易答應。

給予孩子充分的信任

父母尊重、信任孩子，孩子才會反過來更加尊重、信任父母，信任父母的孩子是不會說謊的，因此，和孩子相互信任，孩子就不會說謊。信任能換來誠信。

然而，在現實生活中，我們經常會看到這樣的父母：他們要求孩子吃完飯在房間裡學習半小時，結果卻每隔五分鐘進去看一下孩子是否在偷懶；他們要求孩子去買件東西，也總擔心孩子把多餘的錢買零食吃。

父母們的這些行為，往往導致孩子用撒謊來對抗，而父母們卻認為自己的懷疑是有根據的，這就更加滋長了孩子的不誠信。蘇聯偉大的教育家馬卡連柯（Makarenko）非常注意對孩子的信任，他認為，信任可以培養孩子的誠信。

有一次，馬卡連柯派一個曾經是小偷的學生去幾十里外取一筆數目不

少的錢。這位學生由於曾經是小偷，在同學的眼中被視為另類，沒人與他來往，他非常渴望得到信任。

接到馬卡連柯的任務後，這位學生簡直不敢相信這是真的，他問馬卡連柯：「校長，如果我取了錢不回來了，你會怎麼辦呀？」馬卡連柯平靜地回答：「這怎麼可能？我相信你是一個誠實的孩子，快去吧！」當這位學生把錢交給馬卡連柯的時候，他要求馬卡連柯再數一遍。馬卡連柯卻說：「你數過了就行。」於是，隨手把錢扔進了抽屜。

事後，這位學生是這樣描述自己的心情的：「當我帶著錢在路上，一路上我在想，要是有人來襲擊我，哪怕有十個人，或者更多，我也會像狼一樣撲上去，用牙咬他們，除非他們把我殺死！」

馬卡連柯就是運用信任的方法培養了這位學生誠信的行為。

從小對孩子進行誠實教育

在日常生活中，家長可以多向孩子講一些誠實的故事，從小給予孩子正確的引導和教育，使孩子在潛移默化中了解到只有誠實的孩子受人喜歡，說謊的孩子只會令人討厭。

透過實例讓孩子明白誠信的重要性

進行誠信素養教育，家長可借助實例，讓孩子明白誠信對一個人來說是多麼重要的，不誠信會帶來什麼惡果，誠信會有什麼收穫。

在美國華盛頓州塔科馬市，10歲的漢森正在與小朋友在家門口的空地上玩棒球。一不小心，漢森將球擲到了鄰居的汽車上，把車窗玻璃打壞了。

其他小朋友見闖了禍，都嚇得逃回了家。漢森呆呆地站立了一會兒，決定親自登門承認錯誤。剛搬來的鄰居原諒了漢森，但還是將這件事告訴

了漢森的父母。當晚，漢森向父親表示，他願意將替人送報紙儲蓄起來的錢賠償鄰居的損失。

第二天，漢森在父親的陪同下，又一次去敲鄰居家的門，表示自己願意賠償。鄰居聽了漢森的話，笑著說：「好吧，你如此誠信，又願意承擔責任，我不但不怪罪於你，而且從心裡佩服你，希望你經常到我家裡來玩，我喜歡誠信的孩子。」

由此可見，如果你的孩子付出誠信，他就會收穫信賴；如果你的孩子付出虛偽，他就會得到欺騙。

要注意提升孩子的認知水準

有時由於孩子對事物不清，總把希望、幻想當成現實存在的，也容易造成孩子做出不守信用的事情。所以，讓孩子面對現實、認清現實、減少對現實的誇大，是培養孩子守信的重要手段。

總之，在培養孩子做一個誠實、守信的人的問題上，家長既要正確地言傳身教，又要及時地鼓勵、幫助，還要注意做到尊重他、理解他，一如既往、滿懷信心地愛他。只要家長的教育方法得當，孩子一定能夠成為一個誠實守信、光明磊落的人。

第十二章　誠信為孩子贏得成功的機遇

第十三章　別讓虛榮腐蝕孩子的心靈

　　虛榮心是一種追求表面上的榮耀、光彩的心理。虛榮心重的孩子很難正確看待自我，他們常常將名利作為支配自己行動的內在動力，總是在乎他人對自己的評價。

　　對於孩子來說，虛榮是腐蝕他們美好心靈的毒汁，因為虛榮，孩子可能會在「糊里糊塗」中做出害人害己的蠢事。因此，家長應從小幫孩子糾正這種不良的心態，使孩子健康成長。

虛榮是孩子心上的一顆「毒瘤」

小薔是個漂亮的小女生，圓圓的大眼睛，笑起來還有一對可愛的小酒窩，可討人喜歡了。叔叔阿姨們看到小薔，都不禁想捏一捏她粉粉的臉蛋。慢慢地，小薔越來越喜歡聽別人的讚美了。只要聽到其他孩子受到表揚，小薔就很不高興。她覺得只有她一個人才配得到別人的表揚。

在學校裡，小薔總喜歡出風頭，搶著發言，搶著做好事。只要老師笑瞇瞇地摸著她的小腦袋，誇獎她好乖，她就高興的什麼都忘記了！除此以外，小薔還喜歡穿漂亮的新衣服，衣服稍微舊一點，她就覺得穿出去不漂亮，很丟臉……

像小薔這樣的行為方式就是虛榮的一種表現。事實上，每個人都或多或少地有點虛榮心，這是正常的，因為大多數人都渴望自己被人尊重，被人敬仰，都希望自己能做得更好、更理想。恰到好處的虛榮心能夠激發一個人的潛能，使其得到更好的發展，但是，如果虛榮心太重，就會影響心理健康，影響正常的學習和生活。

有人說，虛榮心是一種扭曲了的自尊心，如果孩子沾染上「過於虛榮」的性格，對其有害無益。因為虛榮心強的人，會因為一個羨慕的眼神神舒心悅；會因為一句大而無當的恭維眉開眼笑；還會因為一句言過其實的讚譽沾沾自喜，更會因為一個毫無實質意義的頭銜引以為榮……

虛榮心強的成人以追求個人榮譽為奮鬥目標，為了「出人頭地」，可以置社會道德規則和規範於不顧，違背社會道德，竊取他人的勞動成果等。他並不能從與他人交際中獲取愉悅和幫助，反而時常和他的鄰居、同事、好友，甚至親人發生衝突。這種人一旦得到榮譽，就會表現出驕傲自滿的情緒，趾高氣揚，獨斷獨行，聽不得周圍同行或朋友的意見。這些人

在得不到虛榮的甘霖滋潤時，便會想方設法謀取自己的榮耀。不少罪犯，便是在虛榮心驅使下，走上了犯罪道路。更有一些人喜歡盲目比較富人，最終使自己的生活陷入窘境。

　　同理，孩子虛榮心太強也有礙心理健康，更可能妨礙他們的學習、生活以及今後的發展。所以，家長要細心觀察，防患於未然。

虛榮心強的孩子的表現

◇ **講派頭，充「有錢人」**：有些虛榮心強的孩子吃高檔零食，穿名牌服裝、用進口文具、玩新奇玩具，這些都是追求虛榮的一種表現。有的同學雖然家境不好，卻寧可吃白吐司而穿名牌，打腫臉充胖子。這種表現就是虛榮心在作祟。

◇ **撒謊，說大話**：由於不能滿足於自己的現狀，許多孩子喜歡用撒謊、吹噓來誇大自己或者自己的家人，以滿足虛榮心的需求。

◇ **爭強好勝**：有的孩子好強，做事情總想第一。如果下棋或打牌輸了，就和人家吵鬧不休，爭得臉紅脖子粗。這種表現也是虛榮心使然，是希望自己以強者、勝利者的姿態出現在眾人面前，受到眾人的矚目。

◇ **愛聽讚揚的話**：有的孩子聽不得批評，只想聽好話，誰批評了他，他就跟誰反目成「仇」，這也是虛榮心在作怪。

◇ **嫉妒別人的才能**：嫉妒也是由虛榮心轉化而來的，因為自己不如別人，得不到所需要的那種尊重，就轉而嫉恨別人的才能。

◇ **自卑心理嚴重**：虛榮心強的孩子特別渴望得到他人的認可和表揚。如果他們得不到表揚和鼓勵，會導致嚴重的自卑心理。

　　虛榮心太強，可能會影響孩子良好素養的形成。它不僅是摧毀孩子勤奮、刻苦學習的蛀蟲，更會因為孩子追求虛假，讓欺詐和不誠實之風滋

長，甚至會傷害他人。

　　仔細觀察，你會發現虛榮心太重的孩子活得非常累。這是由於他們不能展示「真我」，不能按自己的本來面目生活，而需要在別人面前喬裝打扮、抬高自己。另外，有虛榮心的人雖然在別人面前顯得「自信」，但他們心裡並不輕鬆，尤其在一個人獨處時，便會感到更加自卑，因為他們更明白自己的真相，他們騙不了自己。真相和假象的反差很容易使孩子內心空虛、失落，最終導致孩子心理頹廢，不求上進。

孩子過於愛慕虛榮的原因

✧ **孩子的自我認知能力差，不能客觀評價自己**：幼兒時期，許多孩子往往過高評價自己，以為自己什麼都比別人強，這是兒童自我意識發展中的常見現象。等到孩子更大一點的時候，為了表現自我，獲得他人尊重，往往會自覺地強化「理想中的我」，出於生怕被別人看不起的自卑心理，於是便形成追求虛榮的心理障礙，產生信口開河、胡亂吹噓的不良行為。

✧ **家長教育方法不當**：有些家長認為只有一個孩子，又有經濟承受能力，所以捨得買高檔玩具、流行服裝。不注意孩子的修養和教育，喜歡在吃穿打扮、玩具圖書等方面與他人比較，甚至給孩子大把零用錢以顯示自己的富有和與眾不同。家長對孩子一味「吹高」、「捧高」，讓孩子在一片讚揚聲中長大，幾乎沒有經歷任何挫折。導致孩子的虛榮心變得越來越強。

　　身為家長，我們應及時發現孩子這些不良的心理與素養問題，把孩子過於「茂盛」的虛榮消滅於萌芽狀態，這樣才有利於孩子更加全面、健康地成長。

杜絕孩子的比較之心

　　小文的學業成績很好，經常受到老師的表揚，小文的爸媽也常常以此引以為榮。但是，這段時間，小文的成績明顯不如從前，爸媽很著急，經過仔細盤問，孩子說：「同學們笑他是跟不上流行的老土」。看到孩子受了委屈，小文的父母一狠心，拿出了一個月的薪水幫孩子買新衣服，買新鞋，還買了一個新書包，並且這些東西都是名牌，讓小文煥然一新。看著孩子每天高高興興地上下學，小文父母心裡也踏實了，本想著「這下小文可以安心念書了吧。」

　　可是，令小文父母沒想到的是，沒過多久，孩子又要求買新衣服。而且理直氣壯：「我不能每天只穿同一套衣服吧，會讓人笑話啊。」

　　可想而知，小文把心思都放在穿戴上了，學業成績自然一落千丈。

　　小文的例子告訴我們，身為家長，不要因為疼愛孩子就無節制地滿足孩子的虛榮心，幫助孩子與同學進行比較炫耀。其實，家長的這種做法不是愛孩子的真正表現，而是在無意識地把孩子引入比較炫耀的深淵而不能自拔。

　　再聽聽下面的對話：

　　暑假即將結束，剛上小學三年級的佳佳便急著讓媽媽帶她去逛服飾店。媽媽問她為什麼，她歪著小腦袋告訴媽媽：「上學期，樓上的藝桐成了她們班的『班花』，因為她戴著新髮飾、穿著新衣服去上學。而且，她的文具和書包都是新的。這一學期，我也要做『班花』。」

　　時下，市場上有不少高檔文具和漂亮的兒童衣服，一些經濟條件較好的家庭也隨意滿足孩子的要求。孩子有了高檔文具和漂亮衣服，就會在心理上產生一種高於其他孩子的優越感。而當別人有了更高檔的物品時，他

們就會產生虛榮心、嫉妒心，就會產生超過別人的欲望。因此，奢侈只會滋生孩子的欲望，使孩子的比較心理越來越強烈。

「我爸比你爸官大，我爸是課長，管著你爸爸。」

「我爸比你爸有錢，我爸是大老闆。」

「你爸不如我爸，我爸的右手有六個手指頭⋯⋯」

雖然這是一則笑話，但卻把孩子的比較之心躍然紙上。由於孩子的辨別能力不強，易受周圍環境的影響，很容易產生比較心理。

過度的比較會使孩子養成過度追求物質的壞習慣，從而影響他們的正常學習。

如果孩子出現了比較的心態，家長也不要著急。孩子畢竟年齡尚小，生活經歷不深，不可能像大人那樣形成正確的評價事物的標準。這就需要父母在教育孩子時，講究一下技巧、採取適當的方法，引導孩子改掉這種壞習慣。

對孩子的過度要求採取冷處理

「媽媽，你再幫我買個新鉛筆盒吧？」媽媽：「上週不是剛買了新鉛筆盒嗎？怎麼又要買？」孩子：「我的鉛筆盒功能太少了，我同桌的功能好多，可以削鉛筆，可以當小鏡子用，打開後還是三層的。你幫我買一個功能更多的吧。」媽媽面對孩子的這種過度要求不予理會。看媽媽不為自己的要求所動，小朋友很快就把買鉛筆盒的這件事情忘記了。

當孩子要求購買某奢侈品時，父母切不可輕易滿足他們。這時，媽媽可以對孩子的要求採取冷處理，即對他的要求不做任何回答，給他幾天冷靜期。如果他還對這些奢侈品念念不忘，父母也可藉此機會對他進行深入教誨：看一個孩子是否優秀有很多方面，比如學習態度好不好，是否願意

幫助小朋友等。穿的好、用的貴，不一定就是個優秀的孩子。然後再跟孩子說「其實你花的每一分錢都來之不易，都是爸媽辛苦賺來了，我們要學會珍惜和節約。」

利用故事引導，樹立榜樣

所有的孩子都愛聽故事，父母可以為孩子買一些兒童勵志類的故事書，時常把這些故事讀給孩子聽；另外，父母也可以為孩子講一些歷史名人故事，如孔融讓梨、鑿壁偷光等。引導孩子以故事中人物為自己行為的楷模，自覺向他們看齊。同時，父母還可以利用故事引申的道理，較早地讓孩子明確什麼是好的行為、什麼是不好的行為，這樣就會在孩子心中形成一種正確的價值觀，進而使孩子遠離比較虛榮等壞習慣。

與孩子訂立規則

此外，要想糾正孩子的比較之心，家長還可以給孩子訂立一定的規則，讓孩子懂得照規矩做事。

在明明上學之前，父母就與他訂立了一個購買規則，其內容如下：

✧ 每學期開始，可以購買三件新衣服，但每件價格不得超過 300 元。

✧ 每個月購買一次書本、玩具等，但課外讀物僅限一本，玩具只限一個。

✧ 如學期末學業成績有進步，可以獎勵。

因為有一定的規則作為行為的規定，明明比其他孩子懂事且善於節制，他從來不跟其他同學比較，總是力求做到符合規則。這讓明明的爸爸媽媽很安心。

將比較轉化為動力

孩子與別人比較，說明孩子有競爭的心理，想要在某方面超越別人。這時，如果我們能抓住孩子的這種心理，讓他們在學習、才能、意志力等方面進行比較，正確引導孩子向正確的方向努力，將有助於孩子的健康發展。

苗苗膽子特別小，直到現在還和媽媽在一個房間裡睡覺。一天，媽媽想鍛鍊一下苗苗的膽量，便對她說：「我們隔壁那家的小朋友真棒，才上二年級，就自己在一間房間裡睡覺。我們家苗苗也很棒，今天在你自己的小房間裡睡覺怎麼樣？」看著孩子表現出不樂意的表情，媽媽接著說：「苗苗是大孩子了，都已經上三年級了，如果讓同學們知道你還跟媽媽一起睡，你會被笑。」在媽媽的慢慢引導下，苗苗開始在自己的房間裡睡覺。

此外，家長還可以引導孩子了解、認識更多東西，培養孩子對於文學、歷史、自然、地理等多方面的興趣，和孩子共同選擇他真正喜愛的興趣，如鋼琴、舞蹈、繪畫等，增強他在這些方面的造詣。孩子的焦點轉移了，就不會局限於與其他同學比較了。

告訴孩子別太在意別人的眼光

但凡虛榮的人，都活得比較艱辛，因為他們過於在意別人的看法、別人的眼光，因此誠惶誠恐，活得沒有自己。總擔心這個，害怕那個，反而變得猶豫不決，缺乏主見。而他們一旦受到他人的讚美與追捧，便會飄飄然，忘乎所以，最終迷失自己。這裡就有這樣一個寓言故事：

一隻紅鯉魚在一次雷雨前，奮力地躍出了湖面。牠如一道紅色的閃電在水面上劃出一道優美的弧線，引起了湖邊散步的人們一陣驚嘆：多麼美

麗的紅鯉魚啊！牠跳水的姿勢比任何一個跳水健將都要優美百倍！

紅鯉魚聽了人們的讚美，非常得意，又在水面上展露了幾下風采，引來了更多的人圍觀。

紅鯉魚自從知道自己有跳水的絕招後，就經常在水面上賣弄。撲通撲通，將平靜的水面弄出水花。

一天清晨，紅鯉魚剛在水面上躍了兩下，就被一隻毛茸茸的爪子抓住了。隨之，一排尖銳的牙齒僅僅咬住了牠的頭。是水獺，一隻被紅鯉魚的跳水聲吸引來的水獺，牠捕食了總想得到人們讚美聲的紅鯉魚。

這隻紅鯉魚就是因為虛榮為喪命的典型。事實上，喜歡他人的讚美，這本是無可厚非的，但如果一個人做事情的目標僅僅是為了獲得他人的讚美，就很容易讓自己落入潛在的危險中了。有朝一日，如果聽不到讚美聲，只能患得患失，不知所措了！這就是虛榮者的悲哀之處。

此外，虛榮還可能挾制人的心靈，讓其陷入絕境。曾有這麼一個報導：

國外有一位名叫小瑜的女大學生自殺了。其自殺的消息引起了轟動，這個成績一向優異的女生，僅僅是因為欠了學校 10 萬元學費，怕學校催促、同學嘲笑才走上不歸路的。

這個悲劇讓人唏噓不已，如果小瑜不被面子「挾制」，不被虛榮心所荼毒，又怎麼可能走上絕路呢？生活中，類似於小瑜這樣的人還很多，他們天生好強、愛面子，為了可憐的面子與過強的自尊，不得不付出比他人更高的代價。這種心態是不可取的。

身為家長，要想讓孩子健康成長起來，就應該從小重視孩子的心理教育，糾正孩子虛榮心過強的毛病，卸掉孩子不必要的「面子」包袱，讓孩子輕裝上路。其實，孩子虛榮、過於在意他人看法的毛病，在小的時候就初見端倪。

第十三章　別讓虛榮腐蝕孩子的心靈

孩子虛榮心的表現

✧ 怕被人拒絕、嘲笑，不敢提一些正當的要求。小莫就是這樣的一個孩子：小莫今年 5 歲，上幼兒園，有一次，他居然尿褲子，媽媽問他原因，他說：「老師說了，上課的時候不能上廁所，我怕跟老師說要上廁所老師會討厭我，覺得我麻煩，所以就不敢說了。」

✧ 自尊心過強，別人善意的「笑話」也能傷到他的自尊。明明是個可愛的小男孩，就是自尊心太強了，受不了別人的奚落。有時候，爸爸媽媽因為他出現的童稚語言或行為在他面前笑，他就會覺得是在笑話他，一臉「無地自容」的模樣。

✧ 在有些競爭性的遊戲中，因為怕落後、失敗而拒絕參加。

✧ 做事情瞻前顧後，總怕有什麼閃失，讓自己沒有面子。

✧ 怕打擊，經不起挫折，一旦受到責罵與打擊，就覺得自尊心受損，很沒面子。

✧ 患得患失，很想去嘗試，但就是缺乏勇氣，其原因也在於怕丟臉，怕沒面子。

以上是孩子過於愛面子、虛榮心過強、太在意別人看法的表現，這種心理的養成對孩子的成長百害無一利，因此，家長要及時加以糾正。

糾正孩子虛榮心的方法

✧ 家長要做好孩子的榜樣。這就要求家長加強自身修養，言談舉止，不落俗套，給孩子樹立一個好樣子。讓孩子明白，只有擁有「自我」，懂得欣賞自己的人，才能得到別人的尊重。

✧ 家長應告訴孩子「走自己的路，不要太在意別人。」讓孩子明白，別人的觀點不一定都是正確的，自己要學會判斷，要懂得分析，哪些話

是合理的建議，可以採納，哪些話不合理，聽聽也就算了。

✧ 家長要注意培養孩子的自信心。一個有自信的孩子就不會患得患失，更不會看不到自己的優點。因此，家長應從小培養孩子的自信心。家長特別要注意，不要在他人面前數落自己的孩子。如「我們家孩子特別不聽話！」「你看我女兒，看見吃的就停不下來，真不知道會胖成什麼樣啊。」「就沒有像我家小強這樣不懂事的孩子！」等，這些話，只會傷害孩子的自尊心、自信心。

✧ 家長要讓孩子正確地認知自我。虛榮心強、愛面子的孩子通常不敢正視自己的不足，總以自己的長處去比別人的短處，看不起別人，拒絕接受別人的幫助，不能虛心向別人學習，害怕別人超過自己，對別人的言行過度敏感……因此，家長應教育孩子，讓孩子正確地了解自己，了解自己的優缺點，自己的優點要繼續堅持，自己的缺點要盡快改正，只有學會取長補短，才能獲得進步。

別讓過度的讚美助長孩子的虛榮心

有作家曾講過這麼一個真實的故事：

一位女士到北歐的一個國家去做訪問學者，週末到當地教授家中做客。一進屋，問候之後，看到了教授五歲的小女兒。這孩子滿頭金髮，極其美麗。這位女士送給她禮物，小女孩很有禮貌地微笑道謝。女士情不自禁地撫摸著小女孩的頭髮說：「妳長得這麼漂亮，真是可愛極了！」

可是，這位女士的讚美卻沒有得到教授的首肯。等女兒退開之後，教授嚴肅地對她說：「妳傷害了我的女兒，妳要向她道歉」。

女士非常吃驚。教授於是向她解釋：「妳是因為她的漂亮而誇獎她

的，而漂亮不是她的功勞，這取決於我和她父親的遺傳基因，與她個人沒有什麼關係。可是妳誇獎了她。孩子很小，不會分辨，由此她就會認為這是她的本領。而且一旦認為天生的美麗是值得驕傲的資本，她就會看不起長相平平甚至醜陋的孩子，這就進入了盲點。此外，你還未經她的允許，就撫摸她的頭，這會使她以為一個陌生人可以隨意撫摸她的身體而可以不經她的同意，這也是不良引導。不過你也不要這樣沮喪，你還有機會可以彌補。有一點，你是可以誇獎她的，這就是她的微笑和有禮貌。這是她自己努力的結果。」

「請你為你剛才的誇獎道歉」，教授這樣結束了她的解釋。

這是一個典型的在「讚美」方面有關文化衝突的例子。對於這位女士來講，或者說，對於大多數媽媽來講，看著孩子如天使般的成長，便忍不住要感謝上蒼的賜予，忍不住要將諸多美好的言辭加之於孩子本身。但她忽略了一點，孩子不是一件可供欣賞的瓷器或是可供撫摸的羽毛。他們的心靈就像一塊很軟的肥皂，每一次誇獎都會留下或深或淺的痕跡。因此，對孩子的讚美不能沒有原則，過度的讚美只會助長孩子的虛榮心。生活中就有很多這樣的例子。

事例一：

強強今年 3 歲了，智力發展得不錯，能用積木擺出他所見過的各種汽車模型。強強的爸爸媽媽對孩子的這種「模仿力」和「創造力」感到很滿意，於是倍加稱讚，還常讓他在別人的面前「表演」，這樣，他贏得的稱讚就更多了。

有一天，家裡來了客人，強強照例在客人面前進行「表演」。一起來的一位和強強年紀相仿的小客人，在和強強一任用積木建「高樓」時，總比強強搭得高。這讓強強非常生氣，他不顧大人制止，竟一手把小客人建

的「高樓」推倒了，並搶過積木，到一旁「造」起他的汽車來。

客人走了，爸爸媽媽問強強為什麼這樣做，令他們感到驚訝的是，強強竟委屈得泣不成聲了。

顯然，這時候孩子的心靈已被嫉妒心占據了。由於平時過多的稱讚，使孩子滋長了一種自以為是的思想和虛榮的心理。他覺得自己應該比別人強，不能容忍別的孩子比自己強。

事例二：

陽陽是個聰明的孩子，在幼兒園裡，老師們經常誇他腦筋轉得快，思維敏捷，學東西學得快。為此，陽陽很是得意。有一天，陽陽把自己在幼兒園畫的畫帶了回來，給媽媽看。陽陽的媽媽為了給陽陽更多的自信，就誇陽陽說：「我們的陽陽是最棒的！」

接著，媽媽與陽陽一起畫畫，讓媽媽很驚訝的是，陽陽每畫幾筆就會停下來問：「媽媽，我畫得好不好？」「媽媽，這個畫得漂不漂亮！」如果媽媽沒有及時表揚他，陽陽就不願意再畫下去了。為此，陽陽的媽媽有些擔心了。

雖然說孩子的每一點進步家長都應該給予認可與表揚，但這種表揚不應該是廉價的、言過其實的。過度的讚美對於孩子的成長並無好處。

身為家長，我們既不能讓孩子在受責備的環境中成長，但是也不能讓他們整天活在甜言蜜語裡。適度、適時的讚揚，對於鼓勵孩子，幫他們建立自信是非常有用的。但是過度的讚揚，往往會讓孩子產生一種錯覺：覺得自己就是最好的，或者自己做事總是做得很好。於是他們看不到自己的缺點，也不能正確了解自己所做的事。將來自然不能經受住挫折和批評。更有甚者，還有一些孩子，會為了得到讚美，滿足自己的虛榮心，不惜做出一些蠢事來。

那麼，家長應如何掌握讚美的原則與尺度呢？

　　一般來說，讚美孩子的時候，家長應該只讚美他的努力和成就，不應該讚美他的容貌與聰明。而即使是努力和成就，讚美也要盡量具體。因為讚美得越具體，孩子越容易明白哪些是好的行為，越容易找對努力的方向。而一些泛泛的讚美如「你好乖」、「你真聰明」、「你總是想得很周到」、「你是一個一流的孩子」、「你真了不起」等，雖然暫時能達到提升孩子自信心的作用，但由於孩子不明白自己好在那裡，為什麼受到讚美，很容易養成虛驕的壞習氣。以下是專家給予家長的幾點建議：

讚美的話要說得誠摯

　　父母讚美孩子的話不必喋喋不休，也無須太嚴肅，孩子需要得到的是誠摯與坦率的認可。比如：對學習不算好的孩子，當看到孩子成績單上數學成績有了明顯進步時，可以說：「你真的在數學方面有了很大進步，孩子。」在看完孩子寫給筆友的一封信後，可以說：「我認為你在交友方面有了很大進步。」還可以對孩子說：「我昨晚已經發現，我不再需要提醒你完成你的作業了，因為我覺得你已經長大成熟了。」「你對問題的分析確實十分透澈。」「我發現你的作文中幾乎沒有什麼錯別字了，這真是一大進步。」

適度讚揚孩子

　　家長要不斷地尋找值得讚賞的行為。假如過去很少讚賞孩子，那麼對他的讚賞不要突然間過多，而要自然增多，使你的孩子不感到奇怪。真誠的、衷心的讚賞，才是最有效的。當用愉快的表情和聲音讚賞孩子時，應用眼光注視著他。孩子由於做出了努力而獲得了成就，應及時地給予表

揚。但不要對他們做的每一件小事，都給予過多表揚。避免在讚賞時加上消極的評語或習慣性的批評，致使讚賞作用受到影響。

讚美孩子的努力，而不是聰明

家長若想激勵孩子在學習上取得更好的成績，最好的辦法不是讚揚他們聰明，而是鼓勵他們刻苦學習。

佳佳小的時候學東西比別的孩子慢半拍，為此，她的爸爸媽媽非常苦惱。

佳佳上小學了，就當父母都認為佳佳不會有什麼好成績的時候，佳佳卻帶回了一張 100 分的考卷。這是一張數學測驗的考卷，上面被老師畫滿了紅色的勾勾。

「這是你的考卷嗎？」爸爸吃驚地問佳佳。

「當然是我的，上面有我的名字啊！」佳佳自豪地對爸爸說。

「佳佳真不錯，告訴媽媽你是怎麼考出這麼好的成績的？」媽媽問道。

「老師講課的時候我經常聽不太懂，所以下課之後同學們都出去玩，我就把不懂的地方拿去問老師，老師再和我講一遍，我就全懂了！寫作業的時候如果有不會做的題，我就把老師講的課再複習一遍，不會做的題目也就會做了。所以考試的那些題目我都會做，就考了 100 分。」佳佳高興地對媽媽說。

聽了佳佳的話，媽媽一把抱起佳佳，高興地讚美道：「我們的佳佳這麼努力，以後肯定很有出息的！」

佳佳一聽這話，更加高興了。她在心裡暗暗下定決心，要更加努力地學習！

其實，賞識孩子的努力是一種重要的激勵孩子的手段，身為父母，應

該賞識孩子的勤奮和努力，對他們的努力給予最熱情的支持和鼓勵。不要因為自己孩子的不聰明而氣餒，而應該為孩子的不努力而擔心。要始終記住一句話：「所謂天才，是百分之一的聰明加百分之九十九的勤奮！」很多情況下，父母應該故意淡忘孩子的聰明，而重視孩子的努力，並把這種理念傳遞給孩子，讓他們感覺到只有努力才能獲得父母的認可和誇獎，進而逐步明白一個道理：聰明往往只能決定一時的成敗，而努力則決定了一生的命運。

正確的讚美方式是培養孩子心理健康的基石。孩子從這些話裡得到的結論，在以後會默默地縈繞在心裡。真實而正確的意念在孩子內心重複的結果，又會使他對自己的好形象加以強化，從而進一步形成更健全的心理。

讓孩子坦然接受批評

莎莎從小就是個聰明、自尊心特別強的孩子，因為從小就聽慣了別人的讚美，因此，容不得別人的批評。要是她因為做了錯事被批評了，就會把嘴巴撅得很高，對批評自己的人心懷不滿。此外，她還愛跟大人強詞奪理，有時甚至嫁禍於人。如，她走路總是急急忙忙的，不小心把桌子上的茶杯撞壞了，媽媽責罵她應該小心點時，她卻說「誰叫你們把茶杯放在桌子上的」。

上學後，莎莎學習很用功，總希望能評上「模範生」。到了期末評選「模範生」的時候，莎莎覺得自己的學業成績全班第一，肯定沒問題。沒想到，成績不如她的小彬因學習刻苦，關心同學，樂於助人，被同學們一致推選為「模範生」。莎莎一聽沒有自己，沒等老師說完，就氣得哭著跑出教室。

讓孩子坦然接受批評

人人都希望得到別人的表揚和認同，不喜歡聽到他人的批評與指責，孩子更是如此。尤其是那些自尊心、虛榮心強的孩子對表揚的要求則更甚，當然，他們對批評的排斥感也更強。

現在的許多家長天天哄著孩子，看著孩子的臉色行事，只要看到孩子做了一些好事，就不斷表揚，而當孩子做了錯事時，卻很少批評。這種做法對孩子的成長有害而無益。那些聽慣表揚的孩子，一旦被批評後就一蹶不振，煩悶或絕望。因此，讓孩子學會坦然地接受批評很重要。法國心理學家高頓教授透過一項專題研究證實，那些難以接受批評的孩子長大後，大多會對批評持「避而遠之」或乾脆「拒之門外」的態度。由此看來，讓孩子從小學會接受批評無論對一個人完整人格的塑造，還是對促成其事業的成功，都具有相當積極的意義。

小彥是小學 5 年級的學生，他熱愛學習，由於學業成績在班上一直名列前茅，因此非常自負。

在家裡，小彥認為自己已經是個大人了，對於父母說的話越來越不放在心上；在學校裡，小彥也非常自負，不太願意與成績不好的同學一起玩，覺得跟他們在一起沒前途；對於任課老師，小彥也不太尊敬，他認為老師的程度不過如此，自己自學都能夠學到很多知識。唯一令小彥比較敬重的是他的班導張老師。張老師是一位快退休的國語老師，他對小彥非常器重，經常和小彥介紹一些學習方法，講一些名人的故事。

有一次，小彥在一篇週記中表達了自己看不起同學的想法，他還提到了一次與數學老師發生的爭執，原因是數學老師批評小彥寫作業不夠仔細。

張老師在小彥的周記上回覆道：「有人批評你，並不是他看不起你，而是他希望你進步。因為他知道，他不批評你，你不會怨恨他，他批評

你，你則會怨恨他，而他卻選擇了批評你，原因就是他希望你進步。張老師也是這麼希望的。」

小彥看了這段話深受觸動，慢慢的，他改正了自以為是、虛榮、容不得被批評的壞毛病。

像小彥這樣的孩子在生活中並不鮮見，這些孩子因為受到過多的表揚與稱讚，自我感覺良好，在評價自己時經常會出現偏差，這個時候，孩子若能聽取別人的意見或建議，就能不斷充實和完善自己。反之，對孩子的成長則是不利的。那麼，年輕的爸爸媽媽們應該如何讓孩子學會接受批評呢？法國的一些兒童教育專家為此提出以下建議：

批評孩子不要傷害孩子的自尊心

孩子之所以不願意接受批評，主要是自尊心在作怪。即使是幼小的孩子，也有較強的自尊心，因此，成人在批評孩子的時候，應注意不要傷害孩子的自尊心。

如家長不應該著外人的面揭孩子的短處。對絕大多數孩子來說，老師的批評或表揚就是他們高興或煩惱的來源，能得到老師的表揚是小學生最高興的事，而一旦受到老師批評，就會傷心難過，情緒低落。面對批評，有的孩子會進行爭辯、對抗或是死不認帳；有的會滿肚子不高興，生好幾天悶氣；有的則可能毫不在乎，不把批評當回事。實際上，這三種態度都是沒有真正接受批評的表現。俗話說，「良藥苦口利於病，忠言逆耳利於行」，說的就是批評聽起來不令人高興，不容易讓人接受，但它能幫孩子改正缺點，避免犯更多的錯，是為了讓孩子更加健康地成長。

教育孩子不必對他人的批評大驚小怪

教育孩子，要有意識地讓孩子既聽到正面的肯定，也聽到反面的批評。有意識地使孩子體會到：批評和表揚同樣常見！事實上，在兒童時期就能適應批評的孩子，長大後往往也較能適應社會，其中包括擁有正確對待來自他人的批評乃至非議的平和心態以及較強的承受挫折的能力。

批評孩子應就事論事，不要翻舊帳

在日常教育中，家長要幫助孩子正確地了解老師和家長的批評，當孩子受到批評之後，引導孩子冷靜地想一想，是自己做錯了事情還是被誤解了。如果是自己做錯了事，應該勇於承認錯誤，誠懇地接受批評，並及時加以改正，這樣才能及時取得進步。

有時孩子可能並沒有做錯什麼，但由於誤會，莫名其妙地受到批評，他們會感到特別委屈和難受。如考試時有同學要抄他的答案，正好在孩子回頭告訴他「不行」時被老師看見了，認為孩子作弊，孩子因此被狠狠地批評了一頓，考試也沒考好。遇到這種情況，家長應引導孩子大膽地、心平氣和地把事情原委講清楚，排除消極情緒的影響。

不能只注意孩子的錯處

當我們動怒時常常會急於讓孩子認錯，會直接針對孩子所做的錯事切入，然而，孩子其實不是從小到大都只做錯事，必定還有許多可取之處，如果我們只針對眼前的錯事而忽略了他的優點，就很容易讓孩子覺得父母眼中只看到他不好的行為，似乎父母並不了解他整個人，而只注意他不好的部分，這樣他就會懷疑當他表現好時，當他做出努力時，家長到底有沒有看見，孩子努力把事情做好以後，往往需要我們的稱讚，同樣道理，在

我們批評孩子時，也應先對孩子做得好的方面給予肯定，然後再說出做得不對的地方，要讓孩子知道家長並不是光把眼睛盯著他的錯處，做得好的地方同樣看得見。

允許做出解釋

當批評不符合事實時，也應允許孩子做出解釋，因為讓孩子虛假地表示接受批評而心裡大感委屈，實際上不僅於事無補，還可能引發種種弊端。與此同時，也要讓孩子明白：解釋的目的並不是推卸本來應負的責任，同時還應要求孩子在解釋時保持心平氣和、實事求是。

增加身體接觸

在批評孩子時可以摟著他的肩膀說話或拉著他的手講道理給他聽。我們都知道忠言逆耳，有些聽不得一句重話的孩子，會非常排斥所有指責他的話，所以，當實在需要責備他時，我們應該用眼睛正視孩子，一邊說著指責他的話，一邊身體部分要有接觸，這樣就會讓孩子感到，父母是因為愛他想讓他進步，才批評他的。

讓孩子學會認真傾聽

不論批評有多尖銳、多不中聽，家長都應該要求孩子認真傾聽。因為只有認真傾聽，才會發現其中確實有幾分道理，最後才能虛心接受。同時也要讓孩子漸漸明白：對他人的批評要認真傾聽，因為這不僅是一種禮貌的表現，而且也是完善自我的必要方法。

表達對孩子的愛依舊

批評孩子之後，父母不要一直板著臉說話或不理睬孩子，如果本來打算和孩子一起出去玩，也不能以孩子做錯事為由不帶孩子出去，要讓孩子知道，做錯了事應該受到批評，但父母不會因為他做了錯事就不愛他，父母對他的愛也不會因出現某一事情而改變。

在成長過程中，人人都會因犯錯而受到批評，這是成長的代價，老師和家長的批評就像一劑苦藥，伴隨著孩子健康成長。其實，只要孩子學會了「善待」批評，那麼批評完全可以如同表揚一樣，成為鼓勵孩子前進的春風，而且還可以達到表揚難以達到的警示作用。

第十三章　別讓虛榮腐蝕孩子的心靈

第十四章　嫉妒容易讓孩子深陷苦悶

與虛榮相似，嫉妒同樣也是一種不良的心理狀態，是個人在與他人比較的過程中，發現別人在某一方面或某幾方面比自己強而產生的一種羞愧、不滿、怨恨等複雜心理，是人類的一種原始消極情感。

如同關心孩子的學習一樣，每一位家長都不應該忽略幫孩子掃除心靈上的障礙。對孩子來說，嫉妒的情緒如同塵垢，它會蒙蔽孩子的眼睛，促使孩子犯下錯誤。

第十四章　嫉妒容易讓孩子深陷苦悶

嫉妒不利於孩子的身心健康

嫉妒心理人人都有，它從兒童時期就開始了。隨著個人的成長與成熟，一些人對自己的嫉妒情緒有了了解，學會了自我調整控制，嫉妒也有了不同的表現形式。不成熟的人嫉妒別人，讓自己的內心失衡，可能會做出傷害別人的事情；成熟的人將嫉妒轉化為動力，更加努力進取，讓自己獲益。所以，對孩子嫉妒心，家長要善加引導。

孩子嫉妒的範圍很廣，表現形式也多種多樣，歸納起來主要有如下幾種情形：

✧ **不能容忍身邊親近的大人疼愛別的孩子**：孩子最初的嫉妒總是與自己的爸爸媽媽等身邊親近的人有關，當大人們疼愛別的孩子時，往往會表現出不滿、哭鬧、反叛等，有的甚至會故意做出比自己實際年齡幼稚的事情，以期引起大人們的注意。

✧ **對獲得自己父母或老師表揚的其他的孩子懷有敵對情緒**：當別的孩子受到了家長、老師表揚時，往往表現得不高興、不服氣，認為自己不比受表揚的孩子差，有的還會當面揭發受表揚孩子的缺點或不足之處，甚至會說一些與其他孩子的受表揚無任何關聯的事，如「他的爸爸是個撿破爛的，有什麼好炫耀的」等。

✧ **排斥擁有比自己玩具、用品、零食多而又不和自己共用的夥伴**：一般情況下，小一點的孩子都很喜歡和擁有很多玩具、用品、零食多的同伴在一起玩，因為他們可以從中得到樂趣。但當同伴們不將自己的東西與他們分享時，他們往往就會表現出嫉妒情緒，如損害同伴的玩具、孤立同伴等。

雖說孩子喜歡嫉妒是一種可以理解的正常的情緒反應，但這並不意味著

父母可以對孩子的嫉妒心理採取聽之任之、放任不管的態度。因為經常的嫉妒情緒，會演變為人格的一部分，危害性極大，其可歸結為以下幾方面：

◇ **孩子愛嫉妒別人，鬧脾氣，使免疫力降低，危害身體健康**：現代精神免疫學研究揭示，腦和人體免疫系統有著密切的連繫，嫉妒心理導致的大腦皮質功能紊亂，將引起人體內免疫系統的胸腺、脾、淋巴腺和骨髓的功能下降，造成人體免疫細胞與免疫球蛋白的生成減少，因而使身體抵抗力大大降低。

◇ **孩子愛嫉妒，影響個人的情緒**：嫉妒心理會使人產生諸如憤怒、悲傷、憂鬱等消極情緒，導致煩惱叢生，並忍受精神的折磨，這不利於身心健康。嚴重者甚至在妒火中燒時喪失理智，誹謗、攻擊、造謠中傷他人，而不能利用寶貴的時間來提升自己，並因此陷入一種惡性循環中而不可自拔。

◇ **愛嫉妒的孩子容易引起偏見**：嫉妒心理在某種程度上是與偏見相伴而生、相伴而長的。嫉妒有多深，偏見也就有多大。有嫉妒心理者容易片面地看問題。因此會把現象看做本質，並根據自己的主觀判斷猜測他人。而當客觀地擺出事實真相時，嫉妒者也能感到自己的片面、偏激或是誤會。

◇ **愛嫉妒影響人際社交**：嫉妒心理是人際社交中的心理障礙，首先，它會限制人的交際範圍。嫉妒心理強烈的學生一般不會選擇能力等各方面比自己優秀的同伴交際。更有甚者，誹謗、詆毀自己身邊優秀的同學。其次，它會壓抑人的交際熱情。交際時總有所保留，不情願真誠相待。另外，嫉妒心理重者，甚至能反友為敵。他們一般不能忍受朋友超過自己，一旦朋友真的超過自己，就可能懷恨在心，做出一些不當行為，最終失去朋友。

同時，嫉妒對個人、群體和社會均有著耗損作用，是一種對團結、友愛非常不利的情感。嫉妒不僅使精神受到折磨，對身體也是一種摧殘。嫉妒是一味毒素，它無時無刻不在侵蝕孩子健康的心靈。

要幫助孩子消除這種不良情緒，家長必須幫助孩子正確認知自我、減少虛榮心、不要以自我為中心、學會接納他人、學會理解他人、學會公平競爭等。只有這樣，孩子才能慢慢了解到嫉妒的不良影響，並調整控制自己的情緒和行為，變得自信、健康起來。

引導孩子走出嫉妒的盲點

家長如何讓孩子走出嫉妒的盲點呢？以下幾點可供參考。

✧ **家長要向孩子講明嫉妒的危害性**：嫉妒不僅影響同伴間的團結，而且對孩子自己也沒有好處。家長應該讓孩子慢慢了解到嫉妒的本質和危害，讓孩子明白人人都需要與他人接觸和交流，而嫉妒卻有礙於人際關係的和諧和自己的進步，發展下去既會害了別人，還會毀了自己。

✧ **家長要讓孩子學會正確認知自己，激發孩子的競爭意識：**

· 家長要讓孩子放對自己與別人的位置。世界上沒有十全十美的人，每個人都有自己的長處和短處，自己在某一方面超過別人，別人又在另一方面勝過自己，這些都是常見的現象。要讓孩子正確地評價自己，從而找到與他人的差距，揚長避短，開拓自己的潛能。

· 有嫉妒心的孩子也有優缺點，優點是爭強好勝，缺點是自私狹隘。家長可以充分利用其爭強好勝的特點，激發孩子的競爭意識和自強觀念。與孩子一起進行自我分析，幫他找出自己的優缺點和趕超對方的方法。

✧ **家長要培養孩子的群體主義觀念**：家長要讓孩子充分了解到團體和朋友間友情的美好和重要，使孩子樂於去幫助別人。

✧ **家長不要溺愛孩子**：家長不要溺愛孩子，因為溺愛是滋生嫉妒的溫床，容易讓孩子以自我為中心，不能容忍別人超過自己。

✧ **培養孩子寬容的品德**：有嫉妒心理的孩子，往往有自身的性格弱點。如與人交際時，喜歡做核心人物，當不能成為社交中心時，就會發脾氣；同時，他們不會感謝人，易受外界影響等。對有性格弱點的孩子，父母要悉心引導。在孩子面前，要對獲得成功的人多加讚美，並鼓勵孩子虛心學習他人長處，積極支持孩子透過自己的努力去超越別人、戰勝自己，使孩子的嫉妒心理得到正當的發洩。孩子學會了事事處處接納他人、理解他人、信任他人，不僅會發現他人的許多優點，而且也會容忍他人的某些不當之處。這樣，孩子的人際關係就會變得融洽和諧。

　　另外，在日常生活中，家長應經常表現出對別人的寬容大度，這樣，孩子在潛移默化中，就會學到如何正確對待比自己更成功的人，從而使孩子的個性朝著健康的方向發展。

✧ **教育孩子承認差異，奮進努力**：人和人必然是有差異的，不是表現在這方面，就是表現在那方面。一個人承認差異就是承認現實，要使自己在某方面好起來，只有靠自己奮進努力，嫉妒於事無補，而且會影響自己的奮鬥精神。

　　除此之外，父母還可以讓孩子充實自己的生活。因為嫉妒往往會消磨孩子的時間，如果孩子學習、生活的節奏很緊張、生活過得很充實、很有意義，孩子就不會把注意力局限在嫉妒他人身上。所以，父母應該幫助孩子充實生活，讓孩子多參加一些有意義的活動，轉移孩子的注意力，使孩

子把精力放在學習和其他有意義的事情上。

值得注意的是，在糾正孩子愛嫉妒的毛病時，家長同樣要克服以下的不良習慣：

✧ 總拿孩子與其他孩子進行毫無意義的比較，如「某某能考第一名，你為什麼就不能呢？人家能彈琴，又能跳舞，你怎麼什麼都不會呢？」這些話會嚴重地挫傷孩子的自尊心，還會讓孩子產生一些消極的嫉妒情緒。

✧ 與孩子一個鼻孔出氣，如孩子嫉妒某個孩子，說某個孩子的壞話，家長也參與其中，與孩子一起研究怎麼做能讓那個孩子「吃虧」，這種狹隘的教育心理，無疑是愚昧的，不但不利於孩子糾正「嫉妒」的毛病，還讓孩子因此變得更加「狹隘」。

✧ 常在孩子面前說一些風涼話，如「他們有錢就有面子了？哼，不就是有錢嗎？有至於炫富嗎？」這些話聽在孩子的耳朵裡，天長日久，孩子偏激、狹隘、喜歡嫉妒、嘲諷、挖苦別人的性格就形成了！

培養孩子的欣賞他人之心

一位幼兒園老師與班上孩子們談話，她說：「請你們說說其他小朋友的優點。」沒想到，所有的孩子都繃緊小臉，緊閉小嘴，不發一言。她只好換了一個話題：「請你們說說班上小朋友的缺點」。這句話，猶如一石激起千層浪，孩子們一下子活躍起來，爭先恐後地發言。有的說「×× 小朋友老是坐在地上」，有的說「×× 小朋友洗手時總是不用肥皂」，有的說「×× 小朋友上課時老說話」。

孩子們的表現使人忍俊不禁，但細細想來，又不免讓人感到擔憂甚至

沉重。能說出別人的缺點，說明孩子們懂得了關於孰是孰非的道理，有了判斷是非的能力。但遺憾的是，這些道理和能力只運用到了對別人缺點的關心中，對於別人的優點，孩子往往出於嫉妒心理，而忽略不計。因此，要想讓孩子克服嫉妒的不良心理，家長應從小教育孩子學會欣賞他人。一個懂得欣賞與認同他人的孩子才能避免讓嫉妒的毒蟲侵入，傷害到自己。

有一個寓言故事：

早晨，鷹心情怡然地在空中翱翔，忽然，鷹看到了一個雞窩，雞窩旁邊走動著很多雞。鷹疾飛而下，落在了低矮的雞窩上，一動不動，不遠處，跑來幾隻雞，鷹一改剛才的形態，拍了拍牠那寬大的鷹翼，和雞打著招呼。雞根本就沒有把鷹放在眼裡。有的很不服氣地說：「鷹憑什麼得到人們的尊敬和讚揚呢？你看牠不也就只能住到矮矮的雞窩上嘛。」「人怎麼那麼傻呢！為什麼把鷹的地位抬那麼高啊？你看鷹的腿那麼短，眼睛還那麼小，飛得和我們一樣低。」有的雞更是不把鷹放在眼裡。鷹被這些嘰嘰喳喳的聲音吵得心煩，終於忍不住道：「你們說得很正確，我們鷹的腿是很短，眼睛也很小，有時候飛得和你們一樣低。但是，我們能一飛沖天，而雞卻從來不能。」雞聽了鷹的話，都默默地低下了頭。

這個故事告訴我們一個做人的道理：當一個人去看別人的時候，不要徒費心思，吹毛求疵，要看到他們的偉大、堅強和聰明的地方。如果可能，還要向他們學習。有人說，嫉妒別人是不幸的，它會使你的心理失去平衡，喪失理智，從而助長你身上的缺點。相反，當你以寬厚的胸懷去接納別人和讚美別人的時候，你就會從那些優秀的人身上發現高貴的素養和傑出的才能，從而向他們學習，提升自身的修養，然後使自己逐漸成為一個優秀的人。雖然我們周圍並非人人出色，但每個人都會有自己獨特的一面。因此，在生活中不要忘記欣賞別人。只有學會欣賞別人、讚美別人，

才會懂得欣賞自己，讚美自己。欣賞別人是一門學問，只有學會欣賞別人，才會發現自己身上的優點，才會客觀公平地評價自己。

　　每個人身上都有優點與缺點，愛看到別人優點的人會比總看到別人缺點的人更快樂，也更受歡迎。一個會欣賞別人的人，是自信的、快樂的、勇敢的、開放的，而這項本領是需要從小培養的。很多家長認為，讓一個不懂事的孩子懂得欣賞別人，難度很大。其實並非如此，生活中的點點滴滴都是極好的教材，就看你怎麼使用了。

　　要教會孩子學會欣賞，家長可以從幾個方面入手：

◇ **孩子在挑剔他人的缺點時，父母一定要介入指導**：孩子的認知有限，看人識事往往很片面，父母聽到孩子挑剔他人的缺點的話語時，一定要介入指導。比如：「那個總是希望帶動跳舞、帶動體操的小朋友，是不是不怕辛苦，一遍又一遍地在練習？」每個人身上都有自己的優點和缺點。所以，教育孩子去觀察朋友的時候，首先要讓孩子想到對方有哪些優點是自己所不具備的，可以向他學到些什麼，不要總是盯著別人的缺點看。

◇ **家長可嘗試著讓孩子說出自己的缺點**：父母可先嘗試著講出自己的缺點，告訴孩子這樣的討論就像一面鏡子，會反映出更真實的自己，但不會招致任何打擊和貶斥。這樣做的目的，能讓孩子更客觀地了解自己和他人。還會讓孩子換位思考一下，他的朋友有一點點小毛病，就被他「全盤否定」，是不公平的。

◇ **家長可引導孩子說出家人的優點**：欣賞他人首先從欣賞周圍的親人開始。父母應首先檢討自己，在家庭成員的相處過程中是否總喜歡挑剔。如果父母當著孩子的面，對親人百般挑剔，在這樣的耳濡目染之下，孩子也會養成對自己寬容、對他人吹毛求疵的毛病，父母應該以

身作則地引導孩子，用「放大鏡」去看家人的優點。以寬容、詼諧的心態去看待家人的弱點，強化對彼此的欣賞態度，只有這樣，孩子才會一步一步養成「多多欣賞他人」並從中獲得樂趣的習慣。

✧ **不要無端批評、指責孩子或者把自己的孩子與其他的孩子進行比較：** 一些家長為了「刺激」孩子，以激勵他更加努力，不惜拿自己的孩子和他人的孩子進行比較，「你看鄰居家的胖胖這次就考得比你好。你到底是怎麼念書的？」「你看麗麗那孩子好聰明，一說就懂，你呢，怎麼說了這麼多遍還是不懂呢？」為了維護自己的自尊，許多孩子不得不用「貶低」別人的方式來抬高自己「他好什麼好？還不都是抄來的。」「她太喜歡出風頭了，班上的同學都不喜歡她！」這樣的孩子是很難學會欣賞的。

嫉妒是孩子成長過程中的一個不容迴避的問題，它並不可怕，關鍵在於如何戰勝它。讓我們用理智和耐心，把孩子心中的那份酸，化為生活中的甜。讓我們引導孩子戰勝嫉妒心理，學會去欣賞別人、欣賞自己吧！

引導孩子進行正確、公平地競爭

現代社會，家長對子女的期望越來越高，孩子在競爭的環境裡，學習壓力越來越大。加上孩子多有表現自我、突出自我的性格特點，這種競爭有時就會演變成嫉妒。孩子嫉妒的表現有：嫉才，嫉妒那些學業成績比自己好的人；嫉能，嫉妒各方面能力比自己強的人；嫉美，嫉妒長相比自己漂亮的人；嫉德，嫉妒那些性格好、同學關係好、朋友多的人等等。總之，嫉妒心重的人，只要別人在某一方面超過了自己，就會產生嫉妒，就會千方百計抬高自己，想盡辦法貶低和打擊對方。

第十四章　嫉妒容易讓孩子深陷苦悶

嫉妒對孩子的人際社交與成長危害極大，因嫉妒而陷害他人的人往往會毀了自己。這樣的例子古已有之。

戰國時代，龐涓和孫臏一起投師鬼谷子學習兵法，算是同窗好友了。但龐涓非常嫉妒孫臏的軍事才能，他當上了魏惠王的將軍後，將孫臏騙到魏國，處以臏刑使孫臏終身殘廢。但後來龐涓也沒有好結果，終被孫臏戰敗而死。

莎士比亞名劇《奧賽羅》（*Othello: The Moor of Venice*）的男主人公，威尼斯大將奧賽羅誤聽讒言，嫉妒的烈火使他喪失理智，竟將賢慧美貌的妻子活活掐死。後來真相大白，他後悔不已，自殺身亡。

在現實生活中，被嫉妒扭曲了心靈的孩子看到他人某些方面比自己強或有什麼好的東西，自己當時卻無法超過或擁有時，就會產生的一種不安、煩惱、痛苦、怨恨並企圖破壞他人優越感的複雜情感。

小娟從小就學習優異，但是，上了高中以後，儘管她學習仍舊努力，但在班上剛剛進入前十名，她很不甘心。她留戀小學、國中時期的輝煌，留戀名列前茅的感覺。她要想辦法找回國中時領先的感覺。

因為缺乏正確競爭心理引導，小娟進入了思想的盲點。她見不得別人比自己好，一旦自己身邊的朋友考試成績勝過自己，她就會覺得心裡不舒服，疏遠人家，排擠人家。為此，班上的同學越來越不喜歡跟她來往。

慢慢地，小娟陷入了孤獨無援的境地，她的心態越來越陰鬱，而她的學業成績更是每況愈下，為此，小娟的爸爸媽媽很擔心。

可以說，非正常的競爭心理導致小娟對事物、對成績不能形成正確客觀的認知，最終產生了怨天尤人的想法，影響了她與其他同學的正常來往，甚至可能會因此耽誤了小娟一生的發展。因此，當孩子在與他人交際中流露出嫉妒的思想時，家長不能忽視，要做正確指導。

每一個人心底都有一股銳氣，當周圍的人超過自己時，總覺得不服氣，「別人能辦到我為什麼就不能？」於是發憤努力，與別人一爭高下。這種心理是十分正常的，人也只有在這種動力下才會發揮自己的潛能。但如果面對別人的成功，只是想方設法暗算、打擊別人，而不是奮起直追，這就是深度嫉妒心理了。遇到這種事情時，家長要多和孩子交流，仔細地分析孩子的心理狀況。

要求孩子一方面要實事求是地承認自己的弱點和短處，另一方面又要看到自己的長處，要不甘落後，勇於競爭。

幫助孩子調整競爭心理，從正面鼓勵孩子，引導孩子進行正確、公平的競爭，這樣就能充分挖掘出他們的潛能，培養其積極向上、永不言敗的精神，從而成為對社會有貢獻的人。

一般來說，要引導孩子學會正確、公平的競爭，家長應做到以下幾點：

- ❖ **父母可為孩子講述競爭的含義**：根據孩子在競爭中的表現，適當強化或減弱孩子對競爭的反應。如果孩子的競爭反應較弱，要設法激發他的競爭欲望；如果孩子的競爭反應較強，則應引導他適當地控制情緒，及時轉移注意力，使其強烈的情緒得到緩解。

- ❖ **激發孩子參與競爭的願望**：可為他購買一些有關競爭成長的書籍，講些相關的故事，引導他看一些體育比賽，透過多種多樣的形式，讓他了解競爭的意義、競爭與生存、競爭與發展等方面的知識。

- ❖ **讓孩子懂得競爭的原則**：以公平、公正的心態參與競爭，同時，控制好競爭強度，過於強烈、刺激和持久的競爭，會對孩子的腦神經產生負面的影響。

✧ **引導孩子樹立正確的競爭意識**：父母應該教育孩子正確地競爭，讓孩子明白對手不是仇人，嫉妒也不是要強，進而使孩子學會欣賞他人的成功，分享他人的快樂。另外，父母要引導和教育孩子用自己的努力和實際能力去和別人相比，以求更快地進步和取長補短。不能用不正當、不光彩的手段去獲取競爭的勝利，要把孩子的好勝心引向積極的方向。

✧ **父母還要教會孩子遵循競爭中的美德**：競爭中的美德包括四個方面的內容：公平、公正、公開、公心。所謂公平，即透過自己的實力取得勝利；公正，即明禮誠信；公開，即競爭不應是狹隘、自私的；公心，即競爭不應暗中算計別人。當然，競爭並不排除合作，沒有良好的合作精神和群體觀念，單槍匹馬也不易取得成功。當孩子自己能判別出哪些競爭是良性的，哪些是惡性的，遇到惡性競爭懂得如何處理，並在競爭中寬容別人，他就具備了競爭的美德。

競爭是一種積極向上的心態，真正的競爭不是封鎖、壓制，而是自己的不斷努力、思索，是自己堅持不懈地走在前面，用增強自己實力的方式增強自己的競爭力。

當然，只要有競爭，就可能會出現勝負，就會有嫉妒，也就可能產生虛榮心。這都是正常的社會現象。對孩子的這種表現，我們要理解，給他們一個相對寬鬆的環境。只要我們能設身處地為孩子著想，就能幫助孩子消除由競爭帶來的負面影響，放下包袱去面對新的挑戰。

平常心的培養很重要

當今社會的競爭日益激烈，適者生存的觀念日漸深入人心，為了將來在競爭中立於不敗之地，許多家長在孩子很小的時候就刻意培養他們的「好勝心」和「競爭意識」。

過強的「好勝心」與「競爭意識」也催生了一系列的教育問題與社會問題。因為要「競爭」要「取勝」，我們的孩子學會了嫉妒，更學會了「不擇手段」。他們只能贏不能輸，心弦一直繃得緊緊的，一旦遭遇到挫折或者失敗，這些孩子的心理承受能力就往往支撐不住，不是從此一蹶不振，就是走上了極端的道路！

年僅8歲的小怡，雖然剛上小學二年級，可已經先後三次奪得學校的口語故事冠軍。老師們常常誇她是個聰明的孩子，父母更是以她為榮。但最近小怡卻一蹶不振，先是在學校的低年級作文比賽沒有取得名次，後來又在一次期末考試中跌出前三名之外。儘管爸爸媽媽安慰她「勝敗乃兵家常事」，但小怡依然難以接受如此「殘酷」的事實。她開始懷疑自己的能力，甚至拒絕參加以後學校的各種比賽。為此，她的爸爸媽媽非常苦惱！

小怡之所以變得如此，就是因為過強的「好勝」心理、虛榮心使其自尊大受打擊！

與小怡不同的是，她的好朋友蘭蘭不但沒有因為一次的失敗而氣餒，反而越戰越勇，從來不放棄！這些均歸功於她的爸爸媽媽的教育！

和小怡一樣，蘭蘭平時很用功，成績一直在班上名列前茅，但平時，爸爸媽媽總是對她進行平常心的教育，要坦然地面對一切榮譽與失敗。媽媽總是對蘭蘭說：「凡事自己盡力就可以了，不要跟別人比！這樣，就永遠是心理上的勝利者！」蘭蘭把媽媽的話牢記在心裡！

第十四章　嫉妒容易讓孩子深陷苦悶

有一次，蘭蘭參加心算比賽，沒有獲得好的名次！來學校接蘭蘭的媽媽知道這種情況以後，不但沒有責備蘭蘭，還安慰她說：「輸贏不要緊，重要的是參與經驗。」

類似的話，讓蘭蘭擁有了一顆看待榮辱的「平常心」。所以，她做什麼事情，都沒有過重的「得失」心理！老師們都說「這孩子很難得，很從容，也很淡定！」

其實「平常心」不僅可以幫助孩子面對挫折和失敗，還可以讓孩子學會如何面對榮譽。

紐約8歲的女童貝麗曾榮獲國際少兒鋼琴大賽的金獎，一時聲名鵲起。鮮花、掌聲、榮譽紛至遝來。貝麗開始驕傲自滿，沉醉於一片讚揚聲中，練琴自然受到了影響。而她驕傲自大的表現讓許多小朋友與她拉開了距離，對她敬而遠之。幸好小貝麗的母親對女兒及時提醒，告誡她說，其實她的榮譽與成功離不開老師的教育、朋友的幫助、媽媽的鼓舞。而且，媽媽告訴她，其實在比賽中，有很多小朋友和她水準不相上下，只是貝麗臨場發揮比較好，才會奪得冠軍，要以一顆平常心來看待這次成功。

媽媽的話猶如當頭棒喝，讓小貝麗及時回航。從此小貝麗專心練琴，再一次在國際大獎賽上奪取了桂冠。

美國兒童教育專家艾森指出，對大多數孩子來說，引導他們擁有一顆「平常心」至關重要。一般來講，讓孩子保持一顆平常心有以下幾種好處：

✧ **平常心可以增加孩子的個人魅力**：擁有一顆平常心的孩子往往是寬宏大量的，對待別人的錯誤或者是誤解往往都是淡然一笑，不予理睬，他們並不是看輕對方，而是一種無聲的諒解。因此這些孩子的形象魅力也在這種無聲的淡然一笑中散播開去。相比之下，和對方大吵大鬧

的人自己也好不到哪裡去！俗話說，和一個瘋子爭吵的人不是瘋子就是神經病。

✧ **有一顆平常心，孩子可以正視自己的缺點和不足，並時時進行反省**：擁有平常心的孩子並不會掩飾自己的缺點，相反他們會把一個真實的自己擺在周圍人眼前，希望周圍人能給他們挑出不足和欠缺的地方，他們懂得要時時進行自我反省，能把自己看得很清楚，不斷地進行自我審查，做到誠懇無私地了解自己。

✧ **平常心讓孩子的生活充滿快樂**：生活中並不能一帆風順，有成功，也有失敗；有開心，也有失落。如果孩子能淡然地看待生活中的這些起起落落，那麼生活對於孩子來說，永遠都是快樂的。

「平常心」對於孩子的成長如此重要，那麼，我們應該如何從小培養孩子的「平常心」呢？

✧ **家長應該先端正自己的觀念和態度**：家長應該知道，「平常心」不是與世無爭，無所事事，更不意味著不求上進。平常心，不過是我們在日常生活中看待問題、解決問題的一種心態。擁有「平常心」反而能讓孩子在一個平穩地期望值下更容易獲得成績。現實生活中，家長要切忌因自己的私人欲望過大，操控和影響孩子的成長。

✧ **讓孩子做到「勝不驕，敗不餒」**：在平常生活中，家長可以把「勝利」和「失敗」放在同一個領獎臺上，孩子成功的時候給予孩子獎勵，孩子失敗的時候同樣也要給予「特別的」獎勵，讓孩子感受不到驕傲與氣餒，從而能夠本著平常心繼續前進！

✧ **讓孩子學會以平常心對人對己**：要做到以一顆平常心對人對己，就需要讓孩子經常調整自己的心態，不要管得太多，也不要想得太多，走自

己的路，不要計較別人說什麼。遇事要冷靜，忌衝動，看淡得與失，看淡功名利祿。這樣，你的孩子在很多情況下反而會發揮得更好！

✧ **教會孩子客觀評價自己**：不懂得客觀地評價自己，過於好勝，虛榮心過強的孩子要麼過於自尊，要麼過於自卑，總是不能客觀地正視自己。所以，家長要教會孩子別欺騙自己，要正確對待自己的缺陷，同時又要看到自己的優點。只有懂得客觀地評價自己，孩子才不會患得患失！

✧ **教會孩子正確對待名譽**：缺乏「平常心」的孩子一般都好追求表面上的東西。家長要幫助孩子正確認知自己，不能以華而不實的東西作為追求的目標。

總之，孩子的「平常心」是可以訓練的！只要給予有效的引導，我們的孩子一定能夠成為一個心態健康、EQ 突出的人！